国家自然科学基金面上项目"全球化背景下气候变化与生物能源发展对玉米供求的影响及政策模拟"（71473251）
2016年农业部中央级公益性科研院所基本科研业务费（1610052016001）

经济管理学术文库·经济类

全球化背景下中国玉米的供求、贸易与预测

Corn Projections in China: A Globalization Perspective

韩昕儒／著

经济管理出版社
ECONOMY & MANAGEMENT PUBLISHING HOUSE

图书在版编目（CIP）数据

全球化背景下中国玉米的供求、贸易与预测/韩昕儒著 . —北京：经济管理出版社，2018.12
ISBN 978-7-5096-6150-5

Ⅰ.①全… Ⅱ.①韩… Ⅲ.①玉米—作物经济—供求预测—研究—中国 Ⅳ.①F326.11

中国版本图书馆 CIP 数据核字（2018）第 258027 号

组稿编辑：曹　靖
责任编辑：杨国强　张瑞军
责任印制：黄章平
责任校对：董杉珊

出版发行：经济管理出版社
　　　　　（北京市海淀区北蜂窝8号中雅大厦A座11层　100038）
网　　址：www.E-mp.com.cn
电　　话：（010）51915602
印　　刷：北京玺诚印务有限公司
经　　销：新华书店
开　　本：720mm×1000mm/16
印　　张：13.75
字　　数：232 千字
版　　次：2019 年 10 月第 1 版　2019 年 10 月第 1 次印刷
书　　号：ISBN 978-7-5096-6150-5
定　　价：68.00 元

·版权所有　翻印必究·

凡购本社图书，如有印装错误，由本社读者服务部负责调换。
联系地址：北京阜外月坛北小街2号
电话：（010）68022974　邮编：100836

前　言

在全球化、气候变化、生物能源的发展以及中国工业化和城镇化不断推进的背景下，世界和中国玉米的供求及贸易形势都有了新的变化。随着中国玉米进口量的增加，国际玉米市场对中国玉米的影响将更为明显。同时，全球气候变化、生物能源的发展以及中国农业政策的调整也将加大未来国际玉米市场的不确定性。因此，需要从全球化角度重新理解全球气候变化、生物能源发展和中国农业政策对世界玉米市场的影响。

本书的总目标是，通过构建世界玉米供求模型，模拟分析全球化背景下气候变化、生物能源的发展以及中国的最新玉米政策对中国玉米供求的影响，分析2020年和2030年中国玉米供求形势，并提出针对性政策建议。

为了实现研究目标，本书在对局部均衡理论进行理论分析基础上，构建了世界玉米供求模型理论框架；梳理了世界玉米和生物乙醇的发展脉络和现状，构建了世界玉米和生物乙醇供求平衡表；总结了中国玉米供求现存的主要问题以及现有研究对中国玉米供求的展望；构建了世界玉米供求模型，并对模型结构、求解算法、模型参数、模型的校准、复制、稳健性及精确度进行了说明；利用世界玉米供求模型对设定的三类模拟方案进行了模拟分析，对2020年和2030年世界与中国玉米供求形势进行了展望。

本书主要贡献在于：从全球化的视角构建了玉米供求模型，并在模型中加入了气候变化和生物乙醇因素，同时对中国最新玉米政策的效果进行了模拟分析。

世界玉米供求模型的校准和复制过程表明世界玉米供求模型具备一定的可靠性，可以用于中长期的模拟预测。世界玉米供求模型的稳健性检验表明，当模型所有参数同时变化小于2.5%时，模型模拟结果的偏差小于10%，表明模型的稳健性较好。为了进一步检验世界玉米供求模型的精确度，本书将中位基本模拟方案得到的2013年和2014年的主要变量模拟值和实际值进行了对比。检验结果显示，在所有61个变量中，有34个变量的MAPE小于10，占全部变量的55.7%；有46个变量的MAPE小于20，占全部变量的75.4%；61个变量的Theil IC平均值为0.19。检验结果表明，本书的世界玉米供求模型的模拟精度较好。因此，本书构建的世界玉米供求模型能够较为稳健、准确地模拟未来世界和中国玉米供求形势的变化。

世界玉米供求模型模拟结果表明，未来世界和中国玉米价格将呈下降趋势；在大部分情况下，2020年和2030年中国玉米仍将处于净进口状态，净进口量可能不断增加；气候变化和政府政策会在不同程度上影响中国玉米的供求形势。

本书得到以下主要结论：

第一，中位基本模拟方案的模拟结果显示，2020年和2030年，世界玉米价格将分别为2012年的40.78%和35.70%，中国玉米生产者价格分别为2012年的39.36%和33.40%；2020年中国玉米产量为2.04亿吨，2030年达到2.31亿吨；中国玉米需求量将从2012年的2.11亿吨增至2020年的2.16亿吨和2030年的2.52亿吨；中国玉米净进口量将从2012年的515.3万吨增至2020年的1204万吨和2030年的2045万吨。在取消临时收储政策的中位基本模拟方案下，2020年中国玉米播种面积比2015年减少801.9万公顷，明显高于中国政府调减玉米种植面积政策目标（333.3万公顷）。因此，中国的玉米价格市场化改革可以满足政府玉米种植结构调整的政策目标。

第二，在中国政府取消临时收储政策的前提下，"去库存"措施会进一步压低玉米价格，从而导致未来中国玉米的产量增幅小于需求增幅，以致净进口量不断增加；深加工限制政策的继续实施将充分抑制中国玉米需求，使国内产量可以满足国内消费需求，甚至可以实现玉米的净出口，但会减少生产者剩余；综合政策的实施同样可以保证国内产量满足国内消费需求，也会减少生产者剩余。

研究结果表明，未来世界玉米价格将可能进一步下降，造成国内价格远高于国外价格的玉米临时收储政策可能面临更加严峻的挑战，且中国玉米的净进口量可能进一步增加。因此，一方面，现有玉米价格形成机制应在统筹考虑国内和国际两个市场的基础上进行调整，并充分论证不同价格制度对中国食物安全的影响；另一方面，政府应该转变战略思维，制定国内外资源战略，结合"一带一路"等适当有效地利用国际市场。此外，政府政策的不确定性可能从根本上影响中国玉米的供求形势。政府的政策制定应保持透明度、持续性和可行性，并且在定量分析的基础上，科学论证不同政策组合的政策效果。

目　录

第一章　引言 … 1

第一节　研究背景与意义 … 1
一、研究背景 … 1
二、研究意义 … 3

第二节　概念界定 … 4
一、粮食和谷物及其产量 … 4
二、研究对象 … 4
三、研究国家或区域 … 4
四、中英文名称和缩写表 … 4

第三节　国内外研究现状 … 5
一、中国玉米生产方面的研究 … 5
二、中国玉米需求方面的研究 … 7
三、生物燃料的发展对玉米生产影响的研究 … 8
四、国内外玉米、传统能源和生物能源价格关联研究 … 9
五、玉米供求模拟与预测方面的研究 … 10
六、研究评述 … 11

第四节　研究目标及内容 … 11
一、研究目标 … 11
二、研究内容 … 12
三、技术路线 … 13

第五节　研究方法与数据 … 14

一、研究方法 ·· 14
　　二、数据来源 ·· 14
  第六节　研究假设 ··· 15
  第七节　可能的创新与不足之处 ·· 16

第二章　理论基础与模型框架 18

  第一节　局部均衡理论 ·· 18
　　一、单一市场的局部均衡模型 ·· 18
　　二、开放条件下的多市场局部均衡模型 ·· 22
  第二节　现有食物供求模型的比较分析 ··· 24
  第三节　本书的局部均衡模型框架 ··· 27

第三章　世界玉米和生物乙醇供求与贸易分析 30

  第一节　世界玉米供求与贸易的演变过程 ·· 30
　　一、世界玉米供给演变过程 ··· 30
　　二、世界玉米需求演变过程 ··· 33
　　三、世界玉米贸易与价格演变过程 ·· 35
　　四、世界玉米供求平衡表 ·· 37
  第二节　中国玉米供求与贸易演变过程 ··· 41
　　一、中国玉米供给演变过程 ··· 41
　　二、中国玉米需求演变过程 ··· 45
　　三、中国玉米贸易与价格演变过程 ·· 57
　　四、中国玉米供求平衡表 ·· 60
  第三节　世界和中国生物乙醇供求与贸易演变过程 ······································ 61
　　一、世界和中国生物乙醇供给演变过程 ·· 61
　　二、世界和中国生物乙醇消费需求演变过程 ·· 63
　　三、世界生物乙醇贸易与价格演变过程 ·· 64
　　四、世界生物乙醇供求平衡表 ·· 65
  第四节　中国玉米供求现存问题与未来形势 ··· 67
　　一、中国玉米库存持续增加的根本原因 ·· 68
　　二、中国玉米库存持续增加的直接原因：国内外价格差 ···························· 73

三、现有中国玉米供求的模拟分析 ································· 79

第四章 世界玉米供求模型的构建 ································· 82

第一节 世界玉米供求模型的框架 ································· 82
一、玉米模型模块 ··· 82
二、生物乙醇模型模块 ·· 87
三、价格联系模块 ··· 87
四、国际贸易模块 ··· 88
五、约束条件 ··· 88
六、中国的市场干预政策 ··· 89
七、市场均衡模块 ··· 89
八、福利变化的计算 ··· 89

第二节 世界玉米供求模型的求解算法 ··························· 91

第三节 世界玉米供求模型的参数 ································· 94
一、玉米生产参数 ··· 94
二、玉米需求参数 ··· 99
三、生物乙醇供求参数 ·· 104

第四节 世界玉米供求模型的校准、复制与稳健性检验 ········ 105
一、世界玉米供求模型的基期数据 ································ 105
二、世界玉米供求模型的校准与复制 ····························· 105
三、世界玉米供求模型的稳健性检验 ····························· 109

第五章 世界玉米供求模型的模拟结果与分析 ··················· 111

第一节 模拟方案的设定 ··· 111
一、基本模拟方案的设定 ··· 112
二、气候变化模拟方案的设定 ······································ 117
三、政策模拟方案的设定 ··· 118

第二节 基本模拟方案的模拟结果与分析 ······················· 121
一、世界玉米供求模型模拟结果的精确度 ······················ 121
二、基本模拟方案下世界玉米价格和产量的模拟结果 ······ 123
三、基本模拟方案下中国玉米供求的模拟结果 ··············· 125

第三节　气候变化模拟方案的模拟结果 ………………………… 128
　　第四节　政策模拟方案的模拟结果 ……………………………… 130
　　　一、玉米种植结构调整模拟方案下中国玉米供求的
　　　　　模拟结果 …………………………………………………… 132
　　　二、"去库存"政策模拟方案下中国玉米供求的模拟结果 …… 132
　　　三、深加工限制政策模拟方案下中国玉米供求的模拟结果 …… 134
　　　四、综合政策模拟方案下中国玉米供求的模拟结果 …………… 135

第六章　研究结论与政策建议 ………………………………………… 137
　　第一节　主要研究结论 …………………………………………… 137
　　第二节　政策建议 ………………………………………………… 141

参考文献 ………………………………………………………………… 144

附　录 …………………………………………………………………… 162
　　附录1　各国玉米与生物乙醇供求平衡表 ……………………… 162
　　附录2　中位基本增长方案 ……………………………………… 178
　　附录3　高位基本增长方案 ……………………………………… 187
　　附录4　低位基本增长方案 ……………………………………… 195
　　附录5　气候变化模拟方案 ……………………………………… 203
　　附录6　世界玉米供求模型模拟结果的精确度检验结果 ……… 207
　　附录7　基本模拟方案的完整模拟结果 ………………………… 210

第一章 引言

第一节 研究背景与意义

一、研究背景

21世纪初,世界玉米产量超过小麦,成为产量最高的谷物。随着全球化的加速、气候的变化以及生物能源的发展,世界和中国玉米的供求及贸易形势都将发生新的变化。

世界玉米的种植面积、产量和贸易量均在不断增加。自20世纪60年代以来,世界玉米产量、种植面积和贸易量均呈现逐步增长的趋势。世界玉米产量从1961年的2.08亿吨增至2014年的10.09亿吨(FAO,2015)。世界玉米收获面积(Area Harvested)也从20世纪50年代初的1亿公顷增加到2012年的1.77亿公顷(FAO,2015)。同时,玉米也是国际谷物贸易中仅次于小麦的品种,随着全球化进程的加快以及贸易规则的完善,世界玉米贸易量在过去的60年间大幅增加,2013年达到1.24亿吨,是1960年的8.9倍(FAO,2015)。

气候变化和生物能源的发展正在影响世界玉米市场。在未来十年,对农产品价格变动起决定性的因素可能来自生物能源的发展;从长期看,气候变化将成为主导因素(Fischer,2009)。气候变化将导致世界不同地区的粮食单产和产量产生较大幅度的变动,从而使世界粮食价格产生较大幅度的波动(Rosegrant,2008;Nelson 等,2010)。世界生物能源的迅速发展已经影响了粮食市场的各方面,从农业生产者的生产成本到消费者的粮食消费支付成本,从农作物种植结构到粮食贸易,从国际粮价到国内粮价,从传统的"人粮争地"(城市化)到"人车粮争地"(城市化与生物能源化)。随着生物乙醇产业的不断发展,玉米等农产品价格与传统能源及生物能源价格之间形成了紧密的联系,玉米等农产品价格的波动风险不断增大(Fischer等,2009)。生物能源发展对玉米价格的影响主要体现在两个方面:第一,传统能源价格的波动影响了玉米生产成本;第二,生物能源产业的发展刺激了玉米等原料作物的需求,并通过"生物能源"—"传统能源"—"农产品"三个市场之间的关联,将能源价格的变化传导至玉米等农产品市场(Rosegrant,2008;仇焕广等,2009)。

玉米在中国粮食安全战略中的重要性在不断提高。按产量和播种面积计算,玉米已经成为中国第一大粮食作物。中国玉米产量从1980年的0.6亿吨增至2014年的2.16亿吨(国家统计局,2015),位居世界第二(FAO,2015)。2004~2014年,中国玉米产量增加了65%(国家统计局,2015),在中国实现粮食"十一连增"中起到了重要作用。作为中国第一大粮食作物,玉米产量和播种面积的增长成为确保国家粮食安全战略、实现"2020年全国粮食生产能力超过5400亿公斤"规划的重要因素。在国家新增500亿千克的粮食产能规划中,玉米所占比重达到了53%,超过了稻谷和小麦之和(韩长赋,2012)。但是,2009年以来中国玉米出现了库存和进口量"双增"的局面,2015年底的玉米库存预计已经超过1亿吨(Shull等,2016)。如何实现玉米的"去库存"将成为今后一段时间政府的政策重点。

中国玉米需求量刚性增长。玉米是重要的饲料和工业原料。在中国经济迅速发展、城镇化进程不断加快的背景下,中国已经进入玉米需求快速增长的阶段。首先,玉米的饲料需求量迅速增加。随着中国居民人均收入水平的提高,居民的人均食物消费结构正在从低能量的谷物和蔬菜等碳水化合物食物向高能量的畜产品等蛋白质食物转变(Yu和Abler,2009;钟甫宁和向晶,2012)。畜产品需求量的不断增加也导致中国饲料粮需求量不断扩张,呈"刚性"增长态势(辛贤等,2003;胡小平和郭晓慧,2010)。其次,近年来中国玉米深加工业呈现快速增长的趋势。2011年底,包括制造生物燃料乙醇在内的中国玉米深加工消费玉米能力已经达到8300万吨,2015年预计为9100万吨(刘笑然,2014)。

中国玉米可能出现大量进口的局面。长期以来中国一直是玉米的净出口国,2000~2007年中国平均每年净出口玉米792万吨(UNComtrade,2016)。但从

2008年起中国玉米出口量大幅减少,2008年出口玉米27.3万吨,是2007年的5.5%(UNComtrade,2016)。与此同时,中国玉米的进口量开始激增,2010年中国进口157.3万吨,是2009年的18.7倍,此后中国成为玉米的净进口国,并在2012年进口520万吨,同比增长197%(UNComtrade,2016)。未来,中国玉米净进口量将有可能进一步扩大(黄季焜等,2014;陈永福等,2015)。

中国政府最新玉米政策目标——调整结构、取消临储。2015年12月中央农村工作会议提出"加强农业供给侧结构性改革""加快消化过大的农产品库存量"。根据这一政策目标,未来中国玉米种植区域将进行战略性调整,重点地区为东北向华北—西南—西北的"镰刀弯"地区(农业部,2015)。农业部提出到2020年,调减玉米种植面积的数量为5200万亩(346.7万公顷)以上。2016年1月11日,农业部进一步提出到2020年,调减玉米5000万亩(333.3万公顷)(农业部,2016)。2016年2月18日,农业部提出2016年的政策目标是调减1000万亩(66.7万公顷)以上的玉米面积(曾衍德,2016)。2016年3月,国家发展与改革委员会等部委发出通知,取消自2007年起在东北地区实行的玉米临时收储政策,玉米价格将由市场决定。在此背景下,需要定量分析政府的新政策目标对未来世界和中国玉米供求所产生的影响。

二、研究意义

随着中国"更加积极地利用国际农产品市场和农业资源",国际玉米市场对中国玉米的影响将更为明显,而全球气候变化和生物能源的发展将加大未来国际玉米市场的不确定性。同时,中国政府实施的最新玉米政策也将对中国乃至世界玉米市场产生尚不明确的影响。因此,为了针对各种不确定性做好政策准备,需要从全球化角度重新厘清世界和中国玉米市场的联系途径,理解全球气候变化、生物能源发展和中国最新玉米政策对世界玉米供求的影响。

因此,本书对全球化背景下气候变化、生物能源发展、中国最新玉米政策与世界玉米的供求做实证研究,定量分析和模拟世界和中国玉米供求变动趋势。本书可以为预警方案的制定、产业发展的调控、相关政策的出台提供科学依据,对确保中国玉米战略安全具有重要的理论和现实意义。

第二节 概念界定

一、粮食和谷物及其产量

本书所采用的粮食和谷物的定义来自国家统计局。其中，粮食包括谷物、薯类和豆类；谷物包括稻谷、小麦、玉米、谷子、高粱以及其他谷类。除薯类以5:1折算粮食外，粮食产量一律按脱粒后的原粮计算（国家统计局，2010）。

二、研究对象

本书的研究对象是玉米和生物乙醇。其中，除特殊说明外，本书所使用的玉米贸易数据、关税数据来自UNComtrade（2016），关税号为HS100590；以纤维素类生物质为原料生产的乙醇称为生物乙醇（日本能源协会，2007）。目前，生物乙醇的原料可以分为淀粉类、糖类和纤维类三类：淀粉类原料包括小麦、玉米、木薯等；糖类原料包括甜菜和甘蔗等；淀粉类原料包括玉米、小麦、高粱、甘薯、木薯等；纤维类原料包括秸秆和麻类等（刘关君等，2012）。

三、研究国家或区域

除特殊说明外，本书中提到的中国数据均为中国大陆数据，不包含港澳台地区；欧盟指的是现有的28个成员国，包括法国、德国、意大利、比利时、荷兰、卢森堡、英国、爱尔兰、丹麦、希腊、西班牙、葡萄牙、瑞典、芬兰、奥地利、塞浦路斯、捷克、爱沙尼亚、匈牙利、拉脱维亚、立陶宛、马耳他、波兰、斯洛伐克、斯洛文尼亚、罗马尼亚、保加利亚和克罗地亚。

四、中英文名称和缩写表

本书使用以下国际机构或专属名词的英文简称如表1-1所示。

第一章 引言

表1-1 中英文名称对照和缩写表

缩写	中文名称	英文名称
DDGS	高蛋白谷物干酒糟	High-Protein Distillers Dried Grains
FAO	联合国粮食及农业组织	Food and Agriculture Organization of the United Nations
FAPRI	粮食和农业政策研究所	Food and Agricultural Policy Research Institute
GDP	国内生产总值	Gross Domestic Product
IFPRI	国际食物政策研究所	International Food Policy Research Institute
IMF	国际货币基金组织	International Monetary Fund
IPCC	联合国政府间气候变化专门委员会	Intergovernmental Panel on Climate Change
OECD	经济合作与发展组织	Organization for Economic Cooperation and Development
UNComtrade	联合国商品贸易数据库	United Nations Commodity Trade Statistics Database
USDA	美国农业部	United States Department of Agriculture
WTO	世界贸易组织	World Trade Organization

第三节 国内外研究现状

本书主要从玉米生产、玉米需求、生物燃料发展、价格传递和玉米供求模拟预测等角度对国内外研究现状进行总结和评述。

一、中国玉米生产方面的研究

中国玉米生产方面的研究主要集中在三个领域：

第一，全要素生产率（Total Factor Productivity，TFP）及其分解。

第二，特定因素对产量或单产的影响。

第三，供给反应与种植面积方面的研究。

（一）TFP及其分解方面的研究比较丰富，方法也比较多样

部分学者使用随机前沿生产函数对玉米 TFP 进行分解（张雪梅，1999；亢霞和刘秀梅，2005；赵红雷和贾金荣，2011），也有部分学者采用 Malmquist 生产率指数法（顾海和孟令杰，2002；杨春和陆文聪，2007；Chen 等，2008）、Torngvist-Theil 指数法（陈卫平，2006）、主成分回归法（魏丹和王雅鹏，

2010）等对玉米的全要素生产率进行研究。研究普遍认为，技术进步是玉米产量增长的主要推动力（张雪梅，1999；顾海和孟令杰，2002；杨春和陆文聪，2007；Chen，2008；赵红雷和贾金荣，2011），此外，化肥投入（张雪梅，1999）、经营规模（亢霞和刘秀梅，2005）等也是中国玉米产量增长的重要来源。

在玉米产量或单产的影响因素的非经济学研究领域，Van Ittersum 和 Rabbinge（1997）、Van de Ven 等（2003）、Van Ittersum 和 Rabbinge（1997）等从农学角度对产量（或单产）的影响因素进行了理论研究。根据农业生产理论，产量（或单产）可以分为三个层面：一是潜在产量（或单产），由日照、温度等气候因素决定；二是受限产量（或单产），由水、营养等因素决定；三是实际产量（或单产），由病虫害等因素决定。潜在产量通常受各种因素的影响无法达到，但实际产量和受限产量之间的差距可以通过劳动力、资本以及农药等投入缩小（李少昆和王崇桃，2010）。

在经济学领域，玉米产量或单产的影响因素主要可以分为投入因素、气候因素和制度因素三类。

第一，投入因素。现有研究证明劳动力、化肥、灌溉、机械等投入都能提高中国玉米的产量（或单产）（Fan，1991；Lin，1992；Huang 和 Rozelle，1996；Fan 和 Pardey，1997）。但受到环境承载力、水资源紧缺、劳动力成本提高等因素的制约，化肥、灌溉、劳动力的过度投入会对粮食产量产生负面作用（Huang 和 Rozelle，1995；黎红梅等，2010）。

第二，气候因素。玉米是喜温但怕高温的作物，温度主要通过影响玉米光合作用中二氧化碳的固定和还原过程；同时，玉米单产受降水影响也较为明显，玉米生长期间每月均匀降水 100 毫米最为适合（李少昆和王崇桃，2010）。气候因素可以解释玉米单产变化的 17%（Kaufmann 和 Snell，1997），但气候变化将对玉米单产产生负面影响（Lobell 等，2011）。

气候因素中，温度和降水对中国玉米产量或单产的影响方向存在差异。现有研究一般认为，气温升高对中国玉米产量或单产有负向影响，降水增加则有利于中国玉米产量或单产的提高（Furuya，2009；麻吉亮等，2012；Holst，2013；Chen 等，2013；Xin 等，2013；陈永福等，2015）。但崔静等（2011）发现，除华南地区外，降水对中国玉米单产的边际效果也为负值；Liu 等（2004）和 Xiong 等（2007）认为，如果考虑二氧化碳的直接影响，温度和降水的增加将提高旱作玉米的单产，降低灌溉玉米的单产。

在气候因素对中国农业生产的收益方面，Liu（2004）认为，更高的温度和更多的降水会在单位面积净收益方面有利于中国农业的生产；但Chen等（2013）认为，降水对单位面积粮食净收益的影响是负向的。

第三，政策及制度因素。1978年以来，中国农村制度改革、价格政策改革等对农业生产起到了显著的影响（Fan，1991；Lin，1992；Lu，2002；陈飞等，2010）。但Rozelle和Huang（2000）发现，中国小麦产量的增长在早期来自制度改革和技术进步，后期只来自技术进步。除了重大政策改革，Rozelle和Boisvert（1993）发现，农户的借贷政策可以有效提高粮食单产。

（二）供给反应与种植面积方面的研究

供给反应方面的研究主要探讨价格对农产品种植面积或单产的影响（Nerlove，1956；Nerlove和Bachman，1960）。现有研究表明，中国玉米的种植面积与玉米价格、其他作物价格、预期收益、补贴等政策因素相关（Rozelle和Huang，2000；陈永福，2004；Yu等，2012）。王德文和黄季焜（2001）在双轨制背景下发现，粮食定购数量对粮食播种面积有正向作用，对粮食单产有负向作用。陈永福（2004）、王宏和张岳恒（2010）、刘俊杰和周应恒（2011）、范垄基等（2012）的研究发现，中国粮食播种面积对价格的反应存在滞后性。

除价格外，种植面积还与其他因素密切相关。Müller和Zeller（2002）发现，地理因素、村庄的社会—经济—历史因素、政策因素和技术因素也会影响农作物的种植面积。刘克春（2010）和范垄基等（2012）的研究认为，农业补贴等惠农政策对中国粮食播种面积增加起到了积极作用。

二、中国玉米需求方面的研究

中国玉米需求的研究可以按需求来源进行分类：工业需求、饲料需求、食用需求及其他需求。

中国玉米工业需求的研究大部分采用规范研究的方法，也有少量研究采用实证研究法。柯炳生和谭向勇（1998）分析了中国玉米加工转化的现状及问题，通过描述统计数据分析了玉米深加工的类型和不同产品的产量，并对进一步发展中国玉米加工转化提出建议。郭庆海（2007）研究了中国玉米加工业的发展规模、区域布局、加工产品的选择以及发展方向。杨兴龙等（2010）对吉林省玉米加工业的技术效率及其影响因素进行了实证分析。刘笑然（2014）综述了中国玉米加工业的发展历程以及存在的问题。

玉米饲料需求的研究一般是饲料粮研究的一部分。饲料粮需求的研究主要分为两类：一类是进行粮食供求预测分析的过程中对饲料粮需求量进行的研究（黄季焜和斯·罗泽尔，1998；陈永福，2004；USDA，2012），另一类是专门针对饲料粮需求量问题进行分析（Wu，2002；Zhou 等，2003；Zhou 等，2008；Aubert，2008）。

中国饲料粮需求量的测算方法主要有基于畜产品产量的需求法和基于粮食总产量的供给法（或平衡表法）两种测算方法（Garnaut 和 Ma，1993；Zhou，2003；田维明和周章跃，2007）。前一种方法根据畜产品产量和饲料转化率计算得到饲料粮需求量（程国强等，1997）；后一种方法根据粮食平衡表，从粮食总供给中减去口粮、工业和其他需求量后，将剩余的部分作为饲料粮的供给量，并认为饲料粮需求量等于供给量。现有研究中，USDA、IFPRI 和 FAO 等国际机构（Qu，1999）以及黄季焜（2004）、陈永福（2004）等学者的研究采用了需求法；杨万江（1999）、朱希刚（2000）、蓝海涛和王为农（2008）和骆建忠（2008）采用了供给法。

由于玉米的食用需求量很少，因此玉米食用需求方面的研究一般被包含在粮食、其他粮食或杂粮的相关研究中。因为中国的城乡二元统计口径不统一，因此对中国居民食物需求的研究一般分为城镇居民（Yen 等，2003；Gould 和 Villarreal，2006；Zheng 和 Henneberry，2010；Hovhannisyan 和 Gould，2011；Zhou 等，2015）和农村居民（Fan 等，1995；Huang 和 Rozelle，1998；Chern 和 Yan，2005）两类。现有食物需求研究主要采用 Deaton 和 Muellbauer（1980）提出的近似理想需求系统模型（Almost Ideal Demand System，AIDS）和 Banks 等（1997）提出的二次型近似理想需求系统模型（Quadratic Almost Ideal Demand System，QUAIDS）及其拓展模型。玉米的其他需求研究方面，张瑞娟和武拉平（2012）的研究发现，真实利率、粮食价格、上年粮食储备量、非农收入等显著影响农户的粮食储备水平。

三、生物燃料的发展对玉米生产影响的研究

早在 20 世纪 70~80 年代石油危机发生时，巴西等国家就开始使用农产品制作生物能源（利斯贝思·奥尔森，2009）。在巴西，由于种植甘蔗等能源作物的收益较高，大量农民开始从种植传统粮食作物转为种植甘蔗，由此引发关于土地

用于食物生产还是能源生产的讨论（Brown，1980；Meekhof 等，1980；Fischer，2009；Rathmann 等，2010）。

随着生物能源的发展从巴西和美国扩展到其他国家或地区，地租开始在欧洲国家（如法国和德国）上涨，由此导致增加耕地的机会成本上升（Hill 等，2006）。在美国，政府提出的化石能源代替计划使美国农民从种植小麦转为种植玉米，同时将更多的森林和牧场转化为耕地（Searchinger 等，2008）。Shapouri 等（2003）研究发现，美国生物能源（尤其是燃料乙醇）发展将使美国玉米的种植面积快速增长，大豆以及小麦的种植面积将会明显减少；Taheripour 等（2010）采用可计算的广义均衡模型（CGE）分析得出，生物燃料强制政策显著地改变了农地使用方式。在中国，黄季焜等（2009）认为，发展燃料乙醇中国未来农产品价格和各区域的农业生产布局产生重要影响，它将对农业的总体发展和农民增收起到积极的促进作用，虽然对稻谷和小麦等粮食安全有一些负面的影响，但影响并不大。吴方卫等（2009）运用局部均衡分析了燃料乙醇发展对中国玉米种植结构及其收益的可能影响，研究认为，中国燃料乙醇的发展加剧了农作物间的耕地使用竞争，引起了粮食生产结构和收益的显著变化。但是，部分学者认为食物生产和生物能源的发展之间不存在有效的竞争关系。他们认为，部分生物能源使用粮食加工剩余品以及浪费的产品进行生产，生物能源的发展可以提高农业生产率以及生物能源的种植使用边际土地等（Kerckow，2007；Jingura 和 Matengaifa，2008；Turpin 等，2009）。

四、国内外玉米、传统能源和生物能源价格关联研究

第一，现有研究一般认为中国玉米价格和世界玉米价格之间存在一定程度的关联性。武拉平（2001）研究结果显示，国内玉米市场的变化领先于国际市场且与国际市场联系密切。Huang 和 Rozelle（2006）发现，中国国内的玉米价格与世界玉米价格具有协整关系。罗锋和牛宝俊（2009）发现，国际农产品价格显著影响国内农产品价格，国际市场价格的传递机制主要是进口和期货价格。此外，丁守海（2009）、王丽娜和陆迁（2011）等均得到国际玉米价格的变动对国内玉米价格影响较为显著的结论。但 Yang 等（2008）根据全球 CGE 模型分析了世界粮食价格上升的原因及其对包括中国在内的发展中国家国内粮食价格的影响，研究发现，中国国内粮食价格对世界粮食价格上升的反应不明显。

第二，传统能源一般通过生产成本等间接途径对农产品价格产生影响，但随着生物能源的迅速发展，传统能源、生物能源和农产品价格之间的联系更加直接。传统能源价格可以直接影响农产品的非传统、非食品需求，从而直接影响农产品价格（钟甫宁，2008）。大部分学者认为，传统能源、生物能源和农产品价格之间已经产生了密切的联系，即粮食已经能源化（Baffes，2007；夏天，2008；仇焕广等，2009；Alghalith，2010；Chen 等，2010；Alom 等，2011）。但也有部分学者认为，这种联系在某些国家（Nazlioglu 和 Soytas，2012）或者某个特定的时间段（Zhang 等，2010；Nazlioglu 和 Soytas，2011）并不明显，或者这种关联并非双向的（Nazlioglu 和 Soytas，2012；Elmarzougui 和 Larue，2013）。陈宇峰等（2012）发现，国际油价并非直接影响国内农产品价格的直接影响，而是通过国内货币发行量、国际农产品价格等因素间接影响中国农产品价格。

五、玉米供求模拟与预测方面的研究

1973 年的食物危机以来，国际机构和学者开始对食物供求模拟与预测方面的研究（Koyama，2000）。USDA（1978）构建了多方程模型研究价格变化对供求的影响。20 世纪 80 年代，政策模拟模型得到了发展，此后以美国普度大学开发的 Global Trade Analysis Project（GTAP）为代表的运用可计算一般均衡模型（CGE）的模拟分析也开始得到使用（Koyama，2000）。

现有食物供求模拟与预测研究主要有推算法（姜长云和张艳平，2009）和模型法（黄季焜和斯·罗泽尔，1998；陈永福，2004）两种方法对中国粮食供求进行预测（陈永福等，2010）。推算法通常基于历史趋势或者研究者的经验，对未来食物供求形势进行定性或定量判断；模型法一般基于市场均衡理论根据相关参数和历史数据推测未来的供求形势（陈永福等，2010；Lv，2013）。在中长期的食物供求模拟中，模型法的理论基础更强，且可以方便分析不同情境方案下的食物供求形势，得到更为广泛的应用。因此，本书采用模型法对未来中国玉米的供求形势进行模拟预测。

模型法根据基于一般均衡理论或局部均衡理论分为一般均衡模型和局部均衡模型两类（陈永福等，2010；Lv，2013）。局部均衡理论假定一个产业在经济总体中占很小的份额，以至于可以忽略该产业和其他产业的相互影响；一般均衡理论则假定经济总体中的所有部门之间均存在相互联系，且一个价格组合能够使经济总体达到均衡状态（Koyama，2000）。现有主要食物供求局部均衡模型包括黄季焜和李宁辉（2003）的中国农业政策模拟预测模型（CAPSiM）、陈永福

(2004)的中国省别食物供求模型、陆文聪和黄祖辉(2004)的中国农产品区域市场均衡模型(CARMEM)以及USDA、FAPRI、OECD-FAO以及IFPRI等国际机构的食物供求模型等。一般均衡模型主要包括GTAP模型,Keyzer和van Veen(2005)建立的中国农业可持续发展决策支持系统(CHINAGRO)以及蒋庭松等(2004)构建的中国区域经济一般均衡模型(CERD)等。不同模型的结构和参数的对比整理在第二章。

六、研究评述

第一,综合以上文献分析可以发现,中国政府已开始实施调整结构、取消临储等最新的玉米政策,但针对于相关政策的定量研究相对较少。

第二,局部均衡模型是目前常用的政策模拟分析工具,现有的玉米供求模型正在包含越来越多的影响因素,部分玉米供求模型也包含了气候变化或生物能源变量。但综合考虑全球化、气候变化以及生物能源发展的玉米供求模型还不多。同时,本书无法直接使用、调整现有玉米供求模型以实现本书的政策模拟分析,因此需要针对本书的研究目标自主开发世界玉米供求模型。

第三,现有研究已经发现,在全球化背景下,中国玉米市场的变化与世界市场密切相关,中国玉米市场的变化也会导致全球市场的波动。因此,本书以全球化为视角研究中国玉米产业发展问题。

第四,现有研究已经分别从气候变化、生物能源发展和价格关联等角度对世界和中国的玉米市场进行了比较详细的分析。现有研究结果可以为本书提供大量有价值的参数,通过对这些参数加以充分整理和汇总,使本书的模拟结果更具可靠性。

第四节 研究目标及内容

一、研究目标

(一)总目标

本书总目标是,通过构建世界玉米供求模型,模拟分析全球化背景下气候变化、生物能源的发展以及中国最新玉米政策对中国和世界玉米供求的影响,分析2020年和2030年中国玉米供求形势,并提出针对性政策建议。

（二）分目标

围绕研究总目标,本书设置了三个研究分目标：

第一,构建世界玉米和生物乙醇数据库,梳理世界玉米和生物乙醇供求发展趋势。该分目标为总目标的实现提供基础数据。

第二,构建世界玉米供求模型。该分目标为总目标的实现提供定量分析的手段。

第三,设置模拟方案,预测2020年和2030年中国玉米供求形势。该分目标是研究重点,是总目标的具体体现。

二、研究内容

为实现上述研究目标,本书的主要研究内容包括：

第一,提出理论基础与模型框架（第二章）。该部分对本书所采用的局部均衡理论进行理论分析,并对现有的局部均衡模型进行对比分析,为本书奠定理论基础,为世界玉米供求模型提供理论模型框架。

第二,构建世界玉米和生物乙醇数据库,梳理世界玉米和生物乙醇供求与贸易的演变过程并分析目前中国玉米供求存在的问题和现有模拟结果（第三章）。该部分主要包括以下方面内容：

（1）分析世界玉米供求、贸易的演变过程与现状。

（2）分析世界生物乙醇供求、贸易以及相关政策的历史与现状。

（3）构建世界玉米和生物乙醇供求平衡表。

（4）基于中国玉米供求数据对中国玉米供求存在的问题进行总结和分析。

（5）基于现有研究结果总结现有中国玉米供求模拟结果。该部分总结世界玉米和生物乙醇的发展脉络以及供求特征,并为本书提供宏观背景和基础数据,同时提出待解决的问题。

第三,构建世界玉米供求模型（第四章）。该部分基于局部均衡模型的理论模型框架和世界玉米与生物乙醇的供求数据库,构建了世界玉米供求模型,并对模型框架、求解算法、模型参数、模型校准、复制和稳健性进行详细说明。

第四,分析世界玉米供求模型的模拟结果（第五章）。该部分首先提出针对性的模拟方案,其次基于世界玉米供求模型对不同模拟方案的模拟结果进行分析、对比，重点模拟分析中国最新农业政策对未来世界和中国玉米供求形势的影响。

第五，总结研究结果并提出针对性政策建议（第六章）。该部分总结本书的基本结论，提出确保中国玉米战略安全相关的政策建议，为政府决策提供政策参考。

三、技术路线

基于研究目标和研究内容，本书的研究逻辑和技术路线如图 1-1 所示。

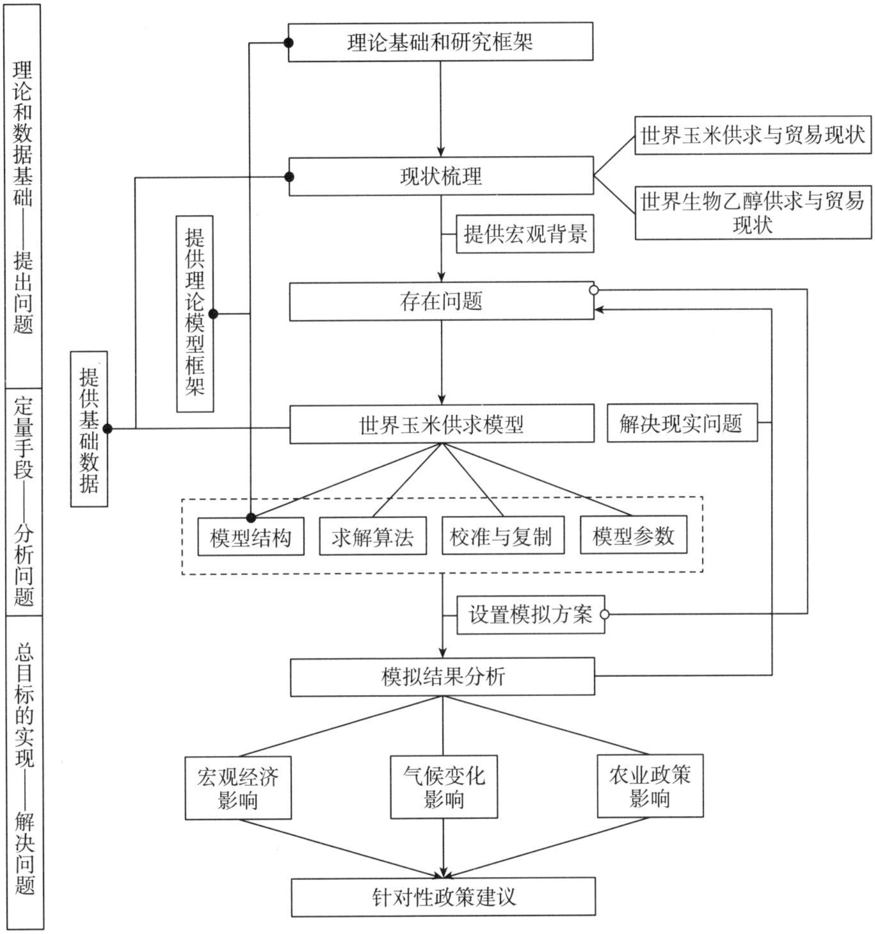

图 1-1 研究逻辑与技术路线

第五节 研究方法与数据

一、研究方法

（一）比较分析法

比较分析法是指对若干相关可比对象或某个对象的不同可比方面进行对比，揭示对象之间差异的一种方法。本书在分析中外玉米及生物乙醇供求贸易特征差异、汇总现有文献研究结果时采用了该方法。

（二）定性分析与定量分析方法

定性分析是通过语言的描述使人们了解研究对象的组成、外部环境和发展方向；定量分析是用数学的方法进行统计分析，通过统计调查和收集大量原始资料，经过整理分析，从中找出研究对象的内在规律和影响因素。本书以定性研究为基础（设定模拟方案的过程），以定量研究为手段（构建世界玉米供求模型），两者相互补充。

（三）规范分析与实证分析法

规范分析主要基于价值判断，提出某些问题的判断标准，回答"应该是什么"的问题；实证分析通过具体事实客观回答"是什么"的问题。本书参考"规范分析以实证分析为基础，实证分析以规范分析为前提"的方法论，在基于世界玉米和生物乙醇数据构建世界玉米供求模型的过程中采用了实证分析法，在提出理论模型、根据研究结果提出政策建议的过程中采用了规范分析法。在实证分析法中，本书主要使用了局部均衡模型，该方法的具体说明见第二章。

二、数据来源

本书的数据来源主要分为国内外主要机构数据和作者估算数据两类。笔者估算数据的估算方法和估算结果见相关章节中的论述，国内外主要机构数据主要包括：

（1）中国国家统计局（以下简称国家统计局）的国家统计数据库（http：//data.stats.gov.cn/index.htm），包含了中国月度、季度、年度数据以及普查、地区、部门、国际数据。

（2）FAO 食物供求平衡表（Food Balance Sheets，http：//faostat3.fao.org/download/FB/*/E）提供了世界主要国家（或地区）的食物供求、生产者价格以及部分宏观变量数据，目前更新至 2011 年（部分国家更新至 2012 年）。

（3）OECD 统计数据库（http：//stats.oecd.org/）主要提供了世界主要国家（或地区）的食物供求、生物乙醇供求数据，本书选取的是 OECD – FAO 农业展望 2015~2024 年（OECD – FAO Agricultural Outlook 2015 – 2024）的数据集合。

（4）IMF 的初级产品价格数据（Primary Commodity Prices，http：//www.imf.org/external/np/res/commod/index.aspx），该数据库提供 1980 年以来的粮食、能源等初级商品的月度世界价格。

（5）UNComtrade 贸易数据库（http：//comtrade.un.org/db/help/SubscriptionPrices.aspx）提供了世界各国（或地区）的商品贸易数据。

（6）USDA PSD（USDA Production，Supply and Distribution Online，http：//apps.fas.usda.gov/psdonline/psdQuery.aspx）数据库，该数据库与 FAO 食物供求平衡表互为补充，并提供了 2012 年至今的世界各国食物供求平衡数据。

（7）IPCC 第五次报告的气候变化数据库（http：//www.ipcc – data.org/sim/ar5_tables/ar5_extremes.html），该数据库提供了最新的未来气候变化模拟值。

第六节　研究假设

本书以马歇尔提出的局部均衡理论为基础，研究玉米和生物乙醇市场。根据局部均衡模型的定义，局部均衡是指经济系统中的一个或几个部门在其他条件不变的情况下所达到的均衡状态。本书的研究对象限定于玉米和生物乙醇，在其他市场外生的基本假定下，分析玉米和生物乙醇市场受外部冲击时相对于基期所发生的变化。

此外，本书不讨论走私等无法具体量化但现实存在的部分，也不考虑战乱、重大经济危机或政治危机等不可控因素。

全球化背景下中国玉米的供求、贸易与预测

第七节 可能的创新与不足之处

本书主要的可能创新点为，在全球化的视角下，将气候变化和生物能源等因素引入世界玉米模型，综合分析气候变化、生物能源的发展以及中国最新玉米政策对中国和世界玉米市场的影响。与现有研究相比，本书具有以下具体特色：

第一，最新政策的模拟。针对中国政府政策思路的调整（由需求侧改为供给侧）以及最新实施的调减玉米种植面积调减、取消临时收储和可能实施的政策（如进一步"去库存"）等政策效果进行模拟，可以为政府提供科学、定量的政策参考。

第二，为解决现实问题构建世界玉米供求模型。尽管目前全球化的食物供求模型已有不少，如 OECD - FAO、USDA、FAPRI、GTAP 等，但本书开发的世界玉米供求模型综合考虑了气候变化和生物能源发展因素，同时可以灵活模拟分析各国农业政策对世界玉米和生物乙醇供求的影响。

本书存在以下局限性和不足之处：

第一，受理论模型的局限性，本书的世界玉米供求模型构建在一系列假定之上，尚无法完全模拟复杂的现实经济运行过程，也无法预测可能出现的突发事件。在处理复杂现实问题的过程中，本书采取的"简化"措施可能会影响模型的实际应用价值。同时，本书采用局部均衡理论假定其他市场外生，因此，本书无法分析给定的模拟方案下玉米和生物乙醇部门与其他经济部门之间的交互关系；局部均衡模型可以分析价格变化对市场均衡的影响，但无法反映收入变化的影响。

第二，本书聚焦玉米产业，将其他谷物价格、畜产品产量等设定为外生变量，这可能会导致三方面局限性：

（1）局部均衡模型假定其他市场外生，因此，本书无法分析给定的模拟方案下玉米和生物乙醇部门与其他经济部门之间的交互关系。

（2）未来外生变量增长的模拟方案来自国际机构，因此，本书的模拟结果的可靠性也依赖于这些国际机构模拟方案的可靠程度。

（3）无法满足诸如"各作物播种面积之和不大于中国可耕作土地面积总量"

等限制条件。

第三,本书在中国玉米需求推算、高粱等玉米替代品的替代作用、气候变化参数选择、福利分析研究等方面也存在一定局限性。上述局限和不足也是未来进一步研究的方向。

第二章 理论基础与模型框架

第一节 局部均衡理论

市场均衡理论可以分为一般均衡（General Equilibrium）和局部均衡（Partial Equilibrium）。一般均衡理论由边际学派的瓦尔拉斯（Walras）提出，该理论将经济系统中的所有部门视为一个整体，所有价格均为内生变量，并且均衡条件为所有部门必须出清，强调经济系统中各部门之间的相互作用。局部均衡理论由新古典学派的马歇尔（Marshall）提出，该理论将一个或几个部门从经济系统中分割出来，均衡条件为这些特定部门出清。一般均衡理论可以揭示整个经济系统的均衡状态、各部门之间的相互关系以及社会总体福利变化；局部均衡理论可以集中分析特定部门的市场规律。因为本书关注玉米及其相关的生物乙醇市场特征，因此选择局部均衡理论作为研究基础。

一、单一市场的局部均衡模型

（一）单一商品的情况

假定一个封闭市场的一种商品供给量为 S，需求量为 D，价格为 P。假定供给量 S 是商品价格 P 的增函数（$S'(P) > 0$），需求量 D 是价格 P 的减函数 [$D'(P) < 0$]，且：

$$S = S(P) \qquad (2-1)$$

$$D = D(P) \qquad (2-2)$$

在市场出清的情况下有：

$$S(P) = D(P) \tag{2-3}$$

此时的市场均衡价格、供给量和需求量分别为 P^*、S^* 和 D^*，且假定 $S^* = D^* = Q^*$（见图2-1）。此时，消费者剩余（Consumer Surplus）为 $\Delta P_A P^* E$ 的面积，$\Delta P_A P^* E = \int_{P^*}^{P_A} D(P) dP$；生产者剩余（Producer Surplus）为 $\Delta P^* EO$ 的面积，$\Delta P^* EO = \int_0^{P^*} S(P) dP$[①]。

在市场均衡的条件下，如果政府实行某项控制产量政策使供给曲线从 S 上移至 S'，在假定需求曲线不变的情况下，市场均衡点将从 E_1 变为 E_2，此时均衡产出和价格分别从 Q_1 和 Q_2 变为 P_1 和 P_2（见图2-2）。此时，消费者剩余将从 $\Delta P_1 E_1 P_A$ 减少至 $\Delta P_2 E_2 P_A$，减少的面积为：

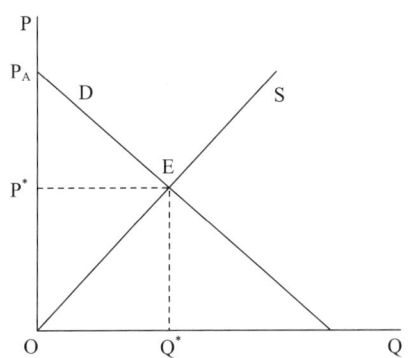

图2-1 单一市场单一商品的局部均衡模型

资料来源：蒋中一和凯尔文·温赖特（2006）。

$$\Delta P_1 E_1 E_2 P_2 = \int_{P_1}^{P_2} D(P) dP \tag{2-4}$$

生产者剩余将从 $\Delta P_1 E_1 O$ 变至 $\Delta P_2 E_2 O$，变化量为：

$$\int_0^{P_2} S'(P) dP - \int_0^{P_1} S(P) dP \tag{2-5}$$

生产者剩余变化量的符号不能确定。

---

① 也有部分研究采用瓦尔拉斯的表述方式，即对产量 Q 进行积分。

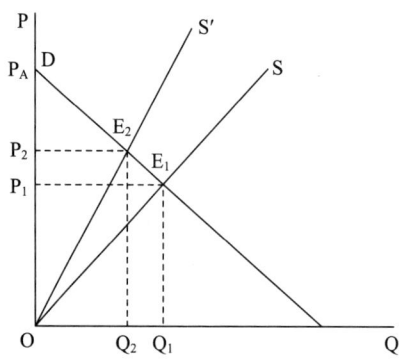

图 2-2 单一市场单一商品局部均衡模型的福利变化

此外,如果政府实行干预市场的价格政策,市场均衡也会发生改变,下面以中国政府实行的玉米临时收储价格为例进行说明(见图 2-3)。当市场价格 P_1 低于政府公布的临时收储价格 P_2 时,政府委托的粮食收储单位(中储粮、地方粮食收储单位等)就会入市,以 P_2 向生产者收购玉米。生产者做出种植决策时所面临的预期价格为政府的临时收储价格 P_2 而非市场价格 P_1,其产量为 Q_3;同时,消费者购买玉米时的价格为 P_2,高于 P_1,因此其消费量会减至 Q_2。因此,市场上会出现玉米的剩余产量($Q_3 - Q_2$),这也是政府所需要收储的数量。通过上述分析可以看出,政府的临时收储政策必然会鼓励生产、抑制需求,从而使库存数量不断增加。

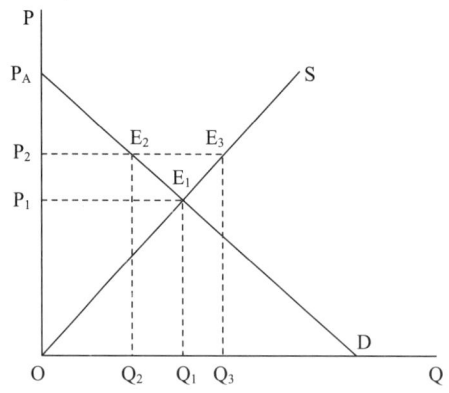

图 2-3 玉米临时收储政策的福利变化

临时收储政策会带来以下福利变化：首先，政策实施前，生产者剩余为 $\triangle P_1E_1O$，政策实施后，生产者剩余增至 $\triangle P_2E_3O$，增加的面积为 $\triangle P_1E_1E_3P_2$；其次，对于消费者，政策实施前，消费者剩余为 $\triangle P_1E_1P_A$，政策实施后减至 $\triangle P_2E_2P_A$，减少的面积为 $\triangle P_1E_1E_2P_2$；再次，对于政府，因为要按照 P_2 的临时收储价格收购市场上的剩余产量 Q_3-Q_2，造成政府需要支出 $\square Q_2E_2E_3Q_3$；最后，社会总福利的变化为 $\triangle P_1E_1E_3P_2 - \triangle P_1E_1E_2P_2 - \square Q_2E_2E_3Q_3 < 0$。

（二）多种商品的情况

以两种商品为例，假定一个封闭市场的两种商品供给量分别为 S_1 和 S_2，需求量分别为 D_1 和 D_2，价格分别为 P_1 和 P_2，且第一种商品是第二种商品的投入品。两种商品的供求函数分别为：

$$S_1 = S(P_1) \tag{2-6}$$
$$D_1 = D(P_1, S_2) \tag{2-7}$$
$$S_2 = S(P_1, P_2) \tag{2-8}$$
$$D_2 = D(P_2) \tag{2-9}$$

在市场出清的情况下有：

$$S_1 = D_1 \tag{2-10}$$
$$S_2 = D_2 \tag{2-11}$$

此时，第一种商品的市场均衡价格、供给量和需求量分别为 P_1^*、S_1^* 和 D_1^*，且假定 $S_1^* = D_1^* = Q_1^*$；第二种商品的市场均衡价格、供给量和需求量分别为 P_2^*、S_2^* 和 D_2^*，且假定 $S_2^* = D_2^* = Q_2^*$（见图 2-4）。

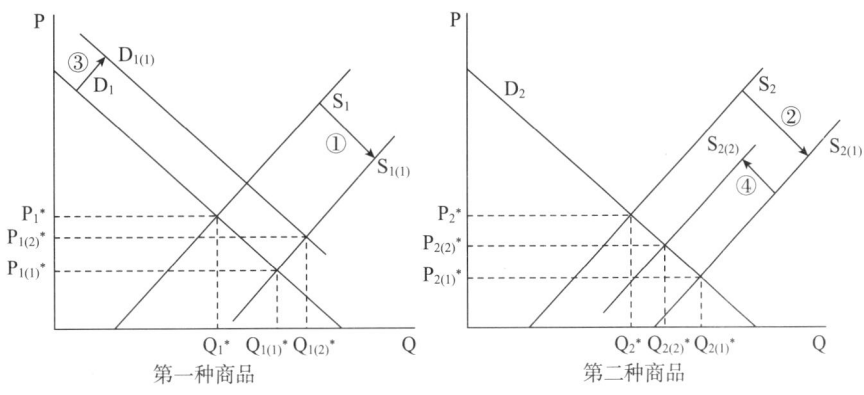

图 2-4 单一市场两种商品的局部均衡模型

资料来源：Roningen（1997）。

如果在此时作为投入品的第一种商品的供给增加(图2-4中左图的S_1移至$S_{1(1)}$,过程①),那么第一种商品将得到新的均衡价格$P^*_{1(1)}$和均衡数量$Q^*_{1(1)}$,且$P^*_{1(1)}$低于原均衡价格P^*_1。因为第一种商品是第二种商品的投入品,对于第二种商品来说,第一种商品价格的降低相当于成本的减少,因此第二种商品的供给将会增加(图2-4中右图的S_2移至$S_{2(1)}$,过程②),第二种商品的价格从原均衡价格P^*_2下降至新均衡价格$P^*_{2(1)}$。第二种商品供给的增加导致投入品的需求量增加,因此第一种商品的需求将从D_1移至$D_{1(1)}$(图2-4中左图的过程③),第一种商品的均衡价格将从$P^*_{1(1)}$增至$P^*_{1(2)}$。第一种商品价格的提高会增加第二种商品的生产成本,因此第二种商品的供给将从$S_{2(1)}$移至$S_{2(2)}$(图2-4中右图的过程④),新的均衡价格也将从$P^*_{2(1)}$增至$P^*_{2(2)}$。上述过程将一直循环,直至达到稳定状态。

二、开放条件下的多市场局部均衡模型

(一) 大国贸易模型

中国是玉米和生物乙醇的净进口国,因此,本部分对进口贸易大国理论进行综述。在考虑国际贸易的开放条件下,需要首先引入大国贸易的概念。假定一个国家是某种商品的进口贸易大国,即该国的商品进口量在世界该商品的进口量中占较大比重,该国的进口数量将影响世界价格。如图2-5所示初始条件下,大国本国市场供给量为S,需求量为D,价格为P_0;国际市场供给量为S_w,需求量为D_w,价格为P_{w0}。假定P_{w0}低于P_0,那么在开放条件下大国将从国际市场进口商品。在国际市场,由于大国进口需求增加,国际市场的需求量将增加大国的进口需求部分,从D_w变为D_{w1},此时,国际市场均衡价格从P_{w0}上升至P_w,达到新的均衡状态。由于商品的进口,大国本国市场的供给曲线从S变为S_1,此时均衡条件下的供给量为Q_2,其中国内生产的产品产量为Q_1,进口量为Q_2-Q_1。

假定进口大国政府对进口商品征收关税(T),那么大国本国市场的价格将从P_w上升至P_1,从而促进本国商品的生产;在国外市场,国外产品出口价格将从P_w下降至P_2,从而使国外生产者的产量减少;在世界市场,大国的商品进口量将从Q_w下降至Q_1,如图2-6所示。因此,进口大国征收进口关税,使本国价格和商品产量上升,使国外价格及产量下降。进口大国价格上升的幅度加国外市场商品价格下降的幅度等于商品关税。

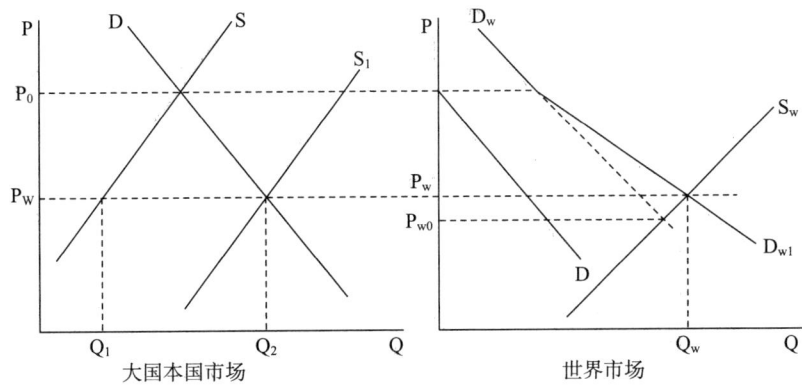

图 2-5　进口大国的贸易模型

资料来源：Roningen（1997）。

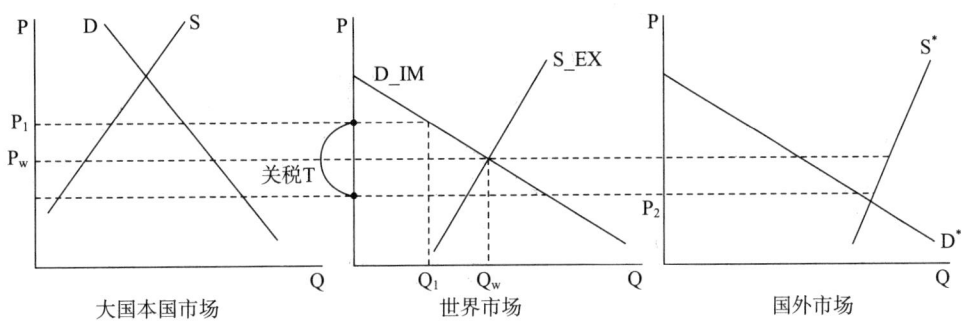

图 2-6　大国关税的贸易效果

资料来源：余森杰（2013）。

(二) 开放条件下的多市场局部均衡模型

假定世界市场存在某商品的唯一净出口国 A 和唯一净进口国 B，且两国均为贸易大国。假定 A 国和 B 国的商品供给量分别为 S_A 和 S_B，需求量分别为 D_A 和 D_B，国内价格分别为 P_A 和 P_B，两国的供求函数分别为：

$$S_A = S(P_A) \tag{2-12}$$

$$D_A = D(P_A) \tag{2-13}$$

$$S_B = S(P_B) \tag{2-14}$$

$$D_B = D(P_B) \tag{2-15}$$

A 国的净出口数量（NEX）为：

$$NEX = S_1 - D_1 = P(P_A) \quad (2-16)$$

B国的净进口（NIM）数量为：

$$NIM = D_2 - S_2 = P(P_B) \quad (2-17)$$

世界市场的均衡条件为：

$$NIM(P_A) = NEX(P_B) \quad (2-18)$$

由于两国的贸易行为均能影响世界价格，因此A、B两国的国内价格与世界市场价格(P_W)之间均存在一定联系：

$$P_A = P(P_W) \quad (2-19)$$

$$P_B = P(P_W) \quad (2-20)$$

因此，世界市场的均衡条件可以写为：

$$NIM(P_W) = NEX(P_W) \quad (2-21)$$

第二节 现有食物供求模型的比较分析

目前，基于局部均衡理论和一般均衡里面的食物供求模型研究已经较为丰富，但不同食物供求模型的研究范围、基础数据库以及模型形式存在较大差异。根据表2-1的对比结果可以看出：

第一，现有食物供求模型中局部均衡模型应用较为广泛，包括USDA、OECD-FAO在内的国际机构和国内相关学者均采用局部均衡模型对食物供求进行模拟分析，表明局部均衡模型在食物供求模拟的应用已经得到了广泛认可。

第二，按照研究者分类，现有食物供求模型可以分为世界机构模型和学者模型两类。前者的研究范围一般为世界或区域诸国的多品种食物，后者的研究范围一般较窄，以研究中国的特定食物品种为主。中国食物供求模型中，陈永福等（2004）、陆文聪和黄祖辉（2004）以及梅燕（2008）的中国食物供求模型的研究区域细化为中国的省级行政区，并对各省之间的商品或生产资料的流动情况进行了模拟分析。

第三，现有食物供求模型的基础数据基本来自FAO、GATP和本国的统计系统。参数来源方面，大部分食物供求模型的参数来自FAO、USDA、OECD、GTAP等国际组织，国内学者构建的中国食物供求模型大多来自笔者的估计。考虑到现有的国内食物供求模型的研究对象以中国为主，因此，研究者基于较为丰富的国内数据资料估计得到的模型参数可能比国际机构的更为详细。但如果供求模型的研究对象为世界范围，拥有更多国际资源的国际机构提供的模型参数则更具代表性。

第四，模型结构方面，表2-1的模型中，OECD-FAO 的 AGLINK-COSIMO 模型加入了生物能源模块，并对包括中国在内的目标国家或地区的生物乙醇和生物柴油供求和世界生物乙醇价格进行了预测；FAPRI 的模型也对阿根廷、巴西、欧盟、印度尼西亚、日本、马来西亚、美国和世界其他国家的生物乙醇产量、国内需求量、市场价格、出口离岸价格、净进（出）口量进行了模拟预测。IFPRI 的 IMPACT 模型同时引入了气候变化因素和生物能源因素。IMPACT 模型在考虑气候变化时，将模型的"单产或种植面积增长率"设定为"不考虑气候变化影响的增长率"与"气候变化对单产或种植面积增长率影响"之和（Rosegrant，2012）；在结合生物能源因素时，将各国生物乙醇需求量设定为政府混合任务（Government Blending Mandates）、能源价格和生产者补贴等值（Producer Subsidy Equivalent，PSE）的函数。在均衡条件方面，IFPRI 的 IMPACT 模型、FAPRI 的 FAPRI 模型和 USDA 的 FAPSIM 模型均设定为世界商品总进口量等于总出口量，各国的净进（出）口量为国内供给和国内需求的差。

表2-1 现有中国食物供求模型对比

模型简称	作者/机构	模型类型	商品种类	国家地区	基础数据来源	参数来源
IMPACT	Rosegrant/IFPRI	局部均衡	44	115	FAO	USDA
FAPSIM	UDSA	局部均衡	24	42	美国统计系统	—
FAPRI	FAPRI	局部均衡	58	65	美国统计系统	—
WFM	FAO	局部均衡	13	146	—	FAO、USDA、OECD
AGLINK-COSIMO	OECD-FAO	局部均衡	19 大类	39 国 19 地区		
MAgPIE	PIK[1]	局部均衡	21	10	FAO	世界银行、FAO
GLOBIOM	IIASA[2]	局部均衡	30	24	FAO	USDA、FAO
IFPSIM	JIRCA[3]	局部均衡	15	32	—	JIRCAS
CAPSiM	黄季焜等/中科院	局部均衡	23	中国	国家统计局等	黄季焜等/中科院

续表

模型简称	作者/机构	模型类型	商品种类	国家地区	基础数据来源	参数来源
中国省别食物供求模型	陈永福	局部均衡	11	中国	国家统计局等	陈永福
CAU-JIRCAS CFDSM	陈永福等	局部均衡	14	中国	国家统计局等	陈永福等
CARMEM	陆文聪和黄祖辉	局部均衡	18	中国	国家统计局等	陆文聪、黄祖辉
CWARMEM	梅燕	局部均衡	18	中国	国家统计局等	梅燕
FARM	USDA	一般均衡	20	13	GTAP、FAO	UDSA
MAGNET	LEI-WUR[4]	一般均衡	19	45	GTAP	GTAP、FAO
ENVISAGE	FAO-世界银行	一般均衡	15	20	GTAP	FAO
中国农业CGE模型	中国农科院	一般均衡	18个农业部门,17个农产品加工部门	中国	国家统计局等	—
CHINAGRO	Keyzer和van Veen	一般均衡	17	中国	—	—
CERD	蒋庭松等	一般均衡	13个农业部门	中国	国家统计局等	GTAP等

注：—代表资料不详；1，PIK 全称为 Potsdam Institute for Climate Impact Research；2，IIASA 全称为 International Institute for Applied Systems Analysis；3，JIRCAS 全称为 Japan International Research Center for Agricultural Sciences；4，LEI-WUR 全称为 LEI-Wageningen University and Research Centre。

资料来源：Koyama（2000）；黄季焜和李宁辉（2003）；陈永福（2004）；陆文聪和黄祖辉（2004）；蒋庭松等（2004）；Keyzer 和 van Veen（2005）；OECD（2007）；梅燕（2008）；黄德林等（2010）；Schneider 等（2011）；Rosegrant（2012）；Pardey 等（2014）；Lotze Campen 等（2014）；Valin 等（2014）；Lampe 等（2014）；陈永福等（2015）。

综合以上分析可以看出，现有食物供求均衡模型或没有在全球化背景下分析中国玉米市场，或没有引入气候变化这一可能影响玉米产出的重要变量，或没有考虑生物乙醇这一玉米重要需求来源，或没有模拟中国最新玉米政策对世界和中国玉米供求的影响。因此，为了实现本书的研究目标——模拟分析全球化背景下气候变化、生物能源的发展以及中国最新玉米政策对世界中国玉米供求的影响，本书在开放条件下的多市场局部均衡模型的理论基础上，结合气候变化、生物能源发展构建了世界玉米供求模型。下一节将对世界玉米供求模型的模型框架进行详细阐述。

第三节 本书的局部均衡模型框架

基于多市场局部均衡模型的理论基础和现有食物供求模型的相关研究,本书综合考虑全球市场、气候变化和生物乙醇等因素构建了世界玉米供求模型,以模拟分析未来世界和中国玉米供求形势。世界玉米供求模型的理论基本框架如图2-7所示。

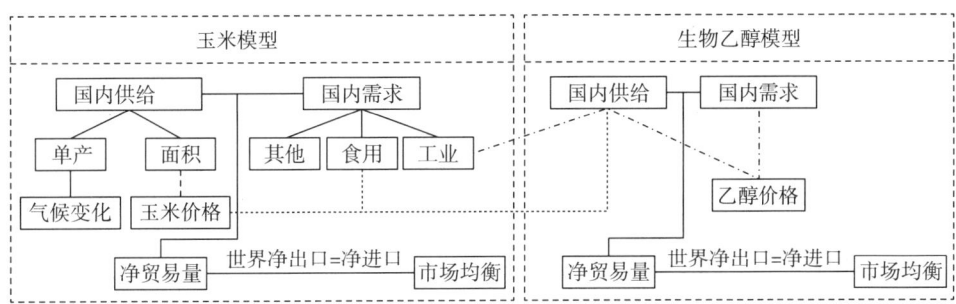

图2-7 世界玉米供求模型的基本框架

世界玉米供求模型包括玉米和生物乙醇两种商品,均衡条件下世界玉米和生物乙醇市场同时出清。模型在玉米单产中引入气候变化因素,在玉米的国内需求中引入生物乙醇因素,在生物乙醇的国内供给中引入玉米价格因素,实现玉米价格和生物乙醇价格之间的相互关联。世界玉米供求模型的基本函数形式如下:

假定世界玉米市场存在 i 个玉米净出口国,j 个玉米净进口国;世界生物乙醇市场存在 m 个生物乙醇净出口国,n 个生物乙醇净进口国,玉米净出口国和玉米净进口国的玉米国内生产函数为:

$$DSMZ_{i,j}(P_W^{MZ}, TEM_{i,j}, PRE_{i,j}) = AA_{i,j}(P_W^{MZ}) \times YD_{i,j}(TEM_{i,j}, PRE_{i,j}) \quad (2-22)$$

玉米净出口国和玉米净进口国的玉米国内需求函数为:

$$DDMZ_{i,j}(P_W^{MZ}, P_W^{BE}) = FOOD_{i,j}(P_W^{MZ}) + FEED_{i,j}(P_W^{MZ}) + PROC_{i,j}(P_W^{MZ}, P_W^{BE}) +$$

$$SEED_{i,j}(P_W^{MZ}) + LOSS_{i,j}(P_W^{MZ}, P_W^{BE}) + STV_{i,j} \qquad (2-23)$$

玉米净出口国的净出口量为：

$$NEXMZ_i(P_W^{MZ}, P_W^{BE}, TEM_i, PRE_i) = DSMZ_i(P_W^{MZ}, TEM_i, PRE_i) -$$
$$DDMZ_i(P_W^{MZ}, P_W^{BE}) \qquad (2-24)$$

玉米净进口国的净进口量为：

$$NIMMZ_j(P_W^{MZ}, P_W^{BE}, TEM_j, PRE_j) = DDMZ_j(P_W^{MZ}, P_W^{BE}) -$$
$$DSMZ_j(P_W^{MZ}, TEM_j, PRE_j) \qquad (2-25)$$

生物乙醇净出口国和生物乙醇净进口国的生物乙醇国内生产函数为：

$$DSBE_{m,n} = DSBE_{m,n}(P_W^{BE}, P_W^{MZ}) \qquad (2-26)$$

生物乙醇净出口国和生物乙醇净进口国的生物乙醇国内需求函数为：

$$DDBE_{m,n}(P_W^{BE}) = DMBE_{m,n}(P_W^{BE}) + STVBE_{m,n} \qquad (2-27)$$

生物乙醇净出口国的净出口量为：

$$NEXBE_m(P_W^{MZ}, P_W^{BE}) = DSBE_m(P_W^{MZ}, P_W^{BE}) - DDBE_m(P_W^{BE}) \qquad (2-28)$$

生物乙醇净进口国的净进口量为：

$$NIMBE_n(P_W^{MZ}, P_W^{BE}) = DDBE_n(P_W^{BE}) - DSBE_n(P_W^{MZ}, P_W^{BE}) \qquad (2-29)$$

在玉米国际市场和生物乙醇国际市场同时出清的情况下，有：

$$\sum_i NEXMZ_i = \sum_j NIMMZ_j \qquad (2-30)$$

$$\sum_m NEXBE_m = \sum_n NIMBE_n \qquad (2-31)$$

即：

$$f_{MZ} = \sum_i NEXMZ_i - \sum_j NIMMZ_j = f_{MZ}(P_W^{MZ}, P_W^{BE}) = 0 \qquad (2-32)$$

$$f_{BE} = \sum_m NEXBE_m - \sum_n NIMBE_n = f_{BE}(P_W^{MZ}, P_W^{BE}) = 0 \qquad (2-33)$$

其中，各变量符号及其解释整理如表 2-2 所示。

表 2-2 本节公式中的各变量符号及其解释

符号	解释	变量类型	符号	解释	变量类型
$DSMZ$	玉米国内供给量	内生	$DSBE$	生物乙醇国内供给量	内生
AA	种植面积	内生	$DDBE$	生物乙醇需求量	内生
YD	单产	内生	$DMBE$	生物乙醇国内消费需求量	内生
$DDMZ$	玉米需求量	内生	$STVBE$	生物乙醇库存变化量	外生
$FOOD$	玉米食用需求量	内生	$NEXBE$	生物乙醇净出口量	外生

续表

符号	解释	变量类型	符号	解释	变量类型
$FEED$	玉米饲料需求量	内生	$NIMBE$	生物乙醇净进口量	外生
$PROC$	玉米工业加工需求量	内生	$PWMZ$	世界玉米价格	内生
$SEED$	玉米种用需求量	内生	TEM	气温	外生
$LOSS$	玉米损耗	内生	PRE	降水	外生
STV	玉米库存变化量	外生	$PWBE$	世界生物乙醇价格	内生
$NEXMZ$	玉米净出口量	外生	i,j	玉米净出口、净进口国	—
$NIMMZ$	玉米净进口量	外生	m,n	生物乙醇净出口、净进口国	—

第三章 世界玉米和生物乙醇供求与贸易分析

随着全球化的加速、气候的变化、生物能源的发展,世界玉米和生物乙醇的供求及贸易形势都将发生新的变化。本部分构建世界玉米和生物乙醇数据库,梳理世界玉米和生物乙醇供求与贸易的演变过程并分析目前中国玉米供求存在的问题和现有模拟结果,主要包括以下方面内容:

(1) 分析世界玉米供求、贸易的演变过程与现状。

(2) 分析世界生物乙醇供求、贸易以及相关政策的历史与现状。

(3) 构建世界玉米和生物乙醇供求平衡表。

(4) 基于中国玉米供求数据对中国玉米供求存在的问题进行总结和分析。

(5) 基于现有研究结果总结现有中国玉米供求模拟结果。

本部分总结世界玉米和生物乙醇的发展脉络以及供求特征,并为本书提供宏观背景和基础数据,同时提出待解决的问题。

第一节 世界玉米供求与贸易的演变过程

一、世界玉米供给演变过程

第二次世界大战后,世界玉米产量总体呈现不断增长、近期增速加快的趋势(见图3-1)。

首先,世界玉米产量不断增长。1961年,世界玉米产量为2.08亿吨,1980

年增至4.09亿吨，2000年达到5.92亿吨，2014年首次突破10亿吨，但2015年回落至9.7亿吨。2015年的世界玉米产量是1961年的4.7倍，是1980年的2.4倍，是2000年的1.6倍。

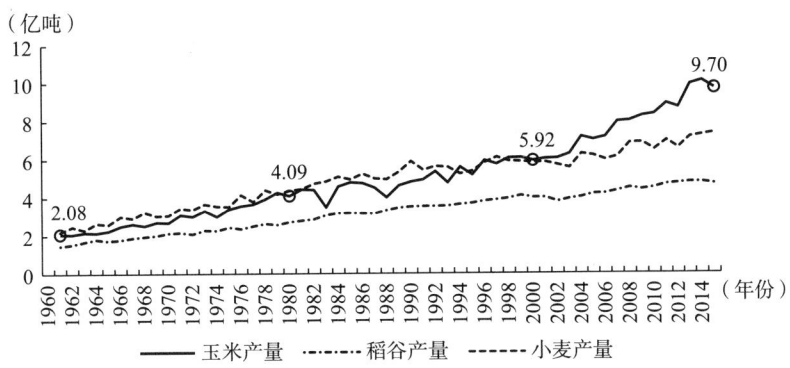

图3-1 世界三大谷物产量变动趋势

资料来源：USDA（2015）。

其次，2000年以来，玉米产量增长速度明显加快。1961年以来，世界玉米产量用了近40年的时间增长了约4亿吨，但在2000~2013年的14年，世界玉米产量又增长了4亿吨。

最后，与稻谷和小麦相比，世界玉米产量增速明显更快，且从2000年起，玉米超过小麦成为产量最高的谷物。

世界玉米生产的集中程度较高。目前，世界玉米的生产主要集中在美洲、亚洲和东欧，其中美国、中国、巴西、阿根廷、乌克兰、印度、墨西哥和印度尼西亚的产量排名居前（见图3-2）。2013年，上述八国的玉米产量占世界总产量的77%，其中，美国和中国的玉米产量占世界世界总产量的56%（FAO，2015）。

世界玉米收获面积的增速明显低于产量增速，2015年的世界玉米的收获面积仅为1960年的1.7倍（2015年的世界玉米产量是1961年的4.7倍，见图3-1和图3-3）。根据图3-3还可以发现，第二次世界大战后世界玉米的收获面积的变动趋势可以分为三个阶段。第一阶段为1960~1980年，世界玉米收获面积在这段时期增长较快，从1.02亿公顷增至1.31亿公顷，增幅为34%，年均增长率[①]为1.26%。第二阶段为1980~2000年，世界玉米收获面积在这段时期增速明显放缓，20年间仅增长了600万公顷，增幅收缩至4.6%。第三阶段为2000年之后，世界玉米的收获面积在这段时期快速增长，这与世界玉米产量在2000年以后迅速增长的情况相似。2000~2015年，世界玉米收获面积增长了4000万公顷，超过了1960~2000年的增幅。

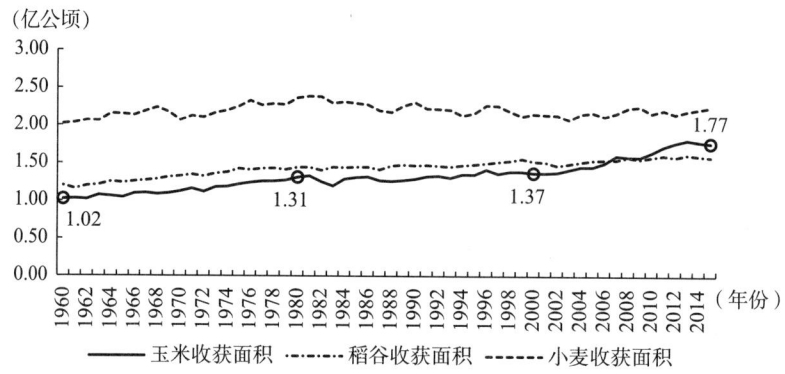

图3-2 世界三大谷物收获面积变动趋势

资料来源：USDA（2015）。

在世界玉米收获面积增速明显低于世界玉米产量的背景下，世界玉米产量的快速增长主要来自玉米单产的不断提高。从图3-3可以看出，世界玉米单产从1960年的2020千克/公顷增至2015年的5480千克/公顷，56年间增长了1.7倍。世界主要玉米生产国中，美国的玉米单产明显高于世界平均水平，中国的玉米单产略高于世界平均水平，巴西的玉米单产在过去很长一段时间远低于世界平均水平但在近年迅速增长，已经接近世界平均水平，如图3-3所示。

---

① 年度增长率计算公式为 $\delta = \exp^{(\ln Y_t - \ln Y_0)/(t - t_0)} - 1$，除特别说明外，下同。

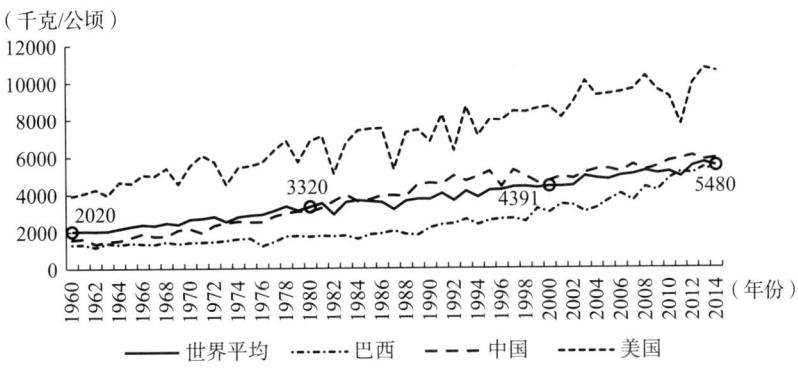

图 3-3 世界玉米单产变动趋势

资料来源：USDA（2015）。

二、世界玉米需求演变过程

与玉米产量变动趋势相似，世界玉米需求量也呈现快速增长的趋势（见图 3-4）。2011 年世界玉米需求量（包括饲料需求、工业加工需求[①]、食用需求、种用需求和浪费）达到 8.8 亿吨，是 1961 年的 4.2 倍（FAO, 2015）。

在需求结构方面，玉米的饲料需求一直是玉米最主要的需求来源。尽管饲料需求在玉米需求中的比重[②]不断下降，但 2011 年仍超过了 50%（见图 3-4 和图 3-5）。饲料需求的份额正不断被工业加工需求所取代，工业加工需求在玉米需求中的比重已从 1991 年的 13% 增至 2011 年的 26%，且已超过食用需求成为玉米的第二大需求来源（见图 3-5）。食用需求是玉米的第三大需求来源，在玉米需求中的比重保持在 15% 左右；种用需求和浪费合计占玉米需求的比重约为 5%。

---

① 本书将 FAO 食物平衡表的加工需求（Processing）和其他用途需求（Other uses）合并为工业加工需求。根据 FAO 的定义，加工需求为商品用于加工食品的需求量，其他用途需求包括用于非食物目的的需求量、统计误差等（http://www.fao.org/docrep/003/X9892E/X9892e02.htm#P430_31575）。

② 若无特殊说明，本书在计算某种需求占总需求的比重时，总需求中不包含库存变化量。

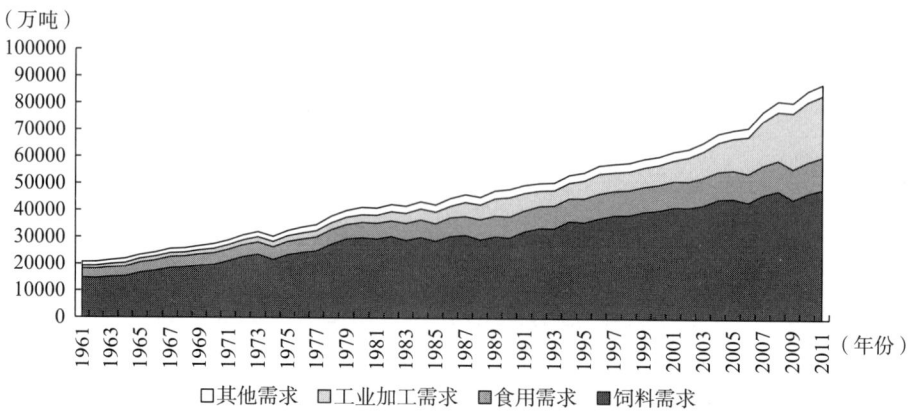

图3-4 世界玉米需求变动趋势

注：其他需求包括种用需求（Seed）和浪费（Waste）。

资料来源：FAO（2015）。

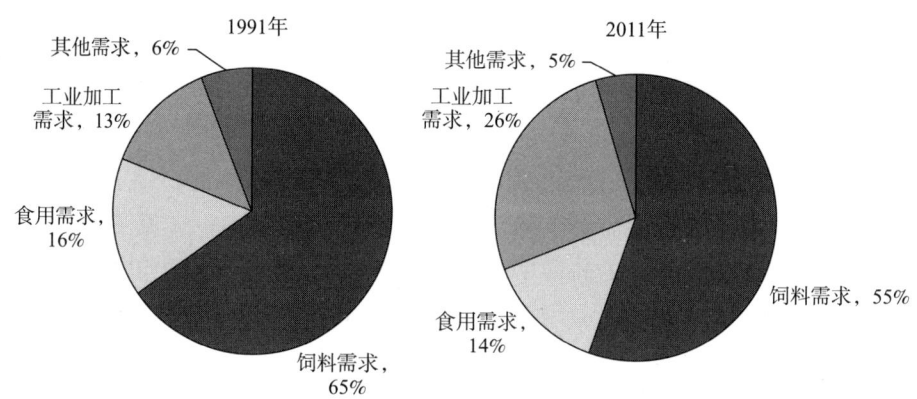

图3-5 世界玉米需求结构变化

注：工业加工需求包括加工生物乙醇等加工需求（Processing）和其他用途需求（Other uses）；其他需求包括种用需求（Seed）和浪费（Waste）。

资料来源：FAO（2015）。

本书将玉米的库存变化量（期末库存减期初库存）视为玉米需求的一部分。目前，世界玉米库存处于近28年来的最高水平，2015年的杂粮（包括玉米、大麦、高粱等）预计为2.17亿吨（Capehart和Allen，2015），其中中国玉米库存预计为1.14亿吨（Shull，2016）。长期来看，世界玉米库存变化量基本围绕零值上下波动（见图3-6）。20世纪80年代以来，玉米库存变化量的波动程度明显加大。其中，1982~1988年玉米库存变化量反复出现了几次大幅变化。

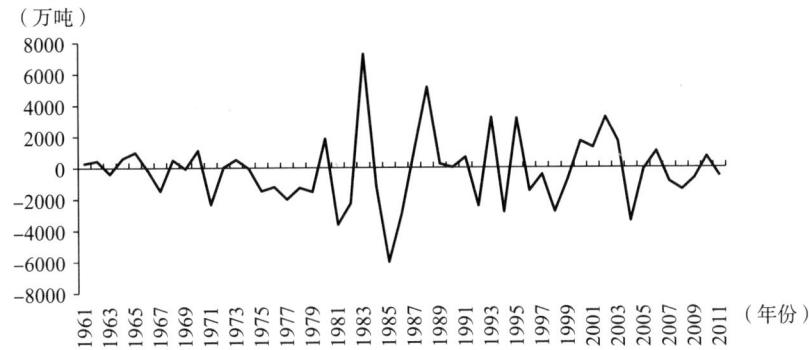

图3-6 世界玉米库存变化量变动趋势

资料来源：FAO（2015）。

三、世界玉米贸易与价格演变过程

20世纪60年代以来，随着全球化的不断深化，世界玉米贸易量呈现"爆炸性"增长趋势。2015年世界玉米贸易量达到1.24亿吨，是1960年世界玉米贸易量的8.9倍（见图3-7）。根据世界玉米贸易量的增速变化过程，可以将世界玉米贸易量的发展划分为三个阶段（见图3-7）。第一阶段为1961~1980年，世界玉米贸易量在这段时间增长了4.7倍，从1961年的1400万吨增至1980年的8030万吨；第二阶段为1980~1996年，世界玉米贸易量在这段时间出现萎缩，1996年的世界玉米贸易量为7178万吨，是1980年的89%；第三阶段为1996年之后，世界玉米贸易量在这段时期重新恢复快速增长的趋势。世界玉米贸易量占谷物贸易量的比重从1961年的18%增至1979年的39%，此后逐步回落至1986年的28%，并在之后基本维持在30%左右。

2015年，世界玉米主要进口国（或地区）主要为欧盟、日本、墨西哥、韩国、埃及和伊朗。上述国家（或地区）的玉米进口量占世界玉米进口总量的51%，其中，欧盟、日本和墨西哥三国（或地区）的玉米进口量超过世界玉米进口总量的1/3（USDA，2015）。

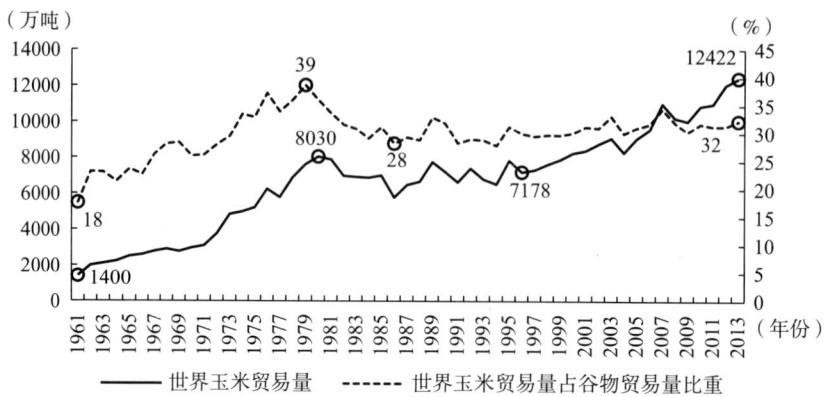

图 3-7 世界玉米贸易量及其占谷物贸易量比重的变动趋势

资料来源：FAO（2015）。

与世界玉米进口国的分布相比，世界玉米出口国的集中程度更高。2015年，世界玉米主要出口国主要为美国、巴西、阿根廷、乌克兰、俄罗斯和巴拉圭。上述国家的玉米出口量占世界玉米出口总量的91%，其中，美国、巴西和阿根廷三国的的玉米出口量超过世界玉米出口总量的70%（USDA，2015）。

从图3-8可以看出世界玉米价格呈现以下主要特征。

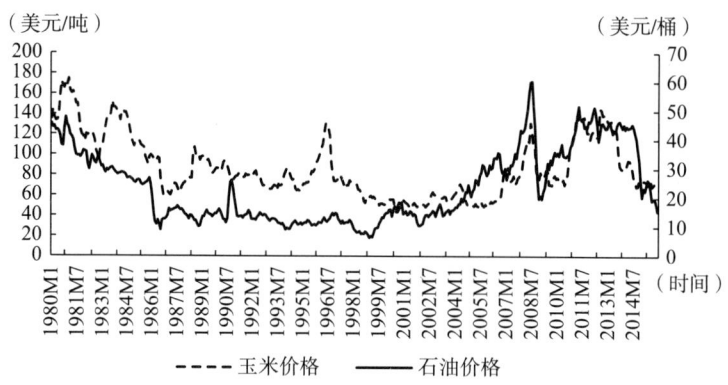

图 3-8 1980~2015年世界玉米和石油月度价格变动趋势

注：右轴为石油价格；玉米价格为美国2号黄玉米的墨西哥湾离岸价格；石油价格为布伦特原油价格、西得克萨斯州中级原油价格和迪拜原油价格的简单平均值；所有价格均为实际价格（1982~1984年=100）。

资料来源：美国CPI数据来自美国劳工部（2016），世界玉米和石油价格来自IMF（2016）。

第一,总体来看,世界玉米价格周期性特征较为明显。1980年以来先后经过了1980~1986年的下降期、1986~2002年的稳定期、2002~2008年的迅速上涨期、2008~2014年的大幅震荡期和2014年至今的快速下跌期等几个主要周期。

第二,2002年以后,世界玉米价格走势与世界石油价格基本趋同,世界石油价格和玉米等粮食价格之间存在一定的关联(Harri等,2009;Harri,2009;Nazlioglu和Soytas,2012)。

第三,2007~2008年的"粮食危机"后,世界玉米价格波动频率和幅度均明显加大。

四、世界玉米供求平衡表

世界玉米供求平衡表主要由供给和需求两部分组成,供给部分主要包括国内产量和进口量,需求部分主要包括国内需求和出口量。其中,国内产量又可以进一步分解为单产和播种面积,国内需求可以进一步分解为食用需求、工业加工需求、饲料需求、种用需求、损耗和其他需求等。在假定市场出清的条件下,总供给等于总需求,由此达到供求平衡。

(一)目标国家的选取

为降低短期贸易变动对研究对象选取造成的影响,本书分别对平均5年、10年、15年、20年和30年世界主要玉米进出口国家贸易额进行了计算,并从大到小进行了排序(截至2013年,见表3-1和表3-2)。在玉米出口方面,美国、阿根廷、巴西、乌克兰和印度玉米出口金额较大(UNComtrade,2016)。考虑到俄罗斯的玉米潜在生产能力,本书将俄罗斯也列入世界主要玉米出口国(赵明正和朱思柱,2015)。在玉米进口方面,日本、韩国和墨西哥是世界排名前三的玉米进口国家,欧盟和世界其他国家也属于玉米的净进口国,因此,选择日本、韩国、墨西哥、欧盟、世界其他国家作为世界主要玉米进口国(或地区)。

(二)目标国家的玉米供求平衡表

本书基于FAO(2015)的食物供求平衡表构建了所有研究对象的玉米平衡表(1993~2012年)(见附录1)。与中国玉米供求平衡表相同,供给部分包括国内产量、单产、播种面积进口量,需求部分包括食用需求、工业加工需求、饲料需求、种用需求、损耗、其他需求和出口量。其中,本书的工业加工需求包括FAO(2015)的食物供求平衡表的加工需求和其他需求两部分;世界其他国家的数据来自世界总体数据减去美国、阿根廷、巴西、乌克兰、印度、俄罗斯、日本、韩国、墨西哥、欧盟以及中国的数据。

表3-1 世界主要玉米出口国家排名（按出口额排名）　　单位：亿美元

排名	30年平均		20年平均		15年平均		10年平均		5年平均	
	国家	金额	国家	金额	国家	金额	国家	金额	国家	金额
1	美国	70.39	美国	73.66	美国	77.96	美国	92.23	美国	99.54
2	阿根廷	19.14	阿根廷	19.84	阿根廷	23.04	阿根廷	29.58	阿根廷	39.93
3	法国	16.66	法国	16.66	法国	17.08	巴西	22.45	巴西	35.85
4	巴西	9.50	巴西	11.87	巴西	15.74	法国	19.38	乌克兰	23.02
5	乌克兰	7.38	乌克兰	7.38	乌克兰	8.80	乌克兰	12.97	法国	22.57
6	中国	5.82	中国	5.23	匈牙利	5.99	匈牙利	8.08	匈牙利	10.07
7	匈牙利	4.53	匈牙利	4.78	中国	5.39	印度	6.15	印度	9.08
8	南非	3.29	南非	3.29	印度	4.14	南非	4.18	罗马尼亚	6.82
9	印度	2.71	印度	3.12	南非	3.29	罗马尼亚	3.84	南非	6.22
10	塞尔维亚	2.62	塞尔维亚	2.62	塞尔维亚	2.62	中国	3.03	塞尔维亚	3.71

资料来源：UNComtrade（2016）。

1. 主要玉米进口国

（1）日本。日本国内几乎不生产玉米，玉米的消费主要来自进口（见附表2）。目前，日本是世界上玉米进口第二多的国家（仅次于欧盟），1993~2012年平均每年进口1630.01万吨玉米，且进口量较为稳定。日本的玉米消费主要来自饲料需求，1993~2012年，饲料需求在总需求中的比重平均为74.2%。工业加工需求和食用需求均保持在200万吨左右。

表3-2 世界主要玉米进口国家排名（按进口额排名）　　单位：亿美元

排名	30年平均		20年平均		15年平均		10年平均		5年平均	
	国家	金额	国家	金额	国家	金额	国家	金额	国家	金额
1	日本	29.29	日本	31.44	日本	33.74	日本	40.48	日本	45.92
2	韩国	13.44	韩国	15.21	韩国	16.49	韩国	19.96	韩国	22.81
3	墨西哥	10.19	墨西哥	11.79	墨西哥	13.85	墨西哥	17.60	墨西哥	22.12
4	西班牙	7.25	西班牙	8.32	埃及	9.75	西班牙	12.17	埃及	16.46
5	埃及	8.22	埃及	8.22	西班牙	9.67	埃及	11.75	西班牙	13.92
6	荷兰	5.85	荷兰	6.00	荷兰	6.72	荷兰	8.57	伊朗	11.07
7	德国	4.40	哥伦比亚	4.75	哥伦比亚	5.54	哥伦比亚	7.17	荷兰	10.33

续表

排名	30年平均		20年平均		15年平均		10年平均		5年平均	
	国家	金额	国家	金额	国家	金额	国家	金额	国家	金额
8	哥伦比亚	4.20	马来西亚	4.69	马来西亚	5.24	马来西亚	6.59	哥伦比亚	8.86
9	马来西亚	4.14	德国	4.49	德国	5.00	德国	6.42	马来西亚	8.39
10	意大利	4.02	意大利	4.02	意大利	4.75	意大利	6.24	意大利	7.86

资料来源：UNComtrade（2016）。

（2）韩国。与日本类似，韩国国内只生产少量玉米，主要依赖进口（见附表3）。1993～2012年，韩国玉米年均产量为7.64万吨，进口量为821.62万吨，产量和进口量均较为稳定。饲料需求同样是韩国主要的玉米需求来源，饲料需求所占比重为70%左右，工业需求平均为18.7%。

（3）墨西哥。1993～2012年，墨西哥玉米国内产量均值为1990.65万吨，单产总体呈现波动中增长的趋势，但收获面积则呈现下降的趋势（见附表4）。1993～2012年，墨西哥进口量平均为598.08万吨且呈现不断增加的趋势。需求方面，墨西哥与其他国家的需求结构存在较大差异，食用需求为墨西哥的主要需求来源，食用需求在玉米国内需求中的比重约为50%，其次为饲料需求，所占比重约为31%。

（4）世界其他国家。根据第三章的分析，除本书选取的国家外，玉米主要生产、贸易地区集中在东南亚和南部非洲等。1993～2012年，这些国家的玉米收获面积呈现不断增加的趋势，但单产处于较低的水平（见附表5）。1993～2012年，世界其他国家的玉米单产均值为2384.60千克/公顷，远低于世界平均水平。这表明，未来随着这些国家技术的进步，玉米单产和产量还存在较大的提升空间。需求方面，世界其他国家的玉米需求主要来自饲料需求和食用需求，且饲料需求均值的增长速度明显高于食用需求均值。1993～2012年，世界其他国家饲料需求均值为6921.98万吨，年均增长率为5.32%；同期的食用需求均值为5903.59万吨，年均增长率为2.5%。工业加工需求比重虽然相对较低，但增长速度非常快，1993～2012年的年均增长率达到了11.1%，但占玉米需求的比重平均只有6%，还存在较大的增长空间。

（5）欧盟。欧盟既是玉米的主要进口地区，也是玉米的主要出口地区，但进口量高于出口量（见附表6）。1993～2012年，欧盟玉米年均进口量为1487.14万吨，年均出口量为1218.07万吨。区域内生产方面，1993～2012年，欧盟玉米的收获面积基本保持在900万公顷以上，均值为936.71万公顷；单产平均为6307.42千克/公顷，处于相对较高的水平；玉米产量总体呈现增长趋势，但2012年出现大幅下降。玉米需求方面，欧盟的玉米需求主要来自饲料需求，1993~2012年，饲料需求占玉米国内需求的比重平均为78.5%且基本保持在75%以上的水平。

2. 主要玉米出口国

（1）美国。美国是世界上最大的玉米生产国和出口国，1993~2012年，玉米收获面积、单产和国内产量均有不同程度的增长（见附表7）。其中，玉米收获面积从1993年的2546.80万公顷增至2012年的3535.94万公顷，年均增长率为1.7%；2011年，美国玉米单产达到了9236.72千克/公顷，但2012年回落至7743.90千克/公顷；2012年，美国玉米产量达到2.74亿吨，比1993年增长了70%。需求方面，目前美国的工业加工需求已经超过饲料需求成为玉米需求的主要来源。2012年，美国玉米工业加工需求占国内需求的比重达到了58%，饲料需求所占比重从1993年的98.5%下滑至2012年的47%（因为美国其他需求为负值，所以工业需求和饲料需求所占比重之和大于100%）。出口方面，1993~2012年美国玉米年均出口量为4812.51万吨，但从1995年起总体呈现下降趋势。

（2）阿根廷。1993~2012年，阿根廷玉米出口量增长迅速，年均增长率达到7%（见附表8）。生产方面，阿根廷玉米产量的大幅增长主要来自收获面积和单产的不断提高。阿根廷玉米单产水平从1993年的4355.16千克/公顷增至2012年的6350.28千克/公顷（年均增长率为2%），并曾在2010年达到了7804千克/公顷。同期，玉米收获面积从1993年的250.30万公顷增至2012年的374.78万公顷，年均增长2.1%。需求方面，1993~2012年，阿根廷国内玉米需求为535.42万吨，是出口量平均值的48%，即阿根廷的玉米产量中只有1/3用于国内消费，2/3用于出口。

（3）巴西。巴西是世界第三大玉米生产国和第二大玉米出口国。1993~2012年巴西玉米产量从3005.56万吨增至2012年的7107.28万吨，年均增长率为4.6%（见附表9）。巴西玉米产量增长的主要原因是单产的大幅提高。巴西玉米单产从1993年的2532.13千克/公顷增至2012年的5005.66千克/公顷，年均增长率达到了3.7%。需求部分，巴西玉米需求的主要来源是饲料需求，2012年饲料需求占巴西玉米国内需求的比重为67%。20世纪末和21世纪初，巴西一直是玉米的净进口国，但2005年之后，巴西玉米出口量开始大幅增长，2012年达到

1980.19万吨，是2005年出口量的17倍。

（4）乌克兰。2014年，乌克兰是中国第二大玉米进口来源国。乌克兰的玉米大规模出口始于20世纪末，并从2004年起迅速增长，2012年已经达到787.37万吨（见附表10）。与此同时，乌克兰的玉米产量也出现大幅增长，2012年产量达到2096.13万吨，是1993年的5.5倍。乌克兰玉米产量的增长主要来自收获面积的大幅扩张，1993~2012年，乌克兰玉米收获面积年均增长率为6.5%，单产年均增长率只有2.8%。需求方面，乌克兰国内玉米需求主要来自饲料需求，2012年饲料需求在国内需求中的比重为93%。

（5）印度。印度玉米的大规模出口始于2003年，且出口量一直不断增长，2012年已经达到590.69万吨（见附表11）。生产方面，印度玉米收获面积和单产1993~2012年的增幅均在2%左右，但印度玉米单产水平明显低于世界平均水平。2012年，印度玉米单产为2555.68千克/公顷，是中国玉米单产水平的43%，是美国玉米单产水平的1/3。与墨西哥类似，印度玉米的主要需求来源为食用需求。1993~2012年，印度玉米食用需求在国内需求中所占比重平均为48%，饲料需求所占比重为32%。

（6）俄罗斯。1993~2008年，俄罗斯一直是玉米的净进口国，但2009年起俄罗斯开始成为玉米的净出口国，玉米出口数量不断增加，2012年达到了219.66万吨（见附表12）。1993~2012年，俄罗斯玉米产量增长迅速，年均增长率达到了6.6%。俄罗斯玉米产量的增长主要来自收获面积的扩大，2012年俄罗斯玉米收获面积达到193.75万公顷，是1993年收获面积的2.5倍。需求方面，俄罗斯玉米国内需求主要来自饲料需求。2012年，饲料需求在俄罗斯国内玉米需求中的比重为72%。

第二节 中国玉米供求与贸易演变过程

一、中国玉米供给演变过程

（一）中国玉米产量演变过程

1978年以来，中国玉米产量呈现不断增长的趋势（见图3-9）。2014年，中国玉米产量达到2.15亿吨,是1980年玉米产量的3.4倍。1998年之前,中国玉米产量和小麦产量较为接近;1998年之后,玉米产量始终超过小麦,成为中国第二大谷物(按产量算),且与小麦产量的差距逐步扩大。2012年起,中国玉米产量首次超过稻谷,成为中国第一大谷物(按产量算)。

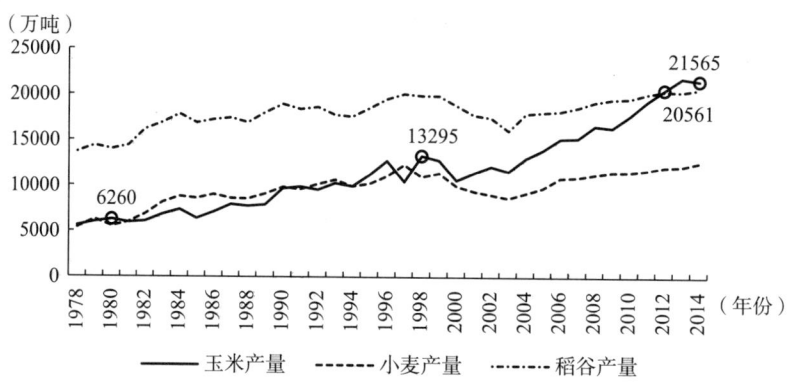

图3-9 中国主要谷物产量变动趋势

资料来源:国家统计局(2015)。

通过图3-9可以发现,2003年之后中国玉米产量增速明显加快。从1980年起,中国玉米产量用了23年的时间增长了5000万吨,但在2003~2008年中国玉米产量就增长了5000万吨,2003~2015年玉米产量增长了近1亿吨。

玉米生产在中国分布较为广泛,按照各地农业自然资源特点可以划分为六大产区,分别为北方春播玉米区、黄淮海夏播玉米区、西南山地丘陵玉米区、南方丘陵玉米区、西北内陆玉米区和青藏高原玉米区。目前,中国的玉米生产主要集中在东北和华北地区。2014年中国玉米产量较高的省份包括黑龙江省(3343万吨)、吉林省(2734万吨)、内蒙古自治区(2186万吨)、山东省(1988万吨)、河南省(1732万吨)和河北省(1671万吨)。上述六省(区)玉米产量占全国的比重达到了63%(国家统计局,2015)。

中国玉米主产区在过去20年里发生了明显的变化。与1995年相比,2014年,内蒙古自治区、黑龙江省和甘肃省的玉米产量占全国比重有明显提高,增幅分别为5.51%、4.68%和1.49%;与此同时,山东省、河北省、四川省、辽宁省和江苏省五省的玉米产量占全国比重有明显减少,降幅分别为4.56%、

2.82%、2.14%、1.94%和1.31%。

(二) 中国玉米播种面积演变过程

中国玉米播种面积同样呈现不断增长的趋势（见图3-10）。2014年，中国玉米播种面积为3712万公顷，比1980年增加了1703万公顷，增幅为1.2倍。2002年起，玉米播种面积超过小麦，成为中国播种面积第二高的谷物；2007年起，玉米播种面积超过稻谷，成为中国播种面积最高的谷物。

1980～2014年，中国玉米播种面积的变化趋势可以划分为两个阶段（见图3-10）。第一阶段为2003年之前，中国玉米播种面积在这段时间增长较为平缓。与1980年相比，2003年的玉米播种面积增长了约400万公顷。第二阶段为2003～2014年，中国玉米播种面积在这段时间增长速度明显加快。2014年中国玉米播种面积比2003年增长了约1300万公顷，是1980～2003年增幅的3.25倍。2003年之后，中国玉米种植面积的迅速增长与玉米种植收益相对较高、财政支持力度不断加大等因素相关（星焱和胡小平，2013）。

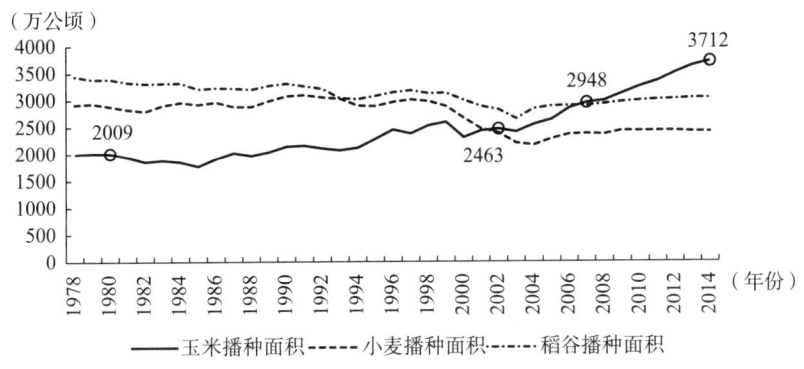

图3-10　中国主要谷物播种面积变动趋势

资料来源：国家统计局（2015）。

2014年，中国玉米播种面积较多的省份包括黑龙江省（5440万公顷）、吉林省（3697万公顷）、内蒙古自治区（3372万公顷）、河南省（3284万公顷）、河北省（3171万公顷）和山东省（3126万公顷）。上述六省（区）玉米播种面积占全国的比重达到了59.5%（国家统计局，2015）。

中国玉米播种面积分布在过去20年里同样发生了明显的变化。与1995年相比，2014年，内蒙古自治区、黑龙江省和甘肃省的玉米播种面积占全国比重有明显提高,增幅分别为4.73%、4.07%和1.18%;与此同时,四川省、山东省和河北省的玉米播种面积占全国比重有明显减少,降幅分别为3.81%、3.41%和1.52%。

未来中国玉米种植区域将进行战略性调整,重点地区为东北向华北—西南—西北的"镰刀弯"地区(农业部,2015)。政策目标是到2020年,调减玉米5000万亩(333.3万公顷)(农业部,2016)。该政策的颁布与实施意味着中国玉米种植面积将可能在未来的一段时间呈现稳步减少的趋势。

(三)中国玉米单产演变过程

1978年以来,中国玉米单产呈现不断增长的趋势(见图3-11)。2014年中国玉米单产为5810千克/公顷,是1980年玉米单产水平的1.9倍。与种植面积的变化趋势不同,中国玉米单产在20世纪90年代之前增长迅速,此后增速逐渐回落并稳定在目前的年均增长2%左右。中国玉米单产的提高主要来自生产技术的进步(星焱和胡小平,2013)。

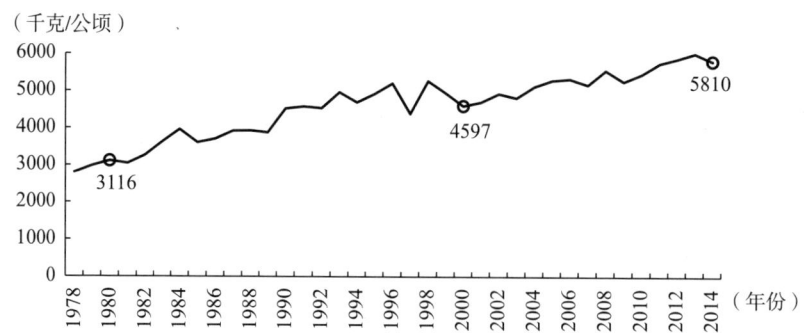

图3-11 中国玉米单产变动趋势

资料来源:国家统计局(2015)。

与世界主要玉米生产国相比,中国的玉米单产水平略高于世界平均值,但远低于美国。这表明,随着种植技术的进步、种子质量的提高、土壤条件的改良、生产条件的改善,中国玉米单产还存在较大的增长空间(李少昆和王崇桃,2010;王崇桃等,2006)。

中国各省份的玉米单产差异较大,总体来看,南方地区的玉米单产明显低于北方地区。2014年,中国玉米单产较高的地区为宁夏回族自治区、吉林和新疆维吾尔自治区,其单产均超过了7000千克/公顷。玉米主产区中的内蒙古自治区、山东省和新疆维吾尔自治区的单产超过了6000千克/公顷,分别为6483千克/公顷、6360千克/公顷和6146千克/公顷;河南省和河北省的玉米单产低于全国平均水平,分别为5274千克/公顷和5269千克/公顷。

中国玉米需求可以分为饲料需求、工业加工需求、食用需求、种用需求、损耗和库存变化量等部分。目前尚无官方数据支撑,因此,本部分分别对上述需求种类的数据进行估算并进行分析。

二、中国玉米需求演变过程

(一) 中国玉米饲料需求演变过程

玉米饲料需求的测算主要分为两部分,第一部分为估算中国饲料粮的需求量,第二部分为从饲料粮需求量中分离出玉米的饲料需求。

中国饲料粮需求量的测算方法主要有基于畜产品产量的需求法和基于粮食总产量的供给法(或平衡表法)两种(Garnaut 和 Ma, 1993; Zhou, 2003; 田维明和周章跃, 2007)。饲料粮测算的两种方法的优劣无法进行简单评判(田维明和周章跃, 2007),下面从五个方面对其进行对比分析。

第一,从饲料粮的概念,供给法得到的是狭义的饲料粮供给量,并非需求量,而需求法可以直接得到广义或狭义的饲料粮需求量。

第二,应用角度方面,供给法主要应用于粮食四大需求结构的对比分析(杨万江,1999),需求法主要应用于饲料粮问题的专题讨论或为粮食模型提供参数以进行预测。

第三,方法的难易程度,供给法涉及的基础数据和计算过程要少于需求法,在实践中更容易操作。

第四,两种方法均存在一些影响测算结果准确性的问题:供给法用到的工业用粮、其他用粮的比例以及粮食的库存数据难以获得,而且由于农户很难区分口粮和饲料粮,从而导致国家统计局公布的口粮消费数据很可能包含一部分饲料用粮(Garnaut 和 Ma, 1993; 杨万江,1999);需求法使用的畜产品产量数据和饲料转化率可能引起误差。部分学者认为,国家统计局公布的畜产品产量可能存在失真的情况,尽管国家统计局分别利用1996年和2006年两次农业普查结果对当年的畜产品产量统计数据进行了调整(1996年肉类产量平均调减22.31%, 2006年肉类产量平均调减11.95%),但许多学者仍然认为调整后的畜产品产量也含有较多的虚高成分（钟甫宁，1997；卢锋，1998；Fuller 等，2000；蒋乃华，2002；Wang 等，2004；陈永福，2004；Yu 和 Abler，2014；Xiao 等，2015）；饲料转化率受饲养类型、饲养技术等因素影响导致其数值存在很大分歧和争议（朱希刚，2000）。

第五，通过需求法计算得到的饲料粮需求量不包括役畜消耗的部分，但这一部分在数量上不是很多，不会造成太大误差（Garnaut 和 Ma，1993）。

考虑到工业用粮和粮食库存数据难以获得，以及本书需要测算包含粮食加工附属品在内的饲料粮需求量，故选择需求法对中国饲料粮需求量进行测算。需求法的基本测算方法为：

$$FEED_i = \lambda_i \times \left(\sum_j \delta_j DP_{LS,j} \right) \tag{3-1}$$

式中，$DP_{LS,j}$ 表示畜产品 j 的国内产量，δ_j 表示畜产品 j 的饲料转化率（单位畜产品主产品耗量），λ_i 表示玉米在饲料中的比重。饲料转化率参见《全国农产品成本收益资料汇编》，玉米在饲料中的比重参见陈永福（2004）。需要说明的是，考虑到集约化养殖和分散化养殖的饲料需求差异（陈永福，2004），本书的玉米饲料需求量需要在式（3-1）的基础上按照式（3-2）进行调整；INT 是集约化养殖指数 $INT = $ 配合饲料产量/饲料产量，数据来自历年《中国饲料工业年鉴》。

$$FEED_{Maize} = FEED_{Eq3.1} \times INT \tag{3-2}$$

实际操作过程具体可以分为三步。

第一，因为中国的畜产品产量存在虚高成分，因此，需要根据"畜产品的产量 = 畜产品的需求量 + 损耗量 + 净进口量"的供求平衡假定调整出相对真实的畜产品产量。畜产品的需求量可以通过人均畜产品需求量乘以总人口得到；同时，由于国家统计局公布的人均畜产品需求量中不包括外出就餐的部分，从而导致实际的人均畜产品需求量高于统计局公布的数字（卢锋，1998），这就需要在国家统计局公布数据的基础上乘以人均在外消费系数从而得到更为准确的人均畜产品需求量。城镇居民家庭在外消费率根据《中国统计年鉴》的人均在外食物消费金额和人均食物消费金额计算得到，农村居民家庭在外消费率根据《中国农村住户调查年鉴》中的人均在外食物消费金额和人均食物消费金额计算得到。调整后的主要畜产品产量整理如表 3-3 所示，城乡居民人均畜产品消费量和在外消费率整理如表 3-4 所示。

第二,基于《全国农产品成本收益资料汇编》中部分畜产品的"每50千克主产品耗粮数量"估算饲料转化率,主要年份中国饲料转化率整理如表3-5所示。

表3-3 调整后的主要畜产品产量　　　　　　　　　　单位:万吨

年份	猪肉	牛肉	羊肉	禽肉	禽蛋	奶类	养殖水产品
本书推算值							
1993	2087.67	160.82	111.99	505.76	649.72	357.48	952.81
2000	2635.11	200.83	169.57	786.92	1154.17	901.34	2236.84
2005	3480.81	205.18	181.02	1428.84	1250.26	1880.02	2943.81
2010	3587.92	330.11	220.11	1780.10	1376.33	1952.52	3828.80
2011	3582.31	405.50	222.75	1914.28	1435.33	2134.13	4023.26
2012	3689.84	382.49	222.79	1985.14	1537.98	2021.58	4288.35
国家统计局公布值							
1993	2854.40	233.60	137.30	274.00	1179.80	357.48	952.81
2000	3966.00	513.10	264.13	1208.00	2182.00	901.34	2236.84
2005	4555.30	568.10	350.06	1464.00	2438.10	1880.02	2943.81
2010	5071.20	653.07	398.86	1656.00	2762.70	1952.52	3828.80
2011	5060.43	647.49	393.10	1709.00	2811.42	2134.13	4023.26
2012	5342.70	662.26	400.99	1823.00	2861.17	2021.58	4288.35

资料来源:笔者估算,国家统计局(2015)。

表3-4 主要年份中国城镇居民人均家庭内畜产品消费量和在外消费率　　　单位:千克

年份	猪肉	牛肉	羊肉	禽肉	禽蛋	水产品	奶类	在外消费率
城镇居民								
1993	17.40	2.08	1.28	5.62	8.90	8.00	8.64	0.08
2000	16.70	1.98	1.35	6.19	11.20	11.70	14.49	0.15

续表

年份	猪肉	牛肉	羊肉	禽肉	禽蛋	水产品	奶类	在外消费率
城镇居民								
2005	20.20	1.45	0.98	10.87	10.40	12.60	20.88	0.21
2010	20.70	2.53	1.25	12.36	10.00	15.20	20.80	0.21
2011	20.60	2.77	1.18	12.88	10.10	14.60	21.08	0.22
2012	21.20	2.54	1.19	13.15	10.50	15.20	20.91	0.22
农村居民								
1993	10.90	0.40	0.40	1.63	2.90	3.00	0.90	0.02
2000	13.30	0.52	0.60	3.02	4.80	4.10	1.10	0.08
2005	15.60	0.64	0.80	4.06	4.70	5.00	2.90	0.10
2010	14.40	0.63	0.80	4.76	5.10	5.40	3.60	0.13
2011	14.40	0.98	0.90	5.13	5.40	5.40	5.20	0.14
2012	14.40	1.02	0.90	5.13	5.90	4.50	5.30	0.14

注：城镇居民禽蛋为鲜蛋消费量；奶类人均家庭内消费量＝人均鲜奶消费量＋人均酸奶消费量＋人均奶粉消费量×7；城镇居民家庭外消费率根据《中国统计年鉴》的人均在外食物消费金额和人均食物消费金额计算得到。农村居民禽蛋为蛋及蛋制品消费量。

资料来源：国家统计局（2015）。

表3－5　主要年份中国饲料转化率

年份	猪肉	牛肉	羊肉	禽肉	禽蛋	奶类	水产品
1993	2.67	1.31	0.86	2.15	2.20	0.58	0.44
2000	2.51	1.80	1.58	2.02	1.67	0.56	0.44
2005	2.79	1.55	1.50	2.13	1.72	0.53	0.44
2010	2.93	2.03	2.57	2.20	1.66	0.56	0.45
2011	2.98	2.06	2.67	2.18	1.70	0.53	0.45
2012	3.01	2.18	2.72	2.09	1.68	0.55	0.45

资料来源：历年《全国农产品成本收益资料汇编》。

第三，根据"饲料粮需求量＝调整后的畜产品产量×饲料转化率"求出饲料粮需求量，并根据玉米在饲料中的比重以及式（3－2）测算出玉米的饲料需求量。其中，玉米在饲料需求中的比重、集约化养殖指数、DDGS进口量分别整理在表3－6和表3－7。中国玉米的饲料需求量及其变动趋势见图3－12。

第三章 世界玉米和生物乙醇供求与贸易分析

表3-6 玉米在饲料需求中的比重 单位:%

	猪肉	牛肉	羊肉	家禽肉	蛋	奶	水产品（养殖）
玉米	63.00	58.00	61.25	61.63	63.40	36.85	15.00

资料来源：陈永福（2004）。

表3-7 主要年份中国畜牧业集约化养殖指数和DDGS进口量

年份	饲料总产量（万吨）	配合饲料产量（万吨）	集约化指数	DDGS进口量（万吨）
1993			0.91	0.02
2000	7429.00	5912.00	0.80	0.14
2005	10727.00	7757.00	0.72	0.06
2010	16201.73	12974.28	0.80	316.42
2011	18062.64	14915.01	0.83	168.59
2012	19223.96	16259.08	0.85	238.21

资料来源：1996~2005年饲料和配合饲料产量来自《中国奶业年鉴》，2006~2012年饲料和配合饲料产量来自《中国饲料工业年鉴》，DDGS进口量来自UNComtrade（2016）（HS代码为230330）。

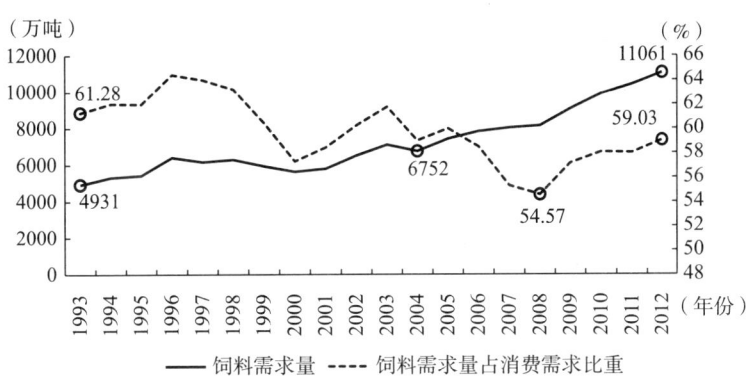

图3-12 中国玉米饲料需求量变动趋势

资料来源：笔者估算。

需要说明的是，首先，本书采用的畜产品产量调整方法理论上可以得到较为真实的畜产品产量，但受限于城乡居民人均食用消费量的统计口径差异、家庭在外消费率并非针对每种畜产品、损耗率为现有研究的经验值等因素，本书推算的畜产品产量可能与实际值之间仍存在一定差距。其次，《全国农产品成本收益资料汇编》中部分畜产品的"每50千克主产品耗粮数量"这一统计指标来自部分省市区样本户的调查,将该指标作为全国平均值可能存在样本是否具有代表性的争议,同时该指标中的"主产品"与城乡住户调查中的畜产品之间可能存在统计口径上的差异。但在大量研究均质疑国家统计局畜产品产量统计数据、畜产品产量和饲料转化率的真实数据无从获取的情况下,本书基于畜产品产量推算饲料粮需求量的方法具有其必要性。同时,可以发现,本书得到的饲料粮需求量估算结果比较接近现有研究结果的平均值,但由于不同研究的饲料粮的定义和计算方法不同,因此该比较结果仅供参考。

总体来看,中国玉米饲料需求量呈不断增长趋势,2014年饲料需求量达到1.1亿吨,是1993年的2.2倍,年均增长率为4.3%。从图3-12中可以看到,2004年之后饲料需求量的增长速度明显加快。1993~2004年饲料需求量年均增长率为2.9%,2004~2012年的年均增长率达到了6.4%。同时,中国玉米饲料需求占玉米消费需求的比重总体呈现下降趋势,从1993年的61.28%降至2008年的54.57%,2012年回升至59.03%。

玉米饲料需求量的快速增长过程是在中国经济持续增长、城镇化水平逐步提升以及人均收入水平不断提高的背景下出现的。这段时期,中国居民的人均油脂类食物摄取量快速增加,而且居民食物消费结构正在从低能量的谷物、蔬菜等碳水化合物食物向高能量的畜产品等蛋白质食物转变(Yu和Abler,2009;钟甫宁和向晶,2012)。畜产品需求量的不断增加是导致中国饲料粮需求量不断扩张、呈"刚性"增长态势的主要原因(波尔·克鲁普顿等,1994;辛贤等,2003;胡小平和郭晓慧,2010)。

(二)中国玉米工业加工需求演变过程

玉米是重要的工业原料,其深加工产品种类已经超过3000种(王国忠,2013)。近年来,中国玉米深加工业呈现快速增长的态势,但受到政府的严格调控(王世成,2012)。目前,中国玉米加工产品主要以普通淀粉和酒精为主,也有部分变性淀粉、多元醇、氨基酸等(中国社会科学院工业经济研究所,2011),其中淀粉类产品(含淀粉糖)约占深加工产品的55%,酒精约占30%(张智先和毛晓,2010)。中国玉米深加工企业主要集中在玉米主产区的吉林和山东,两省玉米深加工产品产量占全国的50%左右(李锐和郝庆升,2013)。2011年底,中国玉米深加工消费玉米能力已经达到8300万吨,2015年预计为9100万吨(刘笑然,2014)。

第三章　世界玉米和生物乙醇供求与贸易分析

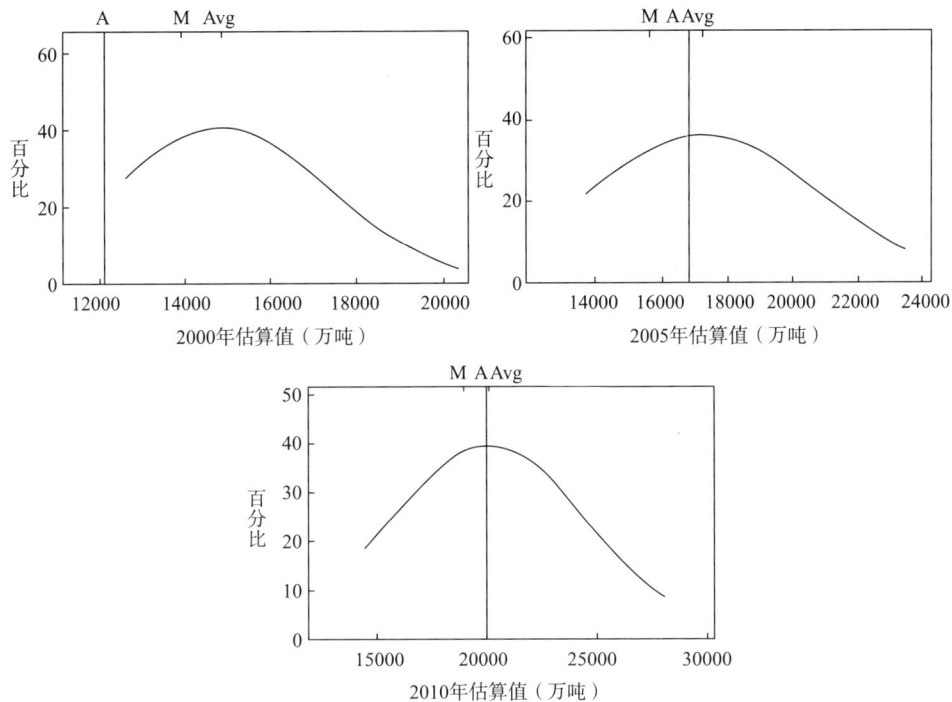

图3-13　本书的饲料粮需求量估算结果与现有研究结果的对比

注：图中 M 表示现有研究结果的中位数，Avg 代表现有研究结果的均值，A 表示笔者的估算结果。
资料来源：韩昕儒等（2014）。

玉米工业加工需求量的测算思路根据玉米加工产品的产量及其转换系数进行推算。玉米工业加工需求的计算公式为：

$$PROC_i = \sum_j \theta_{ij} \times DP_{PC,j} \qquad (3-3)$$

式中，$DP_{PC,j}$ 表示工业产品 j 的国内产量，θ_i 表示玉米与工业产品 j 的转换系数。

相关工业产品和工业用玉米需求量如表3-8所示，工业产品和玉米的转换系数如表3-9所示。其中，2002~2003年以及2007~2012年的玉米淀粉产量来自《中国食品工业年鉴》和《中国轻工业年鉴》；1995~2001年的产量根据2002年玉米淀粉占淀粉产量的比重（71.98%）和同期淀粉产量相乘得到；2004~2006年的产量同样根据玉米淀粉占淀粉产量的比重和同期淀粉产量相乘得到，其中假定2003~2007年玉米淀粉占淀粉产量的比重每年增加4.51%，从

2003 年的 72.94% 增至 2007 年的 92.70%。1997～2003 年以及 2005～2012 年的淀粉产量来自《中国食品工业年鉴》和《中国轻工业年鉴》;1995～1996 年的淀粉产量根据 1997～2012 年的年均增长率 12.51% 进行推算;2004 年的产量为 2003 年和 2005 年淀粉产量的均值。

表 3-8 主要年份中国工业产品产量和工业用玉米需求量　　单位:万吨

年份	白酒	白酒用玉米	啤酒	啤酒用玉米	玉米淀粉	淀粉用玉米
1993	543.42	43.47	1190.08	425.03	144.18	281.15
2000	476.11	38.09	2300.76	821.70	442.00	861.91
2005	349.34	27.95	3061.55	1093.41	896.29	1747.76
2010	890.83	71.27	4483.04	1601.09	1902.05	3709.00
2011	1025.55	82.04	4898.82	1749.58	2082.29	4060.47
2012	1153.16	92.25	4902.00	1750.72	2122.44	4138.76

资料来源:白酒和啤酒产量来自国家统计局 (2015),玉米淀粉产量来自《中国食品工业年鉴》和《中国轻工业年鉴》。

表 3-9 工业产品与玉米的转换系数

品种	白酒用玉米	啤酒用玉米	淀粉用玉米
转换系数	0.08	0.36	1.95

资料来源:陈永福 (2004)。

总体来看,1993 年以来,中国玉米工业加工需求量呈现不断增长的趋势,且可以分为三个阶段(见图 3-14)。第一阶段为 1993～2001 年,这段时间中国玉米工业加工需求量快速增长,从 1993 年的 750 万吨增至 2001 年的 1690 万吨,年增长率为 10.7%。第二阶段为 2001～2007 年,中国玉米工业加工需求量在此期间增长速度更快,年均增长率达到了 14.8%。第三阶段为 2007～2012 年,工业加工需求量增长速度开始大幅放缓,年均增长率回落至 6%。同时,中国玉米工业加工需求占玉米消费需求的比重总体呈现上升趋势,从 1993 年的 9.32% 增至 2008 年的 32.15%,2012 年回落至 31.92%。

中国工业加工需求量增长速度的变化与政府的宏观调控政策密切相关。2000～2006 年,中国政府先后出台了一系列政策措施鼓励玉米的深加工产业,以减少积压的玉米库存。2007 年 9 月,国家发展和改革委员会提出"十一五"

期间将玉米深加工用粮规模占玉米消费总量的比例控制在26%以内。尽管政府在2009~2010年又鼓励玉米深加工发展，但从2010年4月起又出台一系列政策来限制玉米深加工产业的发展（刘笑然，2014）。面对当前的玉米库存压力，国家开始通过补贴等手段鼓励玉米深加工产业的发展。

2008年之后，中国政府密集出台多项措施，已经控制住了玉米工业加工需求迅速增长的趋势，并将玉米工业加工需求在玉米消费需求中的比重稳定在30%左右（见图3-14）。可见，中国玉米工业加工需求受政策的影响较为明显，且未来的发展趋势也存在较强的不确定性。在中国玉米工业加工需求的预测中，需要针对不同的政策目标设定不同的模拟方案。

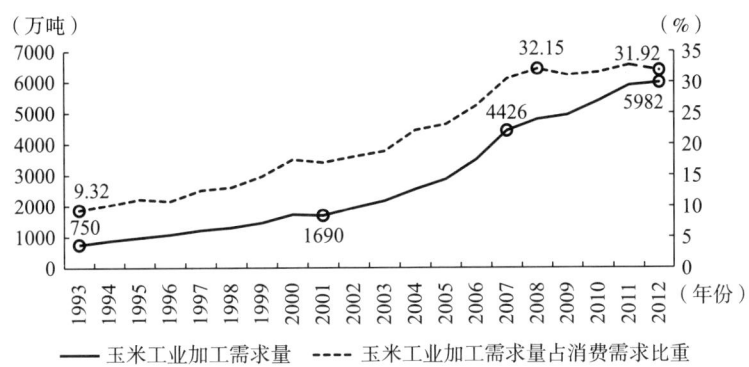

图3-14 中国玉米工业加工需求变动趋势

资料来源：笔者估算。

（三）中国玉米食用需求与其他需求演变过程

随着饲料需求和工业需求的不断发展，玉米的食用需求量在总需求中所占比重已经相对较小。中国玉米的食用需求量可以根据下式进行推算：

$$FOOD_i = PFOOD_i^U \times POP^U \times (1 + \gamma_i^U) \times \omega_i + PFOOD_i^R \times POP^R \times (1 + \gamma_i^R)$$

(3-4)

式中，$PFOOD_i^U$表示城镇居民人均家庭内消费量，2002年及之前数据来自《中国城镇住户调查年鉴》，2002年之后数据按人均粗粮消费量12.52%估算；$PFOOD_i^R$表示中国农村居民家庭内消费量，2010年及之前数据来自《中国农村住户调查年鉴》，2010年之后数据来自《中国住户调查年鉴》；POP^U和POP^R分别表示城镇人口和农村人口,数据来自国家统计局;γ_i^U 和 γ_i^R 分别表示城镇居民和农村居民的家庭外消费率,根据家庭在外消费率=人均在外食物消费金额/人均食物消费金额计算得到,数据来自《中国统计年鉴》;ω_i 为商品粮和原粮的转换系数(农村地区统计口径为原粮不需要调整),玉米为1。城乡居民人均家庭内消费量、城乡居民家庭在外消费率和城乡人口如表3-10所示。

表3-10 主要年份中国城乡居民人均家庭内玉米消费量、城乡居民家庭外消费率和城乡人口数

年份	城镇人均家庭内消费量(千克)	农村人均家庭内消费量(千克)	城镇居民在外消费率	农村居民在外消费率	城镇人口(万人)	农村人口(万人)
1993	2.22	20.25	0.08	0.02	33173.00	85344.00
2000	2.53	20.84	0.15	0.08	45906.00	80837.00
2005	2.03	15.60	0.21	0.10	56212.00	74544.00
2010	1.78	10.40	0.21	0.13	66978.00	67113.00
2011	1.78	8.20	0.22	0.14	69079.00	65656.00
2012	1.78	8.20	0.22	0.14	71182.00	64222.00

注:2003~2010年城镇人均家庭内消费量假定为粗粮人均消费量的12.52%,2011~2012年假定为1.78千克。

资料来源:1993~2002年城镇人均家庭内消费量来自《中国城镇住户调查年鉴》,2003~2010年城镇人均家庭内消费量(粗粮)来自《中国城镇住户调查年鉴》;1993~2010年农村居民人均家庭内消费量来自《中国农村住户调查年鉴》,2011~2012年农村居民人均家庭内消费量来自《中国住户调查年鉴》;城镇居民家庭在外消费率根据《中国统计年鉴》的人均在外食物消费金额和人均食物消费金额计算得到,农村居民家庭外消费率根据《中国农村住户调查年鉴》中的人均在外食物消费金额和人均食物消费金额计算得到;城乡居民人口数来自《中国统计年鉴》。

通过图3-15可以看出,尽管中国总人口在不断增加,但玉米的食用需求量总体呈现下降的趋势。尤其是2000年以来,中国玉米的食用需求量逐年下降,2012年为755万吨,仅为2000年的39%。

根据陈永福(2004),玉米的产后损失假定为玉米产量的4%。种用需求的计算公式为:

$$SEED_i = \eta_i \times AA_i \tag{3-5}$$

式中,AA_i 为播种面积;η_i 为每亩种子用量,数据来自《全国农产品成本收益资料汇编》。其中,每亩种子用量如表3-11所示。

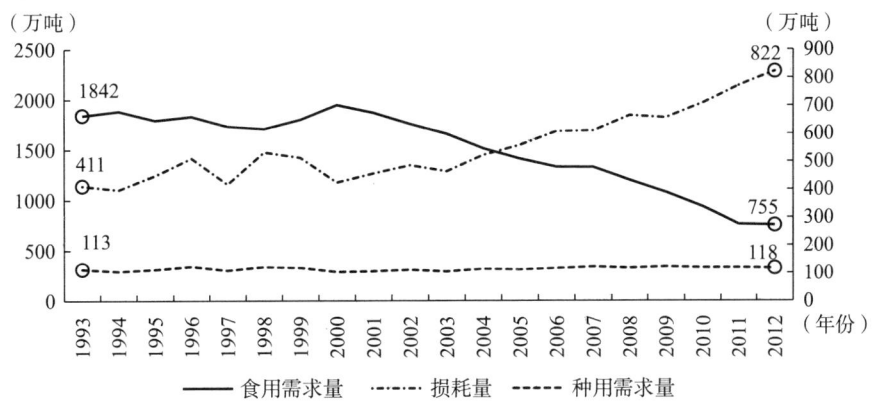

图 3-15 中国玉米食用需求、损耗和种用需求变动趋势

资料来源：笔者估算。

表 3-11　主要年份中国玉米每亩种子用量　　　　单位：千克/亩

年份	1993	2000	2005	2010	2011	2012
每亩种子用量	3.63	3.00	2.84	2.45	2.37	2.24

资料来源：历年《全国农产品成本收益资料汇编》。

玉米的损耗和种用需求变动趋势如图 3-15 所示。1993~2012 年，中国玉米的种用需求量基本维持在 110 万吨左右；损耗量则随着玉米产量的增长呈现不断增长的趋势，2012 年达到 822 万吨。

（四）中国玉米库存变化量演变过程

在假定市场出清的情况下，根据总供给等于总需求，因此包括玉米库存变化量可以按照式（3-6）进行推算：

$$STV_i = DSMZ_i - (FEED_i + FOOD_i + PROC_i + LOSS_i + SEED_i + EXMZ_i) \quad (3-6)$$

式中，$DSMZ_i$ 为玉米总供给，$EXMZ_i$ 为玉米出口量。根据式（3-6）计算得到的中国玉米库存变化量的变动趋势见图 3-16。

1993~2012 年，中国玉米库存变化量的波动性特征明显，且增加的年份相对较多。1997 年、2000 年和 2003 年，中国玉米库存变化量出现了三次大幅减少的情况，但 2003 年之后玉米库存变化量均逐年增加。值得注意的是，2009 年起，中国玉米库存变化量的增加数量和速度均大幅提升，中国玉米库存积压问题开始出现。根据 USDA 和 OECD 的数据，2013~2015 年，中国玉米库存增量均未有减

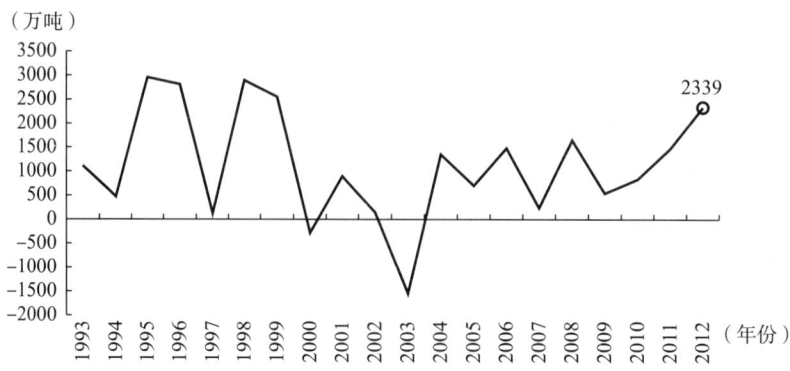

图3-16 中国玉米库存变化量的变动趋势

资料来源：笔者估算。

少。因此，根据图3-16可以推断2015年中国玉米库存期末值可能已经超过1亿吨。USDA在2016年1月估算中国玉米、小麦和稻谷的库存总量约为2.5亿吨，其中玉米占42%，约为1.05亿吨（Shull，2016）。2009年以来，中国玉米库存增量不断增加，其背后的原因在第四章进行剖析。

（五）中国玉米需求结构演变过程

基于以上部分的分析，可以得到中国玉米的国内需求结构（见图3-17）。根据图3-17可以看出，2012年中国的玉米国内需求（不包括库存变化量）中，饲料需求仍然为第一大需求来源，占玉米国内需求量的59%；其次为工业加工需求，占玉米国内需求量的32%，已经超过将玉米深加工用粮规模占玉米消费总量的比例控制在26%以内的调控目标；食用需求所占比重只有4%，已经低于损耗和种用需求。

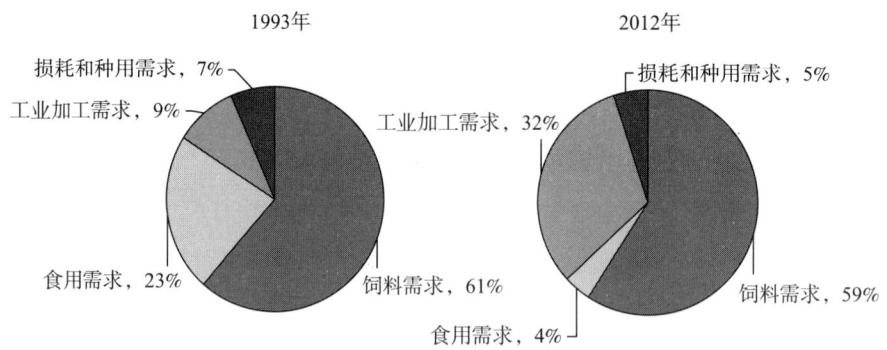

图3-17 1993年和2012年中国玉米的国内需求结构

资料来源：笔者估算。

对比 1993 年和 2012 年的中国玉米需求结构可以发现,除饲料需求外玉米的需求结构发生了很大变化(见图 3-17)。第一,饲料需求始终是中国玉米国内需求的主要来源,但所占比重从 1993 年的 61% 降至 2012 年的 59%,降幅较小。第二,食用需求所占比重大幅下降,从 1993 年的 23% 降至 2012 年的 4%;同时,工业加工需求所占比重大幅上升,从 1993 年的 9% 增至 2012 年的 32%,玉米食用需求所占比重的降幅与工业加工需求的增幅基本相同。

三、中国玉米贸易与价格演变过程

(一)中国玉米贸易演变过程

根据图 3-18 可以发现,长期以来,除了少数年份,中国都是玉米的净出口国,2003 年,玉米的净出口量还达到了 1639 万吨。但从 2008 年起,中国玉米出口量开始大幅减少,2012 年起维持在 8 万吨以内。与此同时,中国从 2010 年起开始大量进口玉米,2012 年的玉米进口量达到了 521 万吨。2013 年和 2014 年玉米进口量略有下降,但在 2015 年又大幅回升至 458 万吨。

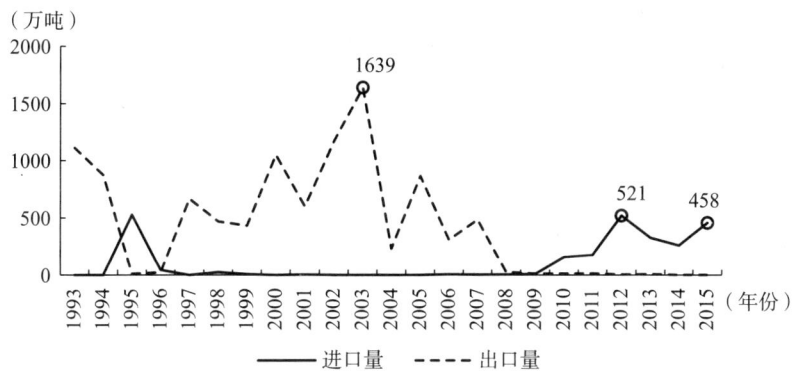

图 3-18 中国玉米贸易量变动趋势

资料来源:UNComtrade(2016)。

根据上文所述,2008 年以来玉米大规模进口的主要原因可能不是国内玉米的供给不足,而是由于国内外价格差等因素所导致的进口替代。

2010 年以来,中国的主要玉米进口来源国为美国,但进口来源结构发生了较大变化(见图 3-19)。2010 年和 2012 年,中国 95% 以上的进口玉米来自美国,但2014年该比重下降至46.42%。与此同时,中国增加了从乌克兰和东盟国家进口的数量。贸易来源的分散使中国能够选择更多的贸易伙伴和交易方式,也有助于降低潜在的贸易风险(刘峰,2007)。

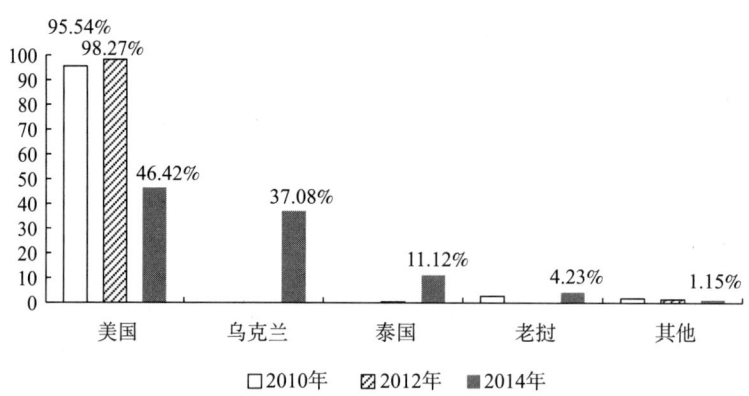

图 3-19 中国主要玉米进口来源国及其进口份额

资料来源:WTO(2015)。

贸易政策方面,中国对玉米进口实行配额关税制度。加入 WTO 之后的 2002 年,国家发展计划委员会出台了《农产品进口关税配额管理暂行办法》,包括玉米在内的诸多农产品实施配额关税有了政策依据。目前,中国每年玉米进口配额为 720 万吨,其中国有企业占 60%;配额外关税为 65%,配额内关税为 1%。从目前的玉米进口数量看,玉米进口配额使用程度相对较低。

在配额关税制度实施的同时,中国政府还根据国内生产情况实行暂停出口退税、出口暂定关税等措施,以调节国内市场供求关系。2007~2008 年的"粮食危机"期间,中国政府先后取消玉米及其制粉的 13% 的出口退税,并对加工玉米和未加工玉米分别征收 10% 和 5% 出口关税。随着粮食连年丰收以及玉米供求压力的减缓,中国政府在 2008 年底取消玉米及其制粉的出口关税。

(二)中国玉米价格演变过程

目前中国玉米价格明显高于世界玉米价格(见图 3-20)。国内外玉米价格差最大值出现在 2014 年下半年至 2015 年上半年之间,随后有所收窄。

中国玉米价格长期以来并非完全由市场机制决定,主要体现为中国和世界玉米价格变化的不同步(见图 3-20)。首先,世界玉米价格的波动频率和幅度明显都高于中国玉米价格。2007~2009 年,世界玉米价格经历了大幅上涨和快速下跌的过程,而同期中国玉米价格则较为稳定,受世界市场价格波动的影响相对较小。其次,中国玉米价格的变动趋势经常与世界玉米价格变动趋势相反。2012 年以来,世界玉米价格开始进入下跌周期,而同期的中国玉米价格则稳中有升。但从图 3-20 中也可以看到,在 2007 年之前,中国玉米价格与世界玉米价格走势基本保持一致,这主要是因为 2007 年之前中国是世界主要玉米出口国,中国玉米价格与世界玉米价格之间的联系较为密切。2007 年之后中国和世界玉米价格的"脱节"主要有两方面原因。

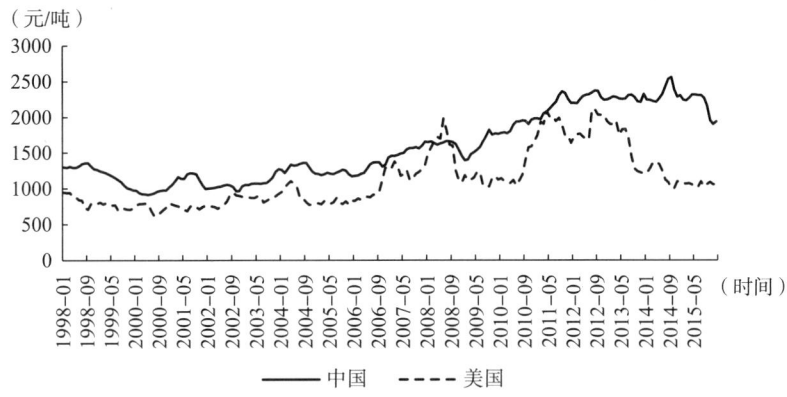

图 3-20 中国和美国玉米价格变动趋势

注:中国玉米价格为 2 等黄玉米的全国粮油批发价格;美国价格为美国 2 号黄玉米的墨西哥湾离岸价格;所有价格为名义价格。

资料来源:中国玉米价格和美元兑人民币汇率来自 Wind 数据库,美国玉米价格来自 IMF (2016)。

首先,中国对玉米实行进口配额关税制度,且 60% 的关税配额掌握在国有企业手中,配额外关税高达 65%,因此,一般情况下国际市场的玉米难以进入中国市场。考虑到中国自 2008 年起不再大量出口玉米,中国玉米市场和国际市场之间的关联程度明显降低。

其次,中国自 2008 年 10 月起对玉米实行临时收储政策(主要是东北地区),临时收购价格稳中有升,使国内玉米市场总体上没有受到国际市场太多的冲击(见表 3-12)。在 2012 年世界玉米价格迅速下跌时,受临时收储政策的影响,中国玉米价格仍然保持稳定上升的趋势,中国和世界玉米价格之间的价格差越来越明显。

表 3-12 中国玉米临时收储价格 单位：元/斤

开始收储时间	收购价格			
	内蒙古	辽宁	吉林	黑龙江
2008年10月	0.76	0.76	0.75	0.74
2009年12月	0.76	0.76	0.75	0.74
2011年12月	1.00	1.00	0.99	0.98
2012年11月	1.07	1.07	1.06	1.05
2013年11月	1.13	1.13	1.12	1.11
2014年11月	1.13	1.13	1.12	1.11
2015年11月	1.00	1.00	1.00	1.00

资料来源：2008~2012年数据来自农业部软科学委员会办公室（2013），2013年数据来自财政部，2014年数据来自中国粮油信息网，2015年数据来自国家粮食局。

四、中国玉米供求平衡表

根据第三章的分析，可以构建出1993~2012年中国玉米供求平衡表。表3-13和表3-14分别为主要年份中国玉米的总供给和总需求及其统计描述，完整的中国玉米供求平衡见附表1。

表 3-13 主要年份中国玉米总供给

年份	总供给（万吨）	播种面积（万公顷）	单产（千克/公顷）	产量（万吨）	进口量（万吨）
1993	10270.43	2069.41	4962.96	10270.40	0.03
2000	10600.01	2305.61	4597.47	10599.98	0.03
2005	13936.94	2635.83	5287.34	13936.54	0.40
2010	17881.75	3250.01	5453.68	17724.51	157.24
2011	19453.47	3354.17	5747.51	19278.11	175.36
2012	21082.21	3502.98	5869.69	20561.41	520.80
均值	13789.84	2659.70	5109.75	13715.47	74.36
标准差	3160.24	411.02	382.14	3091.67	161.58

注：统计描述中的均值和标准差按照完整的玉米供求平衡表计算得到，下同。
资料来源：国内供给和单产来自国家统计局（2015），进口量数据来自中国海关。

表 3-14 主要年份中国玉米总需求

年份	总需求（万吨）	饲料（万吨）	食用（万吨）	工业加工（万吨）	其他需求（万吨）	损失（万吨）	种用（万吨）	出口量（万吨）
1993	10270.43	4930.56	1842.49	749.65	1114.51	410.82	112.68	1109.73
2000	10600.01	5633.25	1948.93	1721.70	-278.18	424.00	103.75	1046.56
2005	13936.94	7422.52	1412.10	2869.12	702.35	557.46	112.29	861.10
2010	17881.75	9890.12	935.23	5381.35	833.90	708.98	119.44	12.73
2011	19453.47	10424.25	763.08	5892.09	1470.09	771.12	119.24	13.60
2012	21082.21	11061.38	754.60	5981.73	2338.85	822.46	117.70	5.50
均值	13789.84	7207.47	1508.05	2774.07	1136.63	548.62	114.53	500.47
标准差	3160.24	1762.25	386.32	1812.73	1179.01	123.67	6.51	485.88

资料来源：出口量数据来自中国海关，其他数据为笔者估算。

根据表 3-13 和表 3-14，1993~2012 年中国玉米平均总供给量（或总需求量）为 1.38 亿吨。总供给中，除产量外播种面积的变动程度最强，标准差为 411.02 万公顷，其次为单产，变动程度最小的为进口量，标准差为 161.58 万吨。总需求中，工业加工需求在 1993~2012 年的标准差最大，表明其偏离均值的程度最大，其次为饲料需求和其他需求，出口量的标准差相对较小。

第三节 世界和中国生物乙醇供求与贸易演变过程

一、世界和中国生物乙醇供给演变过程

（一）世界生物乙醇供给演变过程

随着政策在消费端的鼓励和有利的市场因素，世界生物燃料产量从 2001 年开始迅速增加（Beckman 等，2011）。2014 年世界生物乙醇产量达到了 1138 亿升，是 2002 年的 3.5 倍（见图 3-21）。21 世纪以来的世界生物乙醇产量变动趋势可以划分为两个阶段。第一阶段是 2002~2008 年，这段时期生物乙醇产量年增长率从 12% 逐年增至 2008 年的 27%；第二阶段是 2008 年之后，这段时期生物乙醇产量的增长速度开始放缓，并在 2011 年和 2012 年出现负增长，随后有所回升。

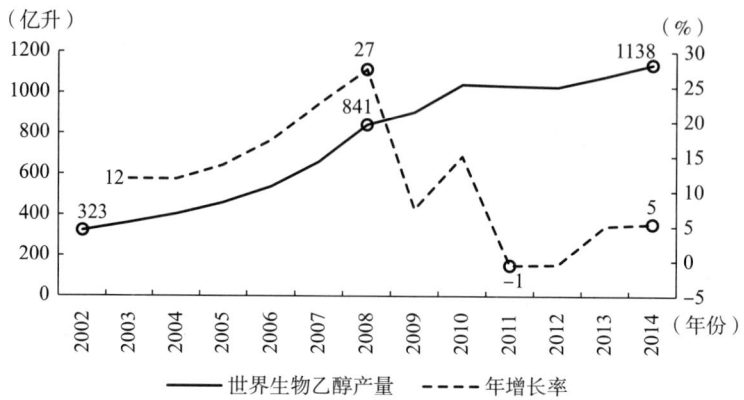

图 3-21 世界生物乙醇产量及年增长率变动趋势

资料来源：OECD（2015）。

世界生物乙醇生产主要集中在美国、巴西、中国和欧盟等国家（或地区）。2013 年美国生物乙醇产量为 526 亿升，巴西为 280 亿升，两国产量合计占世界总产量的 76%。在生物乙醇的原料方面，美国和中国主要以玉米为原料，巴西主要以甘蔗为原料，欧盟以小麦和甜菜为主（黄季焜和仇焕广，2010）。

（二）中国生物乙醇供给演变过程

中国生物乙醇产量总体呈现上升趋势，但 2012 年后有所回落（见图 3-22）。2014 年，中国生物乙醇产量为 75 亿升，是 2002 年产量的 1.5 倍，但比 2012 年减少了 14 亿升，降幅为 15.7%。目前中国的生物乙醇仍然以陈化粮（玉米和小麦）为主，但政府已经不再鼓励粮食能源化，转而促进以"非粮"作物（木薯、甜高粱、甘薯等）为原料的燃料乙醇的发展（杨昆和黄季焜，2009）。2013 年初，国务院下发《关于印发能源发展"十二五"规划的通知》（国发〔2013〕2 号）提出要"有序开发生物质能，以非粮燃料乙醇和生物柴油为重点，加快发展生物液体燃料"①。

---

① 原文见中华人民共和国中央人民政府网站：http://www.gov.cn/zwgk/2013-01/23/content_2318554.htm。

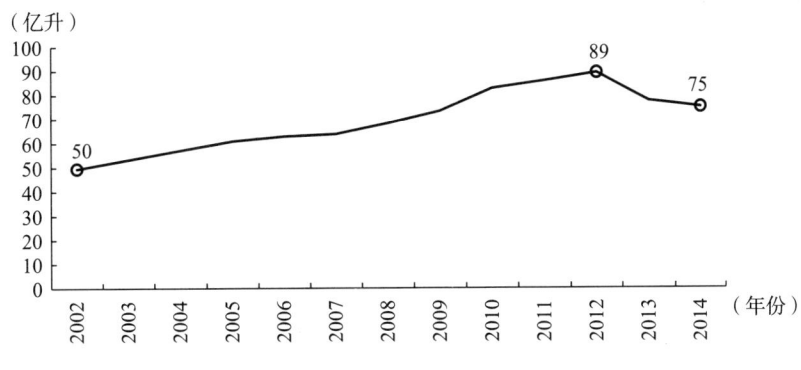

图 3-22　中国生物乙醇产量变动趋势

资料来源：OECD（2015）。

在生产模式方面，目前中国燃料乙醇实行"定点生产"的政策，定点生产企业有吉林燃料乙醇、黑龙江华润酒精、河南天冠燃料乙醇和安徽丰原燃料酒精4家，合计年产能力为180万吨/年（马晓河等，2013）。尽管国家鼓励木薯等非粮燃料乙醇的生产，但2011年年产20万吨木薯燃料乙醇广西中粮生物质能源有限公司被迫停产，目前中国的燃料乙醇仍依靠玉米和小麦为原料。

中国燃料乙醇的生产主要依靠政府国债资金、税收优惠、财政补贴等政策（杨名舟，2013）。根据《车用乙醇汽油扩大试点方案》和《车用乙醇汽油扩大试点工作实施细则》（发改工业〔2004〕230号）的要求，燃料乙醇的结算价格为国家发展和改革委员会同期公布的90号汽油出厂价乘以车用乙醇汽油调配销售成本的价格折合系数0.9111，变性燃料乙醇生产和变性燃料乙醇在调配、销售过程中发生的亏损，由目前对生产企业按保本微利据实结算改为实行定额补贴。中国燃料乙醇的生产成本较高，在国际油价不断下跌、国内粮价不降反升的情况下，如果没有财政大量补贴，生物燃料企业均将亏损（夏训峰等，2012）。

二、世界和中国生物乙醇消费需求演变过程

世界生物乙醇同样呈现快速增长的趋势，且基本上处于产销平衡的状态（见图3-23）。2014年世界生物乙醇消费需求量为1131亿升，与2002年相比增长了814亿升，增幅为2.6倍。其中，美国和巴西是世界上生物乙醇的主要消费国，2014年两国生物乙醇的消费量分别为540亿升和274亿升，合计占世界生物乙醇消费总量的72%。中国和欧盟同样也是世界主要的生物乙醇消费国（或地

区），2014年消费量分别占世界生物乙醇消费总量的6.84%和6.75%。

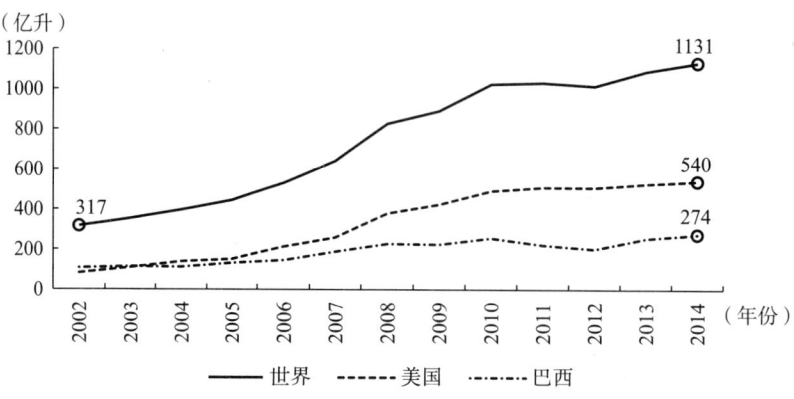

图3-23 世界生物乙醇需求量变化趋势

资料来源：OECD（2015）。

中国方面，由于车用乙醇汽油在试点区域属于强制性添加（仅限于中石油和中石化的供应点），且按照产能分配给各试点区域，因此，中国生物乙醇的消费量与产量基本保持平衡，生物乙醇国内消费量的变化趋势也与产量的变化趋势基本一致。

三、世界生物乙醇贸易与价格演变过程

与产量相比，世界生物乙醇贸易规模相对较小。世界生物乙醇进口量以2008年为时间点划分为前后两个阶段。2002~2008年是世界生物乙醇进口量迅速增长期，2008年的世界生物乙醇进口量为62.94亿升，是2002年的7.1倍；随后生物乙醇进口量开始萎缩，2014年仅为39.71亿升，是2008年的63%。世界生物乙醇出口量则呈现波动中增长的趋势，2014年，世界生物乙醇出口量为63.51亿升①，是2002年的6.2倍。

2014年，世界主要生物乙醇进口国（或地区）为美国、欧盟、菲律宾和哈萨克斯坦，进口量分别为9.55亿升、8.13亿升、3.40亿升和2.14亿升。这四个国家（或地区）的生物乙醇进口量占世界生物乙醇进口总量的58%。2014年世界主要生

---

① 因为OECD将部分国家的进（出）口量设定为负值，造成世界总进口量不等于总出口量。

物乙醇出口国（或地区）为美国，出口量为37.60亿升，占世界生物乙醇出口总量的59%，其次为欧盟、菲律宾和哈萨克斯坦，出口量分别4.73亿升、2.04亿升和1.80亿升。

现有研究已经发现，生物乙醇价格与玉米价格和石油价格密切相关（De Gorter 和 Just，2009；Cui 等，2011；Myers 等，2014）。从图3-24中同样可以看到世界生物乙醇价格与玉米价格和石油价格走势接近的特征。

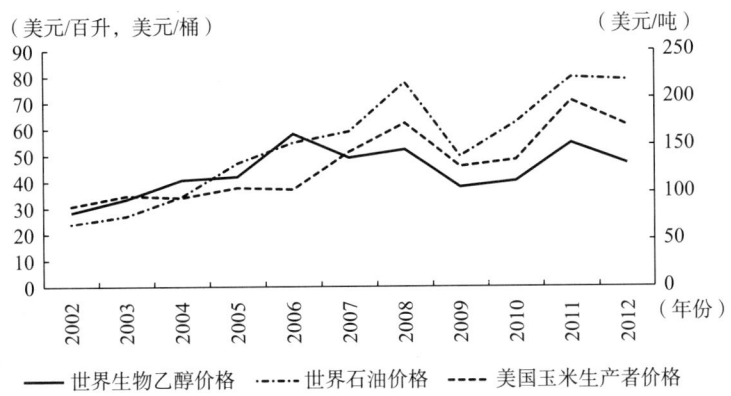

图3-24 世界生物乙醇和石油价格变动趋势

注：右轴为美国玉米生产者价格；世界生物乙醇价格单位为美元/百升，美国玉米生产者价格单位为美元/吨，世界石油价格为美元/桶；图中价格均为实际价格（2000年=100）。

资料来源：美国玉米生产者价格来自FAO（2015），世界生物乙醇价格来自OECD（2015），世界石油价格来自IMF（2016），美国CPI数据来自美国劳工部（2016）。

四、世界生物乙醇供求平衡表

本书基于OECD（2015）的"OECD-FAO农业展望2015～2024年（OECD-FAO Agricultural Outlook 2015-2024）"数据库构建了所有研究对象的生物乙醇供求平衡表。世界生物乙醇供求平衡表主要由供给和需求两部分组成，供给部分主要包括国内供给量和进口量，需求部分主要包括国内消费需求量、库存变化量和出口量。在假定市场出清的条件下，总供给等于总需求，由此达到供求平衡。本书中世界生物乙醇供求平衡表的时间跨度为2002～2012年。

目标国家（或地区）的选择基于两方面的考虑。首先，目标国家应为世界生物乙醇的主要生产和贸易国（或地区）；其次，为了将供求平衡表应用到玉米供求模型中,目标国家应同样为主要的玉米生产和贸易国(或地区)。因此,本书选择了中国、欧盟、印度、美国、巴西和世界其他国家作为研究对象。其中,世界其他国家的数据来自世界总体数据减去中国、欧盟、印度、美国和巴西的数据。目标国家中,中国、欧盟和世界其他国家为生物乙醇的净进口国(或地区),印度、美国和巴西为生物乙醇的净出口国。中国的生物乙醇供求情况已在前文详细介绍,并整理在附表13,本部分主要对其他目标国家(或地区)生物乙醇的供求情况进行简要说明。

(1)欧盟。欧盟是世界第二大生物乙醇进口国,同时也是第二大生物乙醇出口国,但进口量明显高于出口量(见附表14)。欧盟生物乙醇生产原料主要为小麦和甜菜(黄季焜和仇焕广,2010),并采取一系列政策措施促进生物燃料乙醇的发展。2006年,欧盟发布了《欧盟生物质能行动规划》和《可再生能源路线图》;2007年,提出《欧洲能源政策》,规划在2020年能源消费的20%来自可再生能源,其中生物燃料市场达到10%的市场份额(周凤翱和赵保庆,2013)。

在一系列政策的推动下,欧盟生物乙醇产量得到了迅速提高,2012年生物乙醇产量达到78.48亿升,是2002年的4倍,年均增长率达到了14.85%。与此同时,欧盟生物乙醇的消费需求增幅更大。与2002年相比,2012年欧盟生物乙醇消费需求增长了3.9倍。由此也导致欧盟每年生物乙醇的进口量不断增加,2011年达到了16.68亿升,2012年回落至11.04亿升。

(2)世界其他国家。根据前文所述,除本部分列出的国家(或地区)外,世界其他的生物乙醇主产国或贸易国还包括加拿大、东南亚国家、哈萨克斯坦、南非、澳大利亚以及部分南美国家等。2002~2012年,世界其他国家生物乙醇产量从40.29亿升增至97.87亿升,年均增长率为9.28%;净进口量从10.12亿升增至29.32亿升,年均增长率为11.22%(见附表15)。

(3)印度。印度长期以来大力发展生物燃料。2009年,印度政府提出《国家生物燃料政策及其执行方案》,建议到2017年实现混合使用生物燃料达到20%(杨解君,2013)。印度生物燃料的主要生产原料为麻风树等非食用油料植物(杨解君,2013)。2002~2010年,印度在大部分年份均为生物乙醇的净进口国,但2011年起开始成为生物乙醇的净出口国,2011年和2012年,生物乙醇出口量分别为0.62亿升和0.78亿升(见附表16)。与其他国家相比,印度生物乙醇产量增速相对较慢。2002~2012年,印度生物乙醇产量年均增长率为2.88%。

(4)美国。美国是世界上最大的生物乙醇生产和出口国,主要生产原料为玉米（利斯贝思·奥尔森，2009）。20世纪70年代，为了解决石油危机对经济造成的不利影响，美国开始发展生物燃料乙醇；20世纪90年代，美国发展生物燃料乙醇的目的调整为保护环境（刘关君等，2012）。美国通过了一系列法律、政策等推动生物乙醇的发展，如《1970年空气清洁法》《生物质研发法》《生物质技术路线图》《能源政策法》等（周凤翱和赵保庆，2013），并设定了2017年生物能源使用量达到1.06亿吨的目标（黄季焜和仇焕广，2010）。

在一系列政策的推动下，2002~2012年，美国生物乙醇产量从84.72亿升增至545.28亿升，年均增长率达到20.47%；国内消费量的增长速度与产量增速基本持平（见附表17）。2009年开始美国成为生物乙醇的净出口国，出口数量也从2009年的2.37亿升增至2012年的7.1亿升。

（5）巴西。巴西是世界上最早将生物乙醇引入燃料供应链的国家。20世纪70年代起，巴西政府颁布"国家乙醇计划"开始推动利用甘蔗生产生物乙醇，目前逐步成为世界上唯一不使用纯汽油作为汽车燃料的国家（利斯贝思·奥尔森，2009；刘关君等，2012；周凤翱和赵保庆，2013）。同时，巴西也是生物乙醇生产成本最低的国家，石油价格在25~30美元/桶，巴西生物乙醇仍然具有竞争力；美国的限度则为50~60美元/桶，欧盟约为70美元/桶（丹米尔巴斯，2011）。

2002~2012年，巴西生物乙醇产量从114.90亿升增至235.03亿升，年均增长率为7.42%；国内消费需求也从2002年的107.01亿升增至2012年的201.91亿升，年均增长率为6.55%，略低于产量的增长率（见附表18）。在此期间，巴西被美国赶超成为世界生物乙醇第二大生产国。2002年以来，巴西一直是生物乙醇的净出口国，生物乙醇净出口量从2002年的7.89亿升增至2012年的33.12亿升，年均增长率达到15.4%。

第四节 中国玉米供求现存问题与未来形势

基于对世界和中国玉米与生物乙醇供求现状的描述分析，中国玉米市场目前面临的最大问题是产能过剩、库存持续快速增加。本节对近年来中国玉米库存迅速增加的根本原因和直接原因进行分析，并结合国内外研究结果对未来中国玉米的供求形势进行初步展望。

一、中国玉米库存持续增加的根本原因

受国外农产品市场价格不断下滑影响,玉米制品及其替代品进口量急速扩大,国内玉米市场已呈结构性过剩态势,中国玉米库存急剧增加是玉米市场结构性过剩的直接体现。根据前文的估算,中国玉米库存从 2008 年起大幅增加,中国玉米库存积压问题越发严重。2015 年,中国玉米库存期末值可能已经超过 1 亿吨(Shull,2016),远超过国际公认的粮食安全最低库存消费比的 17% ~ 18%。虽然粮食库存增加可以有效保障国内供给,但巨量的粮食库存也会给政府财政、市场价格稳定和农民增收带来较大压力(朱治国,2002)。

2008 年以来,中国玉米供给过剩、库存迅速增加根本原因在于现有研究过高估计玉米需求,现有政策过度抑制需求。在全球化背景下,现有政策和研究对全球粮食市场供求"大环境"以及畜产品和玉米供求关联的"小气候"的认识和研究不够充分,具有一定的局限性,这主要表现在三个方面。

(一)现有政策和研究过高估计了中国玉米需求

前文的中国玉米需求结构分析结果已经表明,饲料需求是现阶段中国玉米需求最主要的来源,而畜产品产量数据偏高是导致现有玉米需求估计与现实"脱钩"的直接原因。前文中已经提到,中国畜产品产量数据存在"虚高"的可能性。中国畜产品产量数据经历了 1997 年和 2007 年两次大的调整,均是国家统计局基于农业普查而进行的较大幅度的数据矫正,这也与国内外学者对畜产品产量数据"虚高"的质疑存在密切相关性(钟甫宁,1997;卢锋,1998;Fuller,2000;蒋乃华,2002;Wang,2004;陈永福,2004;Yu 和 Abler,2014;Xiao,2015)。显而易见,按照"虚高"的畜产品产量数据,自然就会推算出偏高的饲料粮需求量,据此而进行模拟预测,必然得到脱离实际的结果,同时会对政策决策者形成一定的误导性。

如果以 2010 年为例,国家统计局公布的猪肉产量为 5071.20 万吨,而学者推测值的中位数为 4197.87 万吨,相差接近 900 万吨(见表 3 - 15)。按照第三章中的饲料转化率,900 万吨的猪肉产量相当于 2447 万吨饲料粮需求量,其中 1662 万吨为玉米的饲料需求量。因为其他畜产品产量同样存在不同程度的"虚高"问题,因此,按照国家统计局的畜产品产量数据推算得到的玉米饲料需求量可能会高出实际量 2000 万吨以上。

第三章 世界玉米和生物乙醇供求与贸易分析

表3-15　2010年国家统计局和学者推算的猪肉产量　　　　　　　单位：万吨

国家统计局	笔者	黄季焜等（2014）	Yu和Abler（2014）	Xiao（2015）	中位数
5071.20	3587.92	4388.00	4019.00	4376.73	4197.87

注：Yu和Abler（2014）中没有给出2010年的推算结果，笔者假定2010年的农户后院养猪数量跟2009年相同计算得出；Xiao等（2015）给出的是人均猪肉总消费量，笔者将该数据与中国2010年人口数相乘计算得到。

资料来源：国家统计局（2011），黄季焜等（2014），Yu和Abler（2014），Xiao（2015）和笔者的推算。

（二）现有政策和研究对玉米供求存在认识误区

现有政策和研究过度强调国内需求导致对玉米供求存在"认知误区"。现有政策规划和模拟研究结果，普遍低估了加入WTO后相对较低的农业保护度和国境保障措施，过度强调了国内玉米饲料需求，忽视了进口产品的替代可能性，导致对玉米需求总量产生"认知误区"。

首先，从政策规划层面看，《国家粮食安全中长期规划纲要（2008～2020年）》中判断全球粮食产量增长难以满足消费需求增长的需要，中国粮食的消费需求将呈刚性增长，玉米供需关系趋紧，这和当前的现实形势非常不匹配。

其次，政策制定者和学者过高估计中国玉米需求的根源在于只考虑国内需求，未考虑国际层面的影响。中国加入WTO的农业协议书规定，除疫病等原因外，中国主要畜产品进口仅有30%以下的关税保障措施，玉米的替代品高粱、大麦等的关税水平也很低。现有中国粮食供求的政策模拟分析很难加入进口产品替代的影响。这主要是因为长期以来中国玉米进口量相对较小，现有模型很难根据历史经验和数据获取替代弹性等相关参数，从而无法在情景模型中分析国内外玉米价格差导致的国外玉米及替代品的进口，即很难在相关研究中进行"反事实"模拟分析。

最后，受国际大宗商品价格飙升的影响，2008年后国际主要机构的模拟预测，普遍高估了中国的玉米需求及其价格水平，而没有考虑到价格高升带来的产量增加及其后果。即其所导致的中国玉米市场出现生产和需求总量的偏离、区域间产销和供求的不均衡以及玉米产区库存的快速增加的局面。从表3-16可以看出，USDA（2008）认为，中国玉米需求将高于总供给，玉米库存将持续减少，FAPRI（2008）和OECD-FAO（2009）虽认为中国玉米基本达到供求平衡，玉米库存只有小幅增,但USDA(2015)已经调低了中国玉米的需求量,认为中国玉米已经进入供过于求的形势。

表3-16 主要机构对中国玉米供求的预测 单位:万吨

机构		2008年	2010年	2012年	2013年	2014年	2015年
USDA (2008)	总供给	15180.7	16044.3	16436.9	16624.4	16931.2	17364.5
	总需求	14995.9	15763.5	16552.3	16752.9	17034.8	17435.8
	饲料需求	10556.8	11124.1	11719.0	11833.1	12023.3	12328.5
	库存变化	-3901.0	2808.0	-1154.0	-1285.0	-1038.0	-713.0
FAPRI (2008)	总供给	15144.2	15838.0	16267.8	16467.1	16669.0	16832.6
	总需求	18002.5	19076.2	19824.3	20080.8	20319.0	20542.8
	饲料需求	10636.7	11000.1	11462.5	11607.8	11700.1	11789.1
	库存变化	107.2	232.8	57.1	36.4	60.2	49.7
OECD-FAO (2009)	总供给	16313.1	16516.6	16979.7	17251.9	17569.3	17874.9
	总需求	15899.2	16231.5	16670.8	16941.0	17227.5	17541.4
	饲料需求	11089.5	11307.9	11787.3	12046.4	12238.1	12430.7
	库存变化	413.9	285.1	309.0	311.0	341.8	333.5
USDA (2015)	总供给			20822.1	21790.0	22760.2	23836.6
	总需求			20200.0	21600.0	22564.6	23455.4
	饲料需求			14400.0	15600.0	16499.8	17335.2
	库存变化			1900.0	1956.0	3812.0	

注:总供给为国内产量加净进口量,库存变化为年末库存减年初库存。
资料来源:USDA(2008,2015)、FAPRI(2008)、OECD-FAO(2009)。

(三)过高估计玉米需求的后果

玉米是中国政府重点保障的谷物之一,其供求形势受政策影响较为明显。对玉米需求的过度估计:一方面,使政策重心调整为大力确保玉米的生产能力,从而满足国内玉米需求的高速增长;另一方面,抑制玉米需求的扩大,尤其是抑制玉米深加工业的发展。基于保证粮食安全的角度出发,政府主要采取了抑需求、增补贴等不连续和强制性的调控措施。

首先,对玉米需求增长的过高估计导致研究者对鼓励包括玉米在内的粮食生产和加大实施种粮直补等"农产品生产补贴"呼声高涨。2008年开始在东北地区实行玉米临时收储政策,也是为了稳定市场,解决农民卖玉米难、价格下降问题,保护农民利益和种粮积极性(农业部软科学委员会办公室,2013),但也导致中国和世界玉米价格之间的价格差越来越明显,如图3-24和表3-12所示。

其次,玉米需求量估计值偏高导致政策倾向于严格控制玉米需求的增长,尤其是玉米加工需求的扩张。20世纪90年代,国家及地方政府出台一系列政策,允许并鼓励各地开展玉米深加工项目,中国玉米深加工业开始迅速发展(李锐和郝庆升,2013)。吉林省建立了德大、黄龙、新源等玉米加工企业,使该省的玉米加工业得到迅速发展,玉米的工业消费量快速增加(徐元银等,1995)。20世纪90年代末至21世纪初,中国玉米出现过剩(宋同明,2001),国内部分地区开始用工业化思维规划玉米产业发展,大力发展玉米深加工业,消化过剩玉米(刘笑然,2014)。"九五"时期(1996~2000年),吉林省大力推进"百万吨玉米深加工工程",玉米加工转化产能比"八五"时期(1991~1995年)提高了27%(张永田,2003)。

2001~2007年,政府支持玉米深加工尤其是生物乙醇加工的力度进一步加大。2001年,中国政府出台《变性生物燃料乙醇及车用乙醇汽油"十五"发展专项规划》,并开始在黑龙江、吉林和安徽建立以玉米为原料的生物乙醇加工企业(黄季焜和仇焕广,2010)。2002年,国家经济贸易委员会等八部委出台《车用乙醇汽油使用试点方案》和《车用乙醇汽油使用试点工作实施细则》(国经贸技术〔2002〕17号)①,在河南省郑州市、洛阳市、南阳市以及黑龙江省哈尔滨市、肇东市开展为期12个月的车用乙醇汽油(生物乙醇含量10%)使用试点,同时对车用乙醇汽油生产公司进行补贴。2004年,国家发展和改革委员会等八部委发布了《车用乙醇汽油扩大试点方案》和《车用乙醇汽油扩大试点工作实施细则》(发改工业〔2004〕230号)②,在黑龙江省、吉林省、辽宁省、河南省、安徽省5省及湖北省9个地市、山东省7个地市、河北省6个地市和江苏省5个地市范围内逐步扩大车用乙醇汽油试点。2005年全国人大常委会通过了《中华人民共和国可再生能源法》,并在第十六条中提出"国家鼓励生产和利用生物液体燃料"③。

随着2007~2008年的"粮食危机",玉米供求形势日趋趋紧,政府开始对玉米深加工业进行调控。2006年12月,国家发展和改革委员会发布《关于加强玉

---

① http://www.law-lib.com/lawhtm/2002/17308.htm。
② 中华人民共和国国家税务总局公报。
③ 商务部投资促进事务局网站:http://www.fdi.gov.cn/1800000121_23_65457_0_7.html。

米加工项目建设管理的紧急通知》（发改工业〔2006〕2781号），认为工业加工产能扩张过快，并立即暂停核准和备案玉米加工项目，并对在建和拟建项目进行全面清理。2007年8月，国家发展和改革委员会出台《可再生能源中长期发展规划》（发改能源〔2007〕2174号）①，提出"到2020年，生物燃料乙醇年利用量达到1000万吨"的目标，但"不再增加以粮食为原料的燃料乙醇生产能力"。同年9月，国家发展和改革委员会还公布了《关于促进玉米深加工业健康发展的指导意见》（发改工业〔2007〕2245号），提出"十一五"期间将玉米深加工用粮规模占玉米消费总量的比例控制在26%以内的调控目标，并将玉米深加工项目由地方备案调整为由国家发改委核准②。2008年的《国家粮食安全中长期规划纲要（2008~2020年）》中进一步明确提出严格控制以粮食为原料的深加工业发展，未经国务院投资主管部门核准一律不得新建和扩建玉米深加工项目③。

目前，中国玉米再次出现"过剩"，面对当前的玉米库存压力，国家开始通过补贴等手段鼓励玉米深加工产业的发展。2014年7月15日财政部等国家部委出台了《东北玉米深加工企业竞购加工国家临时收储玉米补贴管理办法》的通知（财建〔2014〕375号）。2015年4月国家发展和改革委员会下发《关于玉米深加工项目管理有关事项的通知》（发改办产业〔2015〕1017号），将《关于促进玉米深加工业健康发展的指导意见》（发改工业〔2007〕2245号）中的"玉米深加工项目由地方备案调整为由国家发改委核准"一项调整为"将玉米深加工项目调整为由省（自治区、直辖市）级发展改革委备案"，并提出有前提的适度发展玉米深加工④。黑龙江财政厅等部门于2015年4月出台了《黑龙江省水稻加工和玉米深加工企业竞购加工政策性粮食补贴管理办法》（黑财经〔2015〕2号）；吉林省财政厅粮贸处和吉林省粮食局调控处于2015年10月也发布了《关于提高玉米深加工企业补贴标准的通知》。此外，财政部于2014年底出台《关于调整部分产品出口退税率的通知》（财税〔2014〕150号），规定在2015年4月

---

① 国家发展和改革委员会网站：http://www.sdpc.gov.cn/zcfb/zcfbghwb/200709/t20070904_579685.html。

② 国家发展和改革委员会网站：http://www.sdpc.gov.cn/fzgggz/gyfz/zcfg/200709/t20070920_160631.html。

③ 中华人民共和国中央人民政府网站：http://www.gov.cn/test/2008-11/14/content_1148698.htm。

④ 江苏省发展和改革委员会网站：http://www.jsdpc.gov.cn/zixun/ztxx/2012/jszzydt/zcdt/201505/t20150528_407212.html。

1日至12月31日,恢复玉米淀粉(HS11081200)的出口退税(从0%提升至13%)①。

最后,产业政策的不连续性过度抑制玉米需求的稳定增长和玉米产业链发展的完整性,并导致玉米需求在结构上集中依赖于饲料需求。目前,中国玉米的饲料需求占总需求的比重为70%左右,加工需求的比重仅为20%(见表3-17)。对比中美两国的玉米需求结构,美国玉米的饲料需求占总需求的比重从2005年的67.05%下降至2012年的45.27%,而加工需求的比重则从2005年的31.05%增至2012年的55.72%。需求来源的分散也会降低美国玉米需求受局部因素影响而剧烈波动的风险。

表3-17 中国和美国玉米的加工需求、饲料需求占总需求的比重　　单位:%

年份	中国		美国	
	加工需求比重	饲料需求比重	加工需求比重	饲料需求比重
2005	15.82	72.00	31.05	67.05
2010	20.31	68.19	55.59	42.82
2011	21.03	67.91	56.83	41.54
2012	20.04	69.78	55.72	45.27

注:为了对比的有效性,表3-17使用FAO供求平衡表的数据,该数据与本书所估算的数据存在一定偏差。

资料来源:根据FAO的供求平衡表计算得到。

二、中国玉米库存持续增加的直接原因:国内外价格差

(一)未曾预期的世界贸易组织后遗症是导致玉米供给过剩的直接外部原因

中国加入世界贸易组织之后,农业是开放程度较高的部门。中国农产品的加权平均关税已经从2000年的40.87%降至2011年的7.01%(刘庆林和汪明珠,2014),不但低于发展中国家的平均水平,甚至低于部分发达国家(王琦,2014)。其中,玉米(HS100590)配额外关税为65%,但玉米的替代品关税水平普遍较低,如大麦(HS100390)为3%、高粱(HS100790)为2%、DDGS

---

① 财政部网站:http://www.mof.gov.cn/zhengwuxinxi/zhengcefabu/201412/t20141231_1175119.htm。

（HS230330）为 5%①。主要畜产品的进口关税水平同样较低。无骨牛肉（HS020130、HS020230）为 12%（新西兰为 4%）；猪肉（HS020321、020322、020329）为 12%；羊肉中 HS020430 和 0204430 为 15%（新西兰为 5%），HS020441 为 23%（新西兰为 7.7%），HS020442 为 12%（新西兰为 4%），HS020450 为 20%（新西兰为 6.7%）。过低的关税水平使国内外玉米和畜产品价格差扩大到一定程度时，国外玉米、玉米替代品和畜产品很容易进入国内市场对国产玉米进行替代，这是中国玉米供给过剩、库存迅速增加的直接原因。

1. 进口产品对国内玉米的替代

进口产品对国内玉米替代存在两种方式：一是低价国外玉米对国内玉米的替代；二是进口低价的国外玉米替代品，如玉米酒糟蛋白（DDGS）、高粱、大麦等，替代国内玉米。

2011 年 4 月以来，国际玉米及其替代品价格基本上处于波动中下降的趋势，但此时国内玉米临时收储价格不断上升使国内玉米价格一直处于增长或稳定状态，由此导致国内外玉米价格差逐步扩大（见图 3-25）。自 2013 年 7 月以来，进口玉米的到岸完税价已经低于国内玉米的平均收购价（见图 3-26），表明玉米的关税保护政策（"天花板"价格）已经无法阻挡国际市场的玉米进入中国。

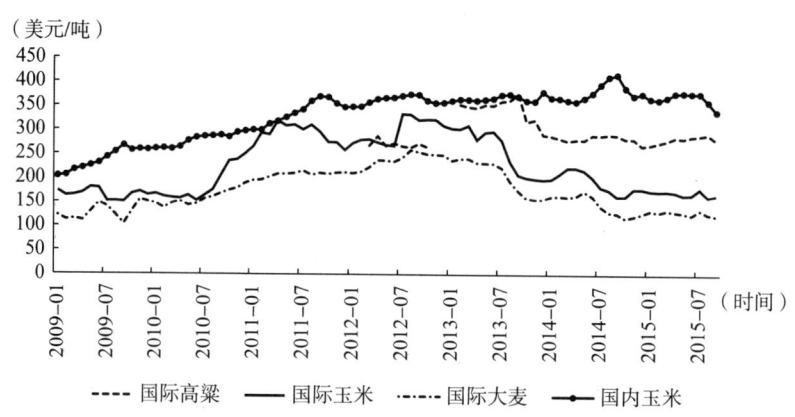

图 3-25 国内玉米与国外替代品的价格

资料来源：国内玉米价格为郑州粮食批发市场的 2 等黄玉米平均价，数据来自 Wind 数据库；国际玉米和国际大麦价格来自 IMF（2016）；国际高粱价格为中国高粱进口的平均价，数据来自 Wind 数据库；美元兑人民币月度平均汇率来自 Wind 数据库。

---

① 关税数据来自 WTO（http://tao.wto.org/report/TariffLinesHS6.aspx），下同。

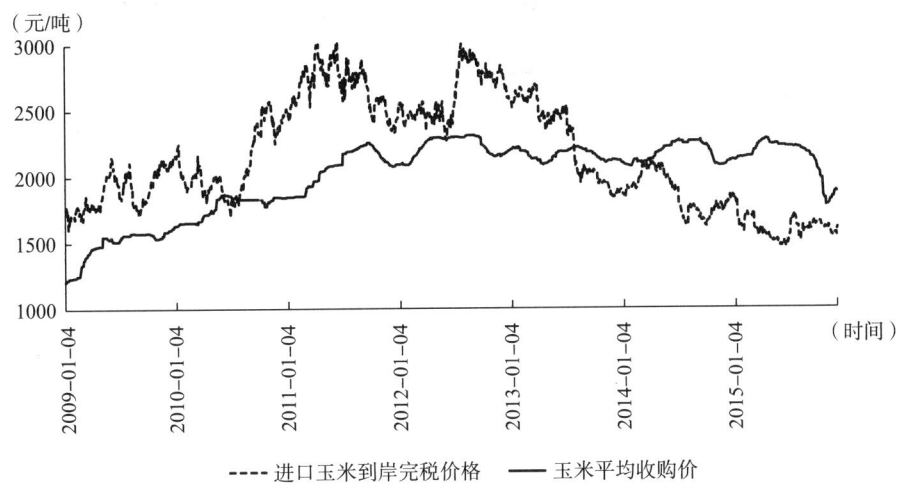

图 3-26 国内玉米平均收购价与进口玉米到岸完税价

资料来源：Wind 数据库。

从表 3-18 可以看出，2012 年中国玉米进口量剧增，从 2011 年的 175 万吨增至 2012 年的 521 万吨。DDGS 的进口量也逐步从 2011 年的 169 万吨增至 2014 年的 541 万吨，截至 2015 年 10 月，1~10 月进口量已达 594 万吨。大麦和高粱的进口量也在 2013~2015 年出现巨幅增长，其中高粱的进口量从 2012 年的 9 万吨增至 2014 年的 578 万吨和 2015 年 1~10 月的 878 万吨；大麦进口量也从 2013 年之前的每年 200 万吨左右增至 2014 年的 541 万吨和 2015 年 1~10 月的 972 万吨。

表 3-18 进口玉米制品及替代品和畜产品对国内玉米的替代量估计 单位：万吨

年份	玉米	DDGS	大麦	高粱	折合玉米1	猪肉	牛肉	羊肉	禽肉	奶类	折合玉米2	共计折合玉米
2005	0	0	218	1	1	3	0	4	0	209	51	52
2010	157	316	237	8	545	20	2	6	2	492	153	698
2011	175	169	178	0	378	47	2	8	2	559	216	594
2012	521	238	253	9	815	52	6	12	6	726	282	1097
2013	327	400	234	108	909	58	29	26	28	978	426	1335

续表

年份	玉米	DDGS	大麦	高粱	折合玉米1	猪肉	牛肉	羊肉	禽肉	奶类	折合玉米2	共计折合玉米
2014	260	541	541	578	1734	56	30	28	30	1089	472	2206
2015	458	594	972	878	2449	60	36	19	34	929	425	2874

注：2015 年统计至 10 月；考虑到进口大麦的酿酒需求，以 2013 年的进口量为基准，只对 2014 年和 2015 年的增量部分进行折算；奶类为折算后的原料奶，不包括黄油，2015 年数据根据农业部贸促中心提供的乳品进口量同比下降 14.73% 进行估算。

资料来源：奶类来自 FAO（2015），其余品种来自 UNComtrade（2016），折合玉米需求量来自笔者的估算。

从表 3 - 18 的进口产品对国内玉米替代量的测算结果可以看出，进口玉米和 DDGS 对国产玉米的替代首先发生在 2010 年，替代程度从 2012 年起急剧大幅提高。按照 1 吨 DDGS、大麦和高粱分别折合 1.2 吨、0.89 吨和 0.96 吨玉米①进行测算，2014 年进口产品对国内玉米替代量为 1734 万吨，2015 年 1~10 月替代量为 2449 万吨。

2. 畜产品进口对国内玉米的替代

畜产品内外价格差的扩大、关税保障的失效和国内消费者对国内畜产品质量安全的担忧是导致畜产品进口剧增的主要原因。

畜产品内外价格差的扩大使关税保障基本失效。在国际大宗商品价格不断下滑的背景下，由于国内玉米等饲料粮价格一直保持较高的水平，导致畜产品的生产成本和价格也相对较高，并导致国内外畜产品价格差的不断扩大。从图 3 - 27 可以看出，2012 年以来，中国的牛羊肉价格出现了较大幅度的增长，而国际牛肉价格则较为平稳，国际羊肉价格出现下跌的趋势，牛羊肉的国内外价格差从 2012 年开始逐步扩大，即便考虑关税和运费等成本，国外畜产品价格还是具有一定优势。

---

① 高粱和大麦的折算系数根据能量守恒的假定估算，每 100 克玉米、大麦和高粱的能量分别为 380 千卡路里、340 千卡路里和 364 千卡路里（日本农林水产省《平成 26 年度食物供求平衡表（概算）》，http://www.maff.go.jp/j/zyukyu/fbs/index.html）。

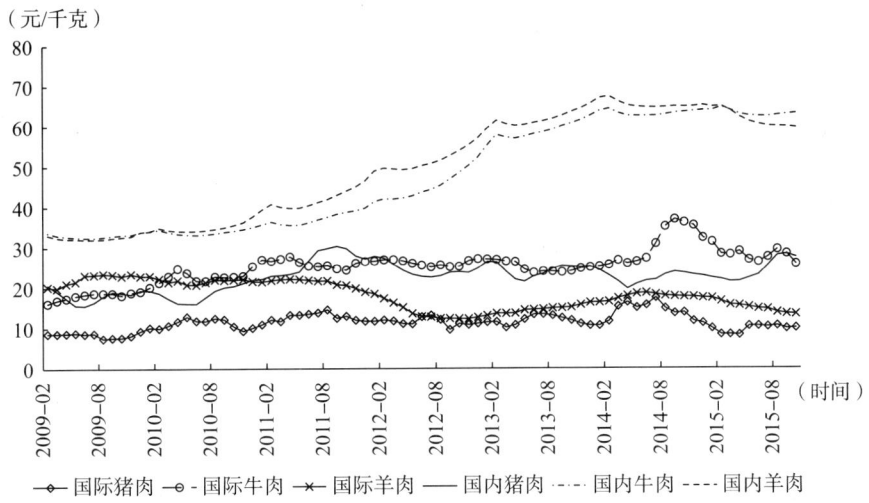

图 3-27 国内外主要畜产品价格

资料来源：国内价格为农业部的周全国平均价的均值，数据来自 Wind 数据库；国际价格来自 IMF (2016)；美元兑人民币月度平均汇率来自 Wind 数据库。

国内消费者对国内畜产品质量问题的担忧也助推了畜产品进口的增加（Bai 等，2008；Ortega 等，2011）。在国内外价格差和国内畜产品质量问题的双重影响下，中国猪肉进口量自 2011 年开始急剧增加；2013 年以后，牛肉、羊肉和禽肉进口量也进入了快速扩大的通道（见表 3-18）。畜产品的大量进口实际上也替代了中国国内饲料粮需求，尤其是玉米的饲料需求。按照前文的饲料转化率和玉米在饲料粮中的比重，本书测算了 2005~2015 年主要畜产品的进口对国内玉米的替代量（见表 3-18）。可以看出，替代量从 2010 年以后开始急剧增加，2014 年畜产品的进口对国内玉米的替代量达到 472 万吨，2015 年 1~10 月也达到了 425 万吨。

进一步综合进口玉米制品及替代品和进口畜产品的国内玉米替代量结果可以发现，2014 年两者合计相当于替代了 2206 万吨的国产玉米需求，2015 年 1~10 月已经达到 2874 万吨（见表 3-18）。2014 年的玉米需求替代量也基本相当于 2014 年中国玉米库存的增量（USDA，2015）。

（二）农业内外环境和产业政策的综合作用是导致玉米结构性过剩的直接内部原因

（1）玉米供给方面。在工业化和城市化进程中，农业与其他产业的收入差距不断扩大,劳动力的机会成本不断提升,种植田间管理上省力且相对收益较高的作物成为外出务工农民的普遍选择。同时,在临时收储价格的保护下,市场上形成了"只涨不跌"的价格预期,且农民没有玉米销售的后顾之忧。以上因素使农民种植玉米的收入预期相对较高,种植玉米自然成为农民的选项之一,其结果必然导致全国玉米种植面积不断扩大的局面。在农业内外环境和临时收储政策的综合效果作用下,2008年以来中国玉米的种植面积不断增加,从2986万公顷增至2014年的3712万公顷;同时中国玉米产量在2014年达到了2.16亿吨,是目前中国第一大粮食作物(国家统计局,2015)。

(2)玉米需求方面。产业政策无序性和不连续性过度抑制了玉米需求的稳定增长,使玉米需求的增长速度跟不上国内玉米供给速度。按照陈永福等(2015)的政策模拟,如果没有玉米加工需求限制,2015年中国玉米的需求量将比目前增加1200万~2000万吨。因此,在玉米的饲料需求所占比重基本保持稳定的情况下,玉米工业需求的潜在增长潜力将成为中国消化玉米库存的关键因素。

(三)中国解决玉米结构性过剩的政策选择

如何消化规模庞大的玉米库存成为下阶段中国政府的政策重点。2015年12月,中央农村工作会议提出"加强农业供给侧结构性改革""加快消化过大的农产品库存量"。目前,中国政府已经出台玉米种植面积调减政策并取消玉米的临时收储政策,但尚未明确规划如何实现玉米的去库存。

玉米种植面积调减政策的重点地区为东北向华北—西南—西北的"镰刀弯"地区(农业部,2015)。农业部提出到2020年,调减东北冷凉区籽粒玉米1000万亩(66.7万公顷)以上、调减北方农牧交错区籽粒玉米3000万亩(200万公顷)以上、调减西北风沙干旱区籽粒玉米500万亩(33.3万公顷)、调减太行山沿线区籽粒玉米200万亩(13.3万公顷)、调减西南石漠化区籽粒玉米500万亩(33.3万公顷);合计调减玉米种植面积的数量为5200万亩(346.7万公顷)以上。2016年2月18日,农业部提出2016年的政策目标是调减1000万亩(66.7万公顷)以上的玉米面积(曾衍德,2016)。

2016年3月,国家发展与改革委员会等部委发出通知,取消自2007年起在东北地区实行的玉米临时收储政策,玉米价格将由市场决定。临时收储政策的取消必然会导致国内玉米价格逐渐向国际市场价格靠拢,即不断下降,由此也会影响农户的种植决策,使部分玉米种植户转为生产大豆等其他作物,实现粮食作物的生产结构调整。

玉米种植面积调减政策的实施,一方面可以从供给侧解决中国玉米结构性过剩问题,另一方面也是为了减缓"镰刀弯"地区的生态压力;临时收储政策的取消可以利用市场手段调整中国的粮食生产结构。玉米种植面积调减政策和临时收储政策的取消如何影响中国玉米供求形势,未来政府如何通过政策手段实现玉米库存的减少,是否会进一步鼓励玉米深加工业的发展尚不得而知。因此,本书针对这些问题进行定量研究,以期未雨绸缪,提前做好相关预案。

三、现有中国玉米供求的模拟分析

中国玉米供求展望问题一直受到国内外学者或机构的关注,在目前的玉米结构性过剩的背景下,需要综合梳理现有研究结果,得到未来中国玉米供求形势的宏观判断。

2000年以后的中国玉米供求模拟预测结果如表3-19所示。其中,陈永福(2004)构建了中国省别食物供求模型,基准方案下,预测2020年中国玉米可能净进口2471万吨。构建了中国农产品区域市场均衡模型(CARMEM),预测基本情境下2006年和2010年的供求缺口分别为320万吨和1370万吨。黄季焜(2004)利用中国农业政策分析和模拟模型(CAPSiM)预测中国玉米在基准方案下2020年需进口5700万吨,自给率降至72%。梅燕(2008)利用CWARMEM预测在人口自然增长的基准方案下,2020年中国玉米净进口量为1700万吨。胡小平和郭晓慧(2010)从合理营养标准的视角预测2020年中国玉米在控制用途的前提下的需求量为2.3亿吨,较2008年增加8500万吨。吕新业和胡非凡(2012)预测2020年中国玉米的生产量为2.31亿吨,需求量为2.78亿吨,存在4000多万吨的供求缺口。程国强(2013)利用GTAP预测2022年中国玉米供求缺口为804万吨,2032年将扩大至996万吨。黄季焜等(2014)基于中国农业政策分析和模拟模型(CAPSiM)预测2020年中国玉米供求缺口为1987万吨。杨艳涛和吴敬学(2014)构建了中国玉米供求模型,并预测2020年中国玉米净进口量为647万吨。陈永福等(2015)基于CAU-JIRCAS CFDSM对2020年和2030年中国玉米供求形势进行了展望,认为2020年中国玉米净进口量与库存变化量之和可达4100万吨,2030年将增至1.12亿吨。国际机构方面,FAPRI(2012)、OECD(2015)和USDA(2015)的2020年中国玉米净进口量模拟值分别为326万吨、1611万吨和490万吨。

表 3-19　2000 年以来中国玉米供求模拟预测结果汇总　　　　单位：万吨

作者	基期	2020年总供给	总需求	供求缺口	2030年总供给	总需求	供求缺口	备注
陈永福（2004）	2000 年	14297	16844	2471				基准方案
黄季焜（2004）				5700				基准方案
梅燕（2008）	2004~2006 年	17170	17940	1700				人口自然增长基准方案
胡小平和郭晓慧（2010）	2008 年		23019					从营养角度进行的预测
邵飞（2011）	2007 年	20393	20839	467				
陆文聪等（2011）	2007 年	17457	17981	524				情景一，根据提供的自给率97%计算
黄季焜等（2012）	2009 年	21000	23000	2000				基准方案
吕新业和胡非凡（2012）	2011 年	23131	27786	4655				
FAPRI（2012）	2010 年			326				
程国强（2013）	2012 年	24900	25600	804	29500	31100	996	分别为 2022 年和 2032 年的模拟结果
黄季焜等（2014）	2010 年	22215	24203	1987				
杨艳涛和吴敬学（2014）	2012 年	21912	24544	647				
陈永福等（2015）	2010 年	21017	25116	4100	23587	34816	11228	中位方案
OECD（2015）	2014 年	24883	26494	1611				
USDA（2015）	2012 年			490				
中位数		21017	23611	1656	26544	32958	6112	
最大值		24900	27786	5700	29500	34816	11228	
最小值		14297	16844	326	23587	31100	996	

注：陈永福等（2015）的供求缺口包括净进口量和库存变化量两部分。

资料来源：表中所示文献。

现有研究认为，2020 年中国玉米总供给中位数为 2.11 亿吨，总需求为 2.36 亿吨，供求缺口为 1656 万吨。其中，2020 年中国玉米供给量将在 1.4 亿~2.5 亿吨，需求量在 1.7 亿~2.8 亿吨，净进口量在 326 万~5700 万吨。2020 年的中国玉米供求展望中，供求缺口的最大值为黄季焜（2004）的 5700 万吨，最小值为FAPRI（2012）的326万吨，相差17.5倍。2030年，中国玉米总供给中位数为2.65亿吨，总需求为3.30亿吨，供求缺口为6112万吨。需要说明的是，由于只有程国强（2013）和陈永福等（2015）给出了2030年的预测结果，因此，2030年中国玉米供求中位数仅供参考。

现有中国玉米供求模拟结果表明，首先，现有研究普遍认为未来中国玉米仍将处于净进口状态，且只有FAPRI（2012）认为2020年中国玉米净进口量低于2015年的玉米净进口量，其余模拟结果均认为2020年中国玉米净进口量将在目前的基础上进一步扩大。其次，现有研究结果中，2020年和2030年的中国玉米供求及净进口量的预测结果相差较大，表明现有研究对未来中国玉米的供求形势还存在一定争议。

根据第二章的分析，现有中国玉米供求预测研究，可能存在没有在全球化背景下分析中国玉米市场、没有引入气候变化这一可能影响玉米产出的重要变量以及没有考虑生物乙醇这一玉米重要需求来源等问题，因此其模拟结果可能存在不同程度的偏差。基于中国玉米供求目前存在的问题以及对未来中国玉米供求形势的宏观判断，本书在第四章构建了世界玉米供求模型，并在第五章设定了相关模拟方案，并对模拟结果进行分析。

第四章 世界玉米供求模型的构建

为了实现模拟分析全球化背景下气候变化、生物能源的发展以及中国最新的玉米政策对中国玉米供求影响的研究目标,本书构建了世界玉米供求模型(World Corn Model)。本部分基于局部均衡模型的理论框架和世界玉米与生物乙醇的供求数据库,构建了世界玉米供求模型,并对模型框架、模型参数、基期数据、校准与求解过程进行详细说明。

第一节 世界玉米供求模型的框架

基于第二章的局部均衡模型理论框架,本书构建了世界玉米供求模型,主要包括玉米模型、生物乙醇模型、价格联系、国际贸易、约束条件和市场均衡等模块。世界玉米供求模型的框架如图4-1所示。

一、玉米模型模块

玉米的国内供给是播种面积和单产的乘积。其中,播种面积为玉米生产者价格和其他主要农作物生产者价格①的函数,是模型的内生变量;单产假定为技术进步率和气温、降水等气候因素的函数,与价格无关,是模型的外生变量。

$$DSMZ_i = AA_i \times YD_i \tag{4-1}$$

---

① 若无特殊说明,本部分所采用的价格为实际价格。

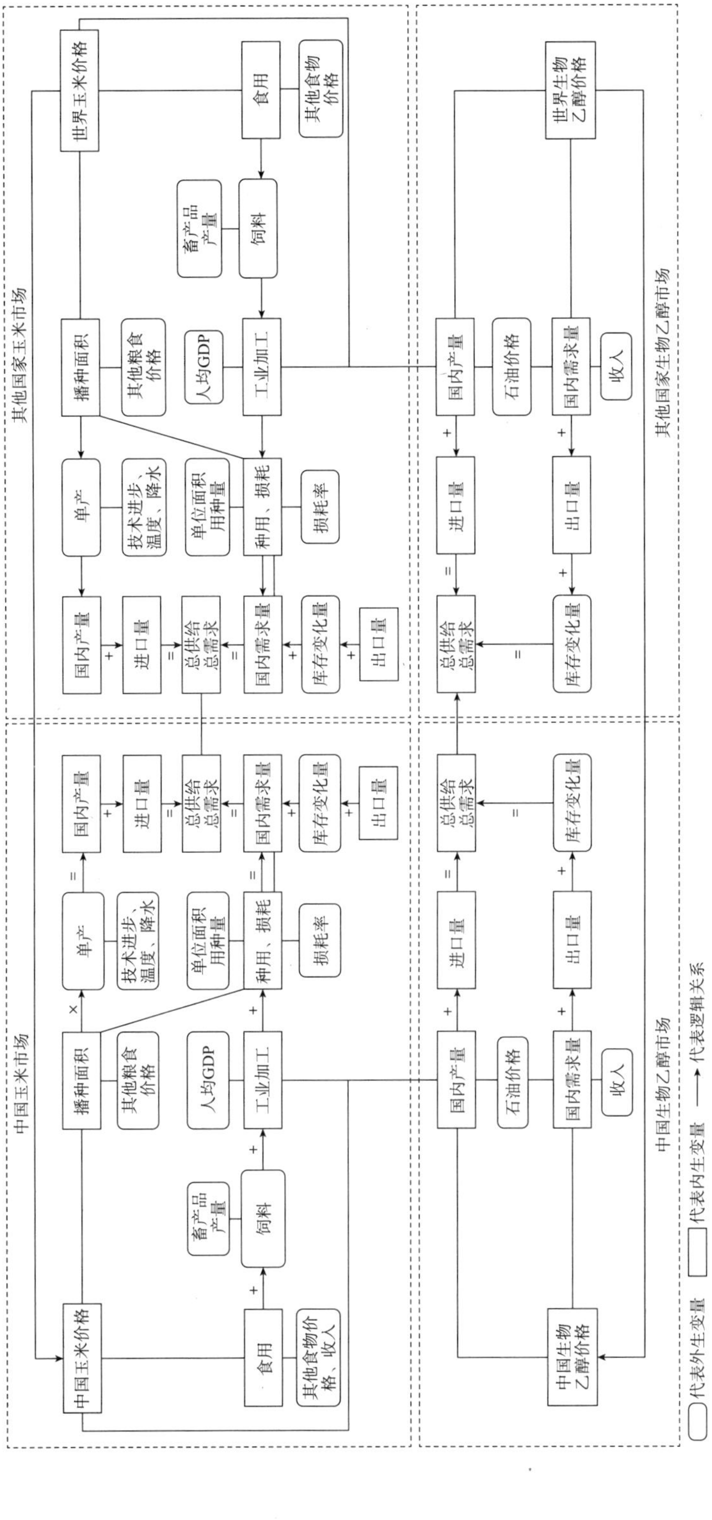

第四章 世界玉米供求模型的构建

图 4-1 世界玉米供求模型的框架

$$\ln AA_i = a_{AA,i} + e^{AA}_{PPDMZ,i}\ln PPDMZ_i + e^{AA}_{PPDRC,i}\ln PPDRC_i + e^{AA}_{PPDWT,i}\ln PPDWT_i +$$
$$e^{AA}_{PPDSB,i}\ln PPDSB_i + e^{AA}_{PPDOG,i}\ln PPDOG_i \qquad (4-2)$$

$$YD_i = a_{YD,i} + YD_{t-1,i} \times (1 + TECH_i) + exp(e^{YD}_{TEM,i}\ln TEM_i + e^{YD}_{PRE,i}\ln PRE_i) \qquad (4-3)$$

式中，各变量的符号及其含义分别为：

$DSMZ$：玉米国内供给量（内生变量）。

AA：玉米播种面积（内生变量）。

YD：玉米单产（外生变量）。

$PPDMZ$：玉米生产者价格（内生变量）。

$PPDRC$：稻谷生产者价格（外生变量）。

$PPDWT$：小麦生产者价格（外生变量）。

$PPDSB$：大豆生产者价格（外生变量）。

$PPDOG$：其他谷物生产者价格（外生变量）。

TEM：年均气温（外生变量）。

PRE：年均降水（外生变量）。

各参数的符号及其含义分别为：

$a_{AA,i}$：各国玉米播种面积方程的常数项。

$a_{YD,i}$：各国玉米单产方程的常数项。

$e^{AA}_{PPDMZ,i}$：各国玉米播种面积的玉米生产者价格弹性。

$e^{AA}_{PPDRC,i}$：各国玉米播种面积的稻谷生产者价格弹性。

$e^{AA}_{PPDWT,i}$：各国玉米播种面积的小麦生产者价格弹性。

$e^{AA}_{PPDSB,i}$：各国玉米播种面积的大豆生产者价格弹性。

$e^{AA}_{PPDOG,i}$：各国玉米播种面积的其他谷物生产者价格弹性。

$TECH_i$：各国玉米单产的技术进步率。

$e^{YD}_{TEM,i}$：各国玉米单产的年均气温弹性。

$e^{YD}_{PRE,i}$：各国玉米单产的年均降水弹性。

i：代表不同国家（或地区），下同。

玉米的国内需求分为食用需求、工业加工需求、饲料需求、种用需求、损耗和库存变化量。其中，中国的玉米食用需求分为城镇居民食用需求和农村居民食用需求两部分。中国城镇居民食用需求为城镇居民人均食用需求与城镇人口的乘积，农村居民食用需求为农村居民人均食用需求与农村人口的乘积。其他国家

（或地区）的食用需求为人均食用需求和总人口的乘积。影响玉米人均食用需求的因素包括玉米的消费者价格、其他主要谷物的消费者价格以及居民的人均收入。

玉米的工业加工需求分为生物乙醇加工需求和其他加工需求两部分。生物乙醇加工需求是生物乙醇产量、生物乙醇与玉米的转化系数（生产 1 单位生物乙醇所需要的玉米数量）和生物乙醇中玉米生物乙醇所占比重的函数，其他加工需求是人均 GDP 的函数。

玉米的饲料需求是主要畜产品产量及其饲料转化率的函数；玉米的种用需求是单位播种面积耗种量和播种面积的乘积；损耗是损耗率和除损耗外其他国内需求量的乘积；玉米的库存变化量假定为外生。

$$DDMZ_i = FOOD_i + PROC_i + FEED_i + SEED_i + LOSS_i + STV_i \quad (4-4)$$

$$FOOD_i = PFOOD_i \times POP_i \quad (4-5)$$

$$\ln PFOOD_i = a_{PFOOD,i} + e^{PFOOD}_{PCSMZ,i} \ln PCSMZ_i + e^{PFOOD}_{PCSRC,i} \ln PCSRC_i +$$
$$e^{PFOOD}_{PCSWT,i} \ln PCSWT_i + e^{PFOOD}_{PGDP,i} \ln PGDP_i \quad (4-6)$$

$$PROC_i = a_{PROC,i} + \delta_{BE-MZ,i} \times \delta_{BE/MZ,i} \times PDBE_i + exp(e^{PROCOTR}_{PGDP,i} \times \ln PGDP_i) \quad (4-7)$$

$$FEED_i = a_{FEED,i} + \delta^{PK}_{LS-MZ,i} \times PDPK_i + \delta^{BF}_{LS-MZ,i} \times PDBF_i + \delta^{PT}_{LS-MZ,i} \times$$
$$PDPT_i + \delta^{MK}_{LS-MZ,i} \times PDMK_i \quad (4-8)$$

$$SEED_i = a_{SEED,i} + SEEDRATE_i \times AA_i \quad (4-9)$$

$$LOSS_i = a_{LOSS,i} + LOSSRATE_i \times (FOOD_i + PROC_i + FEED_i + SEED_i + STV_i)$$
$$(4-10)$$

$$STV_i = ASTV_i \quad (4-11)$$

式中，各变量的符号及其含义分别为：

$DDMZ$：玉米国内需求量（内生变量）。

$FOOD$：玉米食用需求量（内生变量）。

$PROC$：玉米工业加工需求量（内生变量）。

$FEED$：玉米饲料需求量（外生变量）。

$SEED$：玉米种用需求量（内生变量）。

$LOSS$：玉米损耗量（内生变量）。

STV：玉米库存变化量（外生变量）。

POP：人口数量（外生变量）。

PCSMZ：玉米消费者价格（内生变量）。

PCSRC：大米消费者价格（外生变量）。

PCSWT：小麦消费者价格（外生变量）。

PCSOG：其他谷物消费者价格（外生变量）。

PGDP：人均 GDP（外生变量）。

PDBE：生物乙醇产量（内生变量）。

PDPK：猪肉产量（外生变量）。

PDBF：牛肉产量（外生变量）。

PDPT：禽肉产量（外生变量）。

PDMK：奶类产量（外生变量）。

ASTV：外生玉米库存变化量（外生变量）。

各参数的符号及其含义分别为：

$a_{PFOOD,i}$：各国人均玉米食用需求方程的常数项。

$a_{PROC,i}$：各国玉米工业加工需求方程的常数项。

$a_{FEED,i}$：各国玉米饲料需求方程的常数项。

a_{SEED}：各国玉米种用需求方程的常数项。

$a_{LOSS,i}$：各国玉米损耗方程的常数项。

$e^{PFOOD}_{PCSMZ,i}$：各国玉米人均食用需求的玉米消费者价格弹性。

$e^{PFOOD}_{PCSRC,i}$：各国玉米人均食用需求的大米消费者价格弹性。

$e^{PFOOD}_{PCSWT,i}$：各国玉米人均食用需求的小麦消费者价格弹性。

$e^{PFOOD}_{PGDP,i}$：各国玉米人均食用需求的收入（人均 GDP）弹性。

$\delta_{BE-MZ,i}$：各国生物乙醇与玉米的转化系数。

$\delta_{BE/MZ,i}$：各国生物乙醇中玉米生物乙醇所占比重。

$e^{PROCOTR}_{PGDP,i}$：各国玉米其他加工需求的人均 GDP 弹性。

$\delta^{PK}_{LS-MZ,i}$：各国猪肉的玉米饲料转化率。

$\delta^{BF}_{LS-MZ,i}$：各国牛肉的玉米饲料转化率。

$\delta^{PT}_{LS-MZ,i}$：各国禽肉的玉米饲料转化率。

$\delta^{MK}_{LS-MZ,i}$：各国奶类的玉米饲料转化率。

$SEEDRATE_i$：各国玉米单位播种面积耗种量。

$LOSSRATE_i$：各国玉米损耗率。

二、生物乙醇模型模块

生物乙醇的国内供给是世界石油价格、各国玉米消费者价格和生物乙醇价格的函数。生物乙醇的国内需求包括国内消费需求和库存变化量两部分。其中，消费需求是生物乙醇价格、石油价格和人均 GDP 函数；假定库存等于基期数值，即库存变化量等于零。

$$\ln DSBE_k = a_{DSBE,k} + e_{POIL,k}^{DSBE} \ln POIL_k + e_{PCSMZ,k}^{DSBE} \ln PCSMZ_k + e_{PBE,k}^{DSBE} \ln PBE_k \quad (4-12)$$

$$DDBE_k = DMBE_k + STVBE_k \quad (4-13)$$

$$\ln DMBE_k = a_{DMBE,k} + e_{PBE,k}^{DMBE} \ln PBE_k + e_{POIL,k}^{DMBE} \ln POIL_k + e_{PGDP,k}^{DMBE} \ln PGDP_k \quad (4-14)$$

$$STVBE_k = 0 \quad (4-15)$$

式中，各变量的符号及其含义分别为：

$DSBE$：生物乙醇国内供给量（内生变量）。

$DDBE$：生物乙醇国内需求量（内生变量）。

$DMBE$：生物乙醇国内消费需求量（内生变量）。

$STVBE$：生物乙醇库存变化量（外生变量）。

$POIL$：世界石油价格（外生变量）。

PBE：各国生物乙醇价格（内生变量）。

各参数的符号及其含义分别为：

$a_{DSBE,k}$：各国生物乙醇国内供给函数的常数项。

$a_{DMBE,k}$：各国生物乙醇国内消费函数的常数项。

$e_{POIL,k}^{DSBE}$：各国生物乙醇国内供给的石油价格弹性。

$e_{PCSMZ,k}^{DSBE}$：各国生物乙醇国内供给的玉米消费者价格弹性。

$e_{PBE,k}^{DSBE}$：各国生物乙醇国内供给的生物乙醇价格弹性。

$e_{PBE,k}^{DMBE}$：各国生物乙醇国内消费需求的生物乙醇价格弹性。

$e_{POIL,k}^{DMBE}$：各国生物乙醇国内消费需求的石油价格弹性。

$e_{PGDP,k}^{DMBE}$：各国生物乙醇国内消费需求的收入（人均 GDP）弹性。

其中，k 代表不同国家（或地区），下同。

三、价格联系模块

假定玉米的世界价格为 $WPMZ$（货币单位为美元），那么各国（或地区）的玉米消费者价格（PCSMZ）生产者价格（PPDMZ）分别为：

$$PCSMZ_i = WPMZ \times EXCH_i \times (1 + TRF_i) \quad (4-16)$$

$$PPDMZ_i = PCSMZ_i + MM_i \times EXCH_i \quad (4-17)$$

式中，EXCH 代表各国（或地区）货币兑美元汇率，TRF 代表各国（或地区）玉米进口关税，MM 代表各国（或地区）市场边际（Marketing Margin）。

假定生物乙醇的世界价格为 WPBE（货币单位为美元），那么各国（或地区）的生物乙醇价格为：

$$PBE_k = WPBE \times EXCH_k \quad (4-18)$$

同上式，EXCH 代表各国（或地区）货币兑美元汇率。

四、国际贸易模块

假定在所有的 i 个国家（或地区）中，有 a 个玉米净出口国（或地区），$i-a$ 个玉米净进口国（或地区）。那么 a 个玉米净出口国（或地区）的玉米净出口量（NEXMZ）和 $i-a$ 个玉米净进口国（或地区）的玉米净进口量（NIMMZ）分别为：

$$NEXMZ_a = DSMZ_a - DDMZ_a \quad (4-19)$$

$$NIMMZ_{i-a} = DDMZ_{i-a} - DSMZ_{i-a} \quad (4-20)$$

同样，假定在所有的 k 个国家（或地区）中，有 b 个生物乙醇净出口国（或地区），$k-b$ 个生物乙醇净进口国（或地区）。那么 b 个生物乙醇净出口国（或地区）的生物乙醇净出口量（NEXBE）和 $k-b$ 个生物乙醇净进口国（或地区）的生物乙醇净进口量（NIMBE）分别为：

$$NEXBE_b = DSBE_b - DDBE_b \quad (4-21)$$

$$NIMBE_{k-b} = DDBE_{k-b} - DSBE_{k-b} \quad (4-22)$$

五、约束条件

假定所有产品价格的等百分比变动对作物面积不产生影响（零次齐次性），那么每个国家（或地区）的玉米、稻谷、小麦、大豆和其他谷物的生产者价格弹性加总均等于 0（黄季焜和斯·罗泽尔，1998），即：

$$e_{PPDMZ}^{AA} + e_{PPDRC}^{AA} + e_{PPDWT}^{AA} + e_{PPDSB}^{AA} + e_{PPDOG}^{AA} = 0 \quad (4-23)$$

玉米的人均食用需求函数需要满足零次齐次性条件，即所有价格和支出成比例的变化对玉米人均食用需求没有影响（郑志浩等，2016）：

第四章 世界玉米供求模型的构建

$$e_{PCSMZ}^{PFOOD} + e_{PCSRC}^{PFOOD} + e_{PCSWT}^{PFOOD} + e_{PINC}^{PFOOD} = 0 \qquad (4-24)$$

同样，假定所有产品价格的等百分比变动对生物乙醇产量不产生影响（零次齐次性），那么每个国家（或地区）的石油、玉米和生物乙醇的价格弹性加总均等于0，即：

$$e_{POIL}^{DSBE} + e_{PCSMZ}^{DSBE} + e_{PBE}^{DSBE} = 0 \qquad (4-25)$$

生物乙醇的国内消费需求函数同样需要满足零次齐次性条件，即所有价格和支出成比例的变化对生物乙醇国内消费需求没有影响：

$$e_{PBE}^{DMBE} + e_{POIL}^{DMBE} + e_{PGDP}^{DMBE} = 0 \qquad (4-26)$$

六、中国的市场干预政策

根据前文所述，中国通过在东北地区实行玉米的临时收储政策对国内玉米市场进行干预，在国际市场价格远低于国内市场价格的情况下，中国玉米价格在很大程度上由政府政策决定，而非市场决定。为了保证模型的准确性，本书将中国的市场干预政策引入世界玉米供求模型，处理方法为：截至2015年，假定中国玉米价格为政府公布的临时收储价格，即设定为外生变量；随着2016年3月中国政府宣布取消玉米临时收储政策，本书设定中国玉米价格自2016年起，为市场决定的内生价格。

七、市场均衡模块

在玉米市场和生物乙醇市场同时出清的条件下，各国（或地区）的玉米总供给应该等于玉米总需求，同时各国（或地区）的生物乙醇总供给应该等于生物乙醇总需求。在开放市场条件下，上述市场出清条件可以认为是各玉米净出口国（或地区）的玉米净出口量（NEXMZ）之和应该等于玉米净进口国（或地区）的玉米净进口量（NIMMZ）之和；同时，各生物乙醇净出口国（或地区）的生物乙醇净出口量（NEXBE）之和应该等于生物乙醇净进口国（或地区）的生物乙醇净进口量（NIMBE）之和：

$$\sum_a NEXMZ_a = \sum_{i-a} NIMMZ_{i-a} \qquad (4-27)$$

$$\sum_b NEXBE_b = \sum_{k-b} NIMBE_{k-b} \qquad (4-28)$$

八、福利变化的计算

考虑到不同模拟方案可能导致中国玉米生产函数和需求函数发生变化，但这种变化将导致福利变化的计算产生较大难度。因此，本书根据第二章的福利变化计算的理论模型，假定中国玉米生产函数和需求函数是不变的，只简略考虑价格变化对中国玉米生产者和消费者剩余的影响，福利变化公式可以推导如下：

$$\Delta PS = \int_{P_1}^{P_2} S(P) dP \tag{4-29}$$

消费者剩余的变化为：

$$\Delta CS = -\int_{P_1}^{P_2} D(P) dP \tag{4-30}$$

令玉米价格为 P，在不考虑价格联系以及饲料需求、工业加工需求、种用需求、损耗和库存变化量外生的情况下，中位基本模拟方案的中国生产函数和需求函数分别为：

$$S(P) = AA \times YD$$
$$= Exp(a_{AA} + e_{PPDMZ}^{AA} \ln P + e_{PPDRC}^{AA} \ln PPDRC + e_{PPDWT}^{AA} \ln PPDWT +$$
$$e_{PPDSB}^{AA} \ln PPDSB + e_{PPDOG}^{AA} \ln PPDOG) \times YD \tag{4-31}$$

$$D(P) = f(FOOD) + f(FEED) + f(PROC) + f(SEED) + f(LOSS) + f(STV)$$
$$= Exp(a_{PFOOD} + e_{PCSMZ}^{PFOOD} \ln P + e_{PCSRC}^{PFOOD} \ln PCSRC + e_{PCSWT}^{PFOOD} \ln PCSWT +$$
$$e_{PGDP}^{PFOOD} \ln PGDP) \times POP + FEED + PROC + SEED + LOSS + STV \tag{4-32}$$

假定中国居民的玉米需求弹性（e_{PCSMZ}^{PFOOD}）为城镇居民弹性值和农村居民弹性值的加权平均值，居民人均食用需求方程的常数项（a_{PFOOD}）为城镇居民人均食用需求方程的常数项和农村居民人均食用需求方程的常数项的加权平均值（以城乡人口数量为权重），可以价格变化前后生产者剩余和消费者剩余：

$$\Delta PS = \int_{P_1}^{P_2} S(P) dP$$
$$= \frac{e^{a_{AA}} \times (P_2^{1+e_{PPDMZ}^{AA}} - P_1^{1+e_{PPDMZ}^{AA}}) \times PPDRC^{e_{PPDRC}^{AA}} \times PPDWT^{e_{PPDWT}^{AA}}}{1 + e_{PPDMZ}^{AA}} \times$$
$$\frac{PPDSB^{e_{PPDSB}^{AA}} \times PPDOG^{e_{PPDOG}^{AA}} \times YD}{1 + e_{PPDMZ}^{AA}} \tag{4-33}$$

$$\Delta CS = -\int_{P_1}^{P_2} D(P) dP$$
$$= -[\frac{e^{a_{PFOOD}} \times (P_2^{1+e_{PCSMZ}^{PFOOD}} - P_1^{1+e_{PCSMZ}^{PFOOD}}) \times POP \times PCSRC^{e_{PCSRC}^{PFOOD}} \times PCSWT^{e_{PCSWT}^{PFOOD}} \times PGDP^{e_{PGDP}^{PFOOD}}}{1 + e_{PCSMZ}^{PFOOD}} +$$
$$(P_2 - P_1) \times (FEED + PROC + SEED + LOSS + STV)] \tag{4-34}$$

第四章 世界玉米供求模型的构建

需要说明的是，生产者剩余和消费者剩余的计算基于中国玉米生产函数和需求函数不变的简化处理，也没有考虑政府购买因素，因此，本书计算的中国玉米生产者剩余和消费者剩余仅用于分析福利变化的方向，不用于对比分析政策的优劣。

第二节 世界玉米供求模型的求解算法

多变量的非线性方程求解方法可以分为线性化方法、非线性规划法和求解超额需求方程三类（李伯溪，1991）。本书采用线性化方法中的牛顿迭代法（Newton's Iteration Method）求解均衡条件下的世界玉米价格和世界生物乙醇价格。牛顿迭代法主要思想是将非线性方程进行线性化处理，具有收敛快、稳定性好、精度高等优点，广泛应用于均衡模型的求解（梅燕，2008；沈艳等，2014）。

根据式（4-27）和式（4-28）的均衡条件，令：

$$\begin{cases} F_{MZ}(WPMZ) = \sum_a NEXMZ_a - \sum_{i-a} NIMMZ_{i-a} = 0 \\ F_{BE}(WPBE) = \sum_b NEXBE_b - \sum_{k-b} NIMBE_{k-b} = 0 \end{cases} \quad (4-35)$$

式中，$\sum_a NEXMZ_a$ 和 $\sum_{i-a} NIMMZ_{i-a}$ 均为世界玉米价格（$WPMZ$）的非线性方程；$\sum_b NEXBE_b$ 和 $\sum_{k-b} NIMBE_{k-b}$ 均为世界生物乙醇价格（$WPBE$）的非线性方程。

若假定 $p = (WPMZ, WPBE)^T$，$F(p) = (F_{MZ}(WPMZ), F_{BE}(WPBE))^T$，世界玉米供求模型的均衡解求解就是确定向量 $p^* = (WPMZ^*, WPBE^*)^T$，使 $F(p^*) = 0$ 的过程（陈晓江，2013）。

设定 p 初始值为 $p^0 = (WPMZ^0, WPBE^0)^T$，假定 $F(p^*)$ 在 p^* 处可微，将 $F(p^*)$ 在 p^0 处做泰勒展开，并取其线性部分，可得：

$$0 = F(p^*) \approx F(p^0) + J(p^0)(p^* - p^0) \quad (4-36)$$

式中，$J(p^0)$ 为雅可比矩阵（Jacobian matrix），且，

$$J(p^0) = \begin{pmatrix} \dfrac{\partial F_{MZ}(WPMZ^0)}{\partial WPMZ} & \dfrac{\partial F_{MZ}(WPMZ^0)}{\partial WPBE} \\ \dfrac{\partial F_{BE}(WPBE^0)}{\partial WPMZ} & \dfrac{\partial F_{BE}(WPBE^0)}{\partial WPBE} \end{pmatrix} \quad (4-37)$$

如果 $J(p^0)$ 是非奇异矩阵,那么 $F(p^0) + J(p^0)(p^* - p^0) = 0$,有唯一解 $p^1 = p^0 - [J(p^0)]^{-1} F(p^0)$。在运算过程中,在初始值 p^0 的基础上不断增加(或减少)1个单位,可以不断得到:

$$p^{n+1} = p^n - [J(p^n)]^{-1} F(p^n) \quad (4-38)$$

直至达到式(4-35)的均衡条件(陈晓江,2013)。

局部均衡模型的求解通常采用 MATLAB、GAMS、Excel VBA 等软件(梅燕,2008)。各软件均采用牛顿迭代法的一般算法,理论上可以得到相同或相近的结果,但各有其优缺点。其中,GAMS 的算法为系统提供,可以直接调用,但也无法自由控制算法的每个过程或参数,灵活性较差。MATLAB 和 Excel VBA 的算法需要自行编写,较为烦琐,但具有很高的灵活性,且 Excel VBA 较 MATLAB 更为直观。考虑到本书的基础数据均以 Excel 的形式进行存储,因此,参考 Peng(2009)采用 Microsoft Excel VBA 编程的形式实现牛顿迭代法的求解。编程所采用的计算机系统版本为基于 X64 处理器的 Microsoft Windows 10 系统,Excel 版本为 64 位 Microsoft Excel 2010,VBA 版本为 Microsoft Visual Basic for Application 7.0。世界玉米供求模型程序的主界面和模拟方案选择界面如图 4-2 所示。

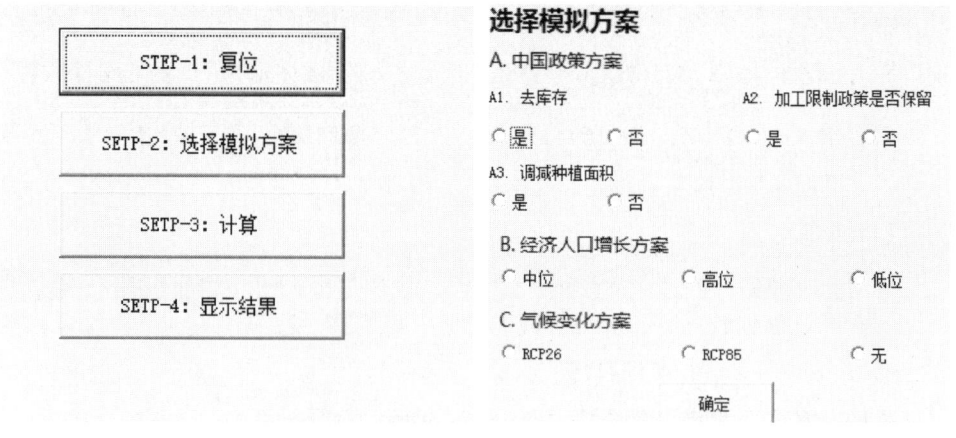

图 4-2 世界玉米供求模型主界面和模拟方案选择界面

第四章 世界玉米供求模型的构建

编程重点主要有四部分：计算 $F(p)$、计算 $J(p)$、计算 p^{n+1} 和迭代。

第一，给定 p 的初始值，根据校准参数以及式（4-38）得到 $F(p)$，此模块在 p 发生变化时进行调用。

第二，根据拉格朗日中值定理计算 $\dfrac{\partial F_{MZ}(WPMZ)}{\partial WPMZ}$、$\dfrac{\partial F_{MZ}(WPMZ)}{\partial WPBE}$、$\dfrac{\partial F_{BE}(WPBE)}{\partial WPMZ}$ 和 $\dfrac{\partial F_{BE}(WPBE)}{\partial WPBE}$，并组成雅可比矩阵 $J(p)$（见图 4-3 中的 Jabobian 部分）。以计算 $\dfrac{\partial F_{MZ}(WPMZ)}{\partial WPMZ}$ 为例：

$$\frac{\partial F_{MZ}(WPMZ)}{\partial WPMZ} = \frac{F_{MZ}\left(WPMZ + \frac{1}{2}\Delta WPMZ\right) - F_{MZ}\left(WPMZ - \frac{1}{2}\Delta WPMZ\right)}{\Delta WPMZ}$$

(4-39)

式中，$\Delta WPMZ$ 设定为如图 4-3 所示的 "STEP：0.04"。

第三，根据 Excel "MINVERSE" 函数求得 $J(p)$ 的逆矩阵 $[J(p)]^{-1}$，利用 "MMULT" 函数求得 $[J(p)]^{-1}F(p)$，并根据式（4-38）计算得到 p^{n+1}（如图 4-3 所示的 p_n+1 部分）。

第四，将初始 p 增加迭代的步长（如图 4-3 所示的 phi：0.04），循环运行步骤 1-4，达到式（4-35）的均衡条件（本书设定为 0.0001）。

```
STEP        0.04
                        19
NAME        p                   CONDITION               f(p)
WPMZ        35.69509            SUM(f(EXMAZ))-SUM(f(IMMAZ))    9.948E-05
WPBE        55.43087            SUM(f(EXBIO))-SUM(f(IMBIO))    -0.000846

ITERATION   p          .dp         p+dp           f(p+dp)      p-dp          f(p-dp)         df
WPMZ        35.69509   0           35.6950923     -13.88638    35.6950923    9.94824E-05     -347.1619294
WPBE        55.43087   0.02        55.45086525    638.55082    55.41086525   -0.00084635     15963.79176

Jocobian
            1          2
    1       2500.405   -347.162
    2       -8952.01   15963.79
                                                        phi             0.04
J-1
            1          2                           Jf                   p_n+1
    1       0.000434   9.43E-06                    3.51633E-08          35.6950923
    2       0.000243   6.79E-05                    -3.32987E-08         55.43086525
```

图 4-3 世界玉米供求模型求解方法在 Excel 中的实现

第三节 世界玉米供求模型的参数

一、玉米生产参数

玉米的国内产量可以分解为种植面积和单产两部分。现有研究已经证明，玉米的种植面积与玉米价格、其他作物价格、预期收益、补贴等政策因素相关（Rozelle 和 Huang，2000；陈永福，2004；Yu，2012），且大多利用 Nerlove（1956）提出的方法进行实证分析。本书重点分析价格因素对玉米种植面积的影响，并将现有研究结果中的玉米种植面积的价格弹性如表 4-1 所示。现有研究中，玉米自价格短期弹性最大值为陈永福等（2015）的 0.950，最小值为范垄基等（2012）的 -0.020，中位数为 0.260；小麦、大豆和稻谷的短期价格弹性中位数分别为 -0.039、-0.082 和 -0.048（见表 4-1）。结果表明，玉米价格对玉米种植面积有正向影响，而小麦、大豆和稻谷等作物的价格对玉米种植面积有负向影响。

影响中国玉米单产的因素包括化肥等物质投入、资本投入、劳动力投入、灌溉投入、技术进步以及气候变化等（张雪梅，1999；Li 等，2011；崔静等，2011；麻吉亮等，2015）。本书重点分析技术进步和气候变化对玉米单产的影响。其中，技术进步是玉米单产变化的内因，而气候变化反映玉米单产变化的外因。玉米是喜温但怕高温的作物，温度主要通过影响玉米光合作用中二氧化碳的固定和还原过程；同时，玉米单产受降水影响也较为明显，玉米生长期间每月均匀降水 100 毫米最为适合（李少昆和王崇桃，2010）。现有研究中，玉米技术进步率（即年增长率）的最大值为陈永福（2004）的 0.432，最小值为 Holst（2013）的 0.006，中位数为 0.260（见表 4-2）。现有研究大都发现温度对玉米单产有负向影响，降水的影响则为正向，其弹性中位数分别为 -0.628 和 0.046，如表 4-2 所示。

本书中，中国玉米的种植面积和单产弹性采用表 4-1 和表 4-2 中位数，其中种植面积弹性采用短期价格弹性值，单产参数只采用技术进步率和温度、降水

第四章 世界玉米供求模型的构建

表4-1 中国玉米种植面积弹性值对比

作者	短期价格弹性				长期价格弹性			研究范围	研究时间	备注
	玉米	小麦	大豆	稻谷	玉米	小麦	大豆	稻谷			
Lin(1992)	0.340								28个省份	1970~1987年	市场价格的粮食产出弹性
Oga 和 Yanagishima(1995)	0.180	-0.030		-0.010							
黄季焜和斯·罗泽尔(1998)	0.200	-0.100								1975~1992年	其他粮食的产出弹性
Rozelle 和 Huang(2000)	0.292	0.343			0.289	0.342			全国	1976~1995年	玉米的产出弹性
陈永福(2004)	0.610	-0.199	-0.104	-0.049	2.116	-1.317	-1.506	-0.229	全国	1982~2001年	五个地区的均值
Zhuang 和 Abbott(2007)	0.278								全国	1978~2001年	玉米的产出弹性
梅燕(2008)	0.180	-0.034	-0.032	-0.029					全国	1978~2006年	全国各省区的均值
王玄和张岳恒(2010)	0.128				0.265				全国	1988~2006年	
邵飞和陆迁(2011)	0.314				7.944				全国	1986~2008年	三个生产区域的均值
范垄基等(2012)	-0.020				-0.110				全国	2001~2010年	
Yu(2012)	0.737		-0.536						河南省	1998~2007年	自价格为粮食价格,大豆价格为油料作物价格
杨艳涛和吴敬学(2014)	0.261	-0.062	-0.048						全国	1990~2012年	
陈永福等(2015)	0.385			-0.162					全国		
陈永福等(2015)	0.950				8.220				河北省	2003~2010年	

· 95 ·

续表

作者	短期价格弹性				长期价格弹性				研究范围	研究时间	备注
	玉米	小麦	大豆	稻谷	玉米	小麦	大豆	稻谷			
钱文荣和王大哲 (2015)	0.259				0.912				12个玉米主产省份	1999~2012年	不考虑外部因素
Brockhaus 等 (2015)	0.202								全国	1996~2012年	自价格为6月粮食零售价，产出弹性，不考虑其他因素
林大燕和朱晶 (2015)	0.168				-4.470				全国	1979~2011年	
	0.271				-10.380				主产省	1979~2011年	
FAPRI (2015)	0.130										
OECD[1]	0.230	-0.039	-0.082	-0.048	0.289	-0.488	-1.506	-0.229			粗粮（Coarse Grains）收获面积弹性
中位数	0.260	-0.039	-0.082	-0.048	8.220	0.342	-1.506	-0.229			
最大值	0.950	0.343	-0.032	-0.010	8.220	0.342	-1.506	-0.229			
最小值	-0.020	-0.199	-0.536	-0.162	-10.380	-1.317	-1.506	-0.229			

注：OECD 弹性由 Gen Furuhashi 提供。
资料来源：第一栏所列出的相关文献。

第四章 世界玉米供求模型的构建

表4-2 中国玉米单产弹性值对比

作者	技术进步率	温度	降水	劳动投入	化肥投入	灌溉	研究范围	研究时间	特定区域	备注
Oga 和 Yanagishima (1995)	0.010			-0.130	1.800		19个玉米主产省份	1991~1996年		
张雪梅 (1999)										
陈永福 (2004)	0.432				0.264		全国	1982~2001年		五个地区的平均值，技术进步率为上期单产的系数
Furuya 和 Koyama (2005)	0.037	-0.913	0.168							
Furuya (2009)		-0.970	0.200				湖南			
黎红梅等 (2010)				0.081	0.146			2009年		
Li (2011)	0.007						5个省份	1998~2007年		
崔静等 (2011)		-0.203	-0.035						华中	边际效果
		-0.229	-0.037				全国	1975~2008年	西北	
		-0.126	-0.039						东北	
		-0.001	0.000						华南	
麻吉亮等 (2012)		-2.159	0.019	0.021	0.030	0.033	河北	2003~2010年		6~9月总温度和6~9月总降雨

续表

作者	技术进步率	温度	降水	劳动投入	化肥投入	灌溉	研究范围	研究时间	特定区域	备注
Holst (2013)	0.009	-0.017	0.000	0.120	0.380	0.262	26个省份	1985~2009年	北方	温度和降水是半弹性,所有数值为粮食单产的系数
	0.006	-0.012	0.000	-0.034	0.041	0.136			南方	
Chen (2013)	0.015	-0.285	0.027	0.027			全国	2005~2009年		所有数值为粮食产量的系数
杨艳涛和吴敬学 (2014)	0.068				0.262		全国	1990~2012年		技术进步率为弹性
陈永福等 (2015)	0.014						全国			
陈永福等 (2015)		-0.085	0.064	0.006	0.067	0.009	河北	2003~2010年		
麻吉亮等 (2015)		-0.024	0.000	0.051			河北	2004~2010年		温度和降水是边际效果
中位数	0.010	-0.913	0.168	0.024	0.204	0.085				
最大值	0.432	-0.285	0.200	0.120	1.800	0.262				
最小值	0.006	-2.159	0.019	-0.130	0.030	0.009				

注：中位数、最大值和最小值计算过程中去掉了崔静等 (2011) 的温度和降水边际效果，Holst (2013) 的温度和降水半弹性，麻吉亮等 (2015) 的温度和降水边际效果、杨艳涛和吴敬学 (2014) 的技术进步率弹性。

资料来源：第一栏所列出的相关文献。

弹性。其他国家的玉米种植面积弹性中，玉米、稻谷、小麦和大豆的生产者价格弹性来自国际机构，其他谷物的生产者价格弹性根据约束条件计算得到。其他国家玉米的单产技术进步率和气温、降水弹性（e_{TEM}^{YD}和e_{PRE}^{YD}）均来自国际机构。各国家（或地区）的玉米种植面积和单产参数如表4-3所示。

表4-3 玉米种植面积的生产者价格弹性和单产影响因素

国家（或地区）	种植面积的生产者价格弹性					单产影响因素		
	玉米	稻谷	小麦	大豆	其他谷物	技术进步率	温度弹性	降水弹性
中国	0.26	-0.05	-0.04	-0.08	-0.09	0.01	-0.91	0.17
日本	0.30			-0.30		0.01	0.07	-0.02
韩国	0.30	-0.70			0.40	0.02	-0.57	0.09
墨西哥	0.22			-0.02	-0.20	0.00	-0.02	-0.06
世界其他国家	0.33	-0.10	-0.07	-0.04	-0.12	0.01	-0.77	0.08
欧盟	0.26		-0.21	-0.05		0.01	-0.13	0.14
美国	0.30	-0.03		-0.20	-0.07	0.03	-1.23	0.19
阿根廷	0.70		-0.13	-0.10	-0.47	0.01	-1.19	0.25
巴西	0.42	-0.01	-0.02	-0.10	-0.29	0.02	-1.15	0.08
乌克兰	0.28		-0.15		-0.13	0.00	-0.76	0.08
印度	0.21	-0.10	-0.09	-0.17	0.15	0.02	-1.86	-0.08
俄罗斯	0.10		-0.05	-0.01	-0.04	0.02	-0.76	0.08

资料来源：美国和俄罗斯的弹性来自OECD；① 日本、韩国和世界其他国家的弹性来自Oga和Yanagishima（1995）；其余国家（或地区）的玉米生产者价格弹性来自FAPRI（2015），稻谷、小麦和大豆的生产者价格弹性来自Oga和Yanagishima（1995）；除中国外，其他国家的技术进步率来自Oga和Yanagishima（1995），温度和降水弹性来自Furuya和Koyama（2005），世界其他国家的温度和降水弹性为上表各国温度和降水弹性的均值。

二、玉米需求参数

玉米的国内需求部分分为食用需求、饲料需求、工业加工需求、种用需求、损耗和库存变化量等部分。

（1）食用需求。玉米食用需求由人均食用需求乘以人口数量得到，其中人

---

① OECD使用的粗粮（Coarse Grains）收获面积弹性，由Gen Furuhashi提供。

均食用需求的影响因素包括玉米价格、其他商品价格、收入等（Deaton 和 Muellbauer, 1980）。现有研究中，人均食用需求模型以 Deaton 和 Muellbauer（1980）提出的近似理想需求系统模型（Almost Ideal Demand System，AIDS）和 Banks（1997）提出的二次型近似理想需求系统模型（Quadratic Almost Ideal Demand System，QUAIDS）为主。因为中国城乡二元统计结构，包括玉米在内的中国食物需求研究通常分为城镇居民和农村居民两部分。表 4-4 列出了现有研究中中国玉米人均需求的马歇尔价格弹性和收入弹性。其中，城镇居民玉米自价格需求弹性绝对值的最大值为 Zheng 和 Henneberry（2009）的 -1.221，最小值为 FAPRI（2015）的 -0.140，中位数为 -0.906；农村居民玉米自价格需求弹性绝对值的最大值为 Chern 和 Yan（2005）的 -0.740，最小值为陈永福等（2015）的 -0.064，中位数为 -0.417。城镇居民玉米收入需求弹性的最大值为 USDA（2012）的 0.871，最小值为 Hovhannisyan 和 Gould（2011）的 0.035，中位数为 0.296；农村居民玉米收入需求弹性的最大值为 Jiang 和 Davis（2007）的 0.64，最小值为陈永福等（2015）的 0.196，中位数为 0.263。

表 4-4 中国城乡居民玉米人均消费的马歇尔价格弹性和收入弹性对比

作者	马歇尔价格弹性			收入弹性	研究范围	研究时间	备注
	玉米	大米	小麦				
Liu 和 Chern（2003）				0.348	3 省城镇居民	1998 年	杂粮
Yen（2003）	-0.900				29 省城镇居民	2000 年	粮食
Gould 和 Villarreal（2006）	-1.027	0.120			5 省城镇居民	2001 年	其他粮食
Zheng 和 Henneberry（2009）	-1.221				江苏城镇居民	2004 年	粮食
Zheng 和 Henneberry（2010）	-1.089			0.131	江苏城镇居民	2004 年	粮食
Hovhannisyan 和 Gould（2011）	-0.995	0.332		0.035	3 省城镇居民	2003 年	其他粮食
Zhou（2015）	-0.660			0.150	29 省城镇居民	1995～2010 年	粮食
USDA（2012）	-0.585	0.159	0.087	0.871	所有居民		杂粮
FAPRI（2015）	-0.140				所有居民		玉米
陈永福等（2015）	-0.912	0.022	-0.005	0.296	城镇居民		其他粮食

第四章 世界玉米供求模型的构建

续表

作者	马歇尔价格弹性			收入弹性	研究范围	研究时间	备注
	玉米	大米	小麦				
郑志浩等（2016）	-0.739			0.322	31省城镇居民	2000~2010年	粮食
中位数	-0.906	0.140	0.041	0.296			
绝对值最小值	-0.140	0.332	-0.005	0.871			
绝对值最大值	-1.221	0.022	0.087	0.035			
Fan（1995）	-0.263	0.259	0.036	0.263	28省农村居民	1982~1990年	杂粮
Huang和Rozelle（1998）	-0.570				河北农村居民	1992年	粮食
Chern和Yan（2005）	-0.740				3省农村居民	1995年	粮食
Jiang和Davis（2007）				0.640	吉林农村居民	1991~1995年	粮食
陈永福等（2015）	-0.064			0.196	农村居民		玉米
中位数	-0.417	0.259	0.036	0.263			
绝对值最大值	-0.740	0.259	0.036	0.640			
绝对值最小值	-0.064	0.259	0.036	0.196			

资料来源：第一栏所列出的相关文献。

考虑到玉米在中国并非主要口粮，其价格和收入弹性跟口粮存在较大差异，因此，本书的中国人均食用需求弹性采用表4-5的数值。其中，城镇居民的玉米自价格弹性低于现有研究中位数，与USDA（2012）的较为接近；城镇居民的收入弹性略低于现有研究中位数；农村居民的玉米自价格弹性和收入弹性与现有研究中位数较为接近。其他国家的人均食用需求弹性中，收入弹性和玉米、稻谷、小麦的价格弹性来自国际机构，其他谷物的生产者价格弹性根据约束条件计算得到。各国家的人均食用需求弹性如表4-5所示。

表4-5 玉米的人均食用需求弹性

国家（或地区）	消费者价格				收入
	玉米	大米	小麦	其他谷物	
中国（城镇）	-0.59	0.14	0.04	0.51	0.22

续表

国家（或地区）	消费者价格				收入
	玉米	大米	小麦	其他谷物	
中国（农村）	-0.16	0.26	0.04	-0.12	0.24
日本	-0.06	0.00	0.05	-0.07	0.08
韩国	-0.19	0.00	0.00	-0.07	0.26
墨西哥	-0.14	0.00	0.02	-0.07	0.18
世界其他国家	-0.30	0.00	0.00	0.08	0.22
欧盟	-0.01	0.00	0.19	-0.20	0.02
美国	0.00	0.00	0.04	0.05	-0.09
阿根廷	-0.18	0.00	0.13	-0.20	0.25
巴西	-0.27	0.00	0.08	-0.18	0.36
乌克兰	-0.26	0.00	0.04	-0.13	0.35
印度	-0.39	0.20	0.43	-0.77	0.54
俄罗斯	-0.19	0.12	0.00	-0.19	0.25

资料来源：世界其他国家的弹性值来自 Oga 和 Yanagishima（1995）；除中国和世界其他国家外，其余国家（或地区）的玉米自价格弹性和收入弹性来自 Meade 等（2014），大米和小麦的自价格弹性来自 Oga 和 Yanagishima（1995）。

（2）除食用外的其他需求。本书假定玉米的饲料需求与主要畜产品产量和玉米的饲料转化率相关，各国的饲料转化率如表 4-6 所示。玉米的种用需求和损耗分别与单位播种面积耗种量和损耗率相关，各国玉米的单位播种面积耗种量和损耗率是 1993~2012 年的均值，这两个参数和 1993~2012 年库存变化量均值如表 4-7 所示。玉米的加工需求分为生物乙醇加工需求和其他加工需求（PROCOTR）两部分，玉米加工需求的参数如表 4-7 所示。其中，生物乙醇加工需求中的生物乙醇产量转化系数（生产 1 单位生物乙醇所需要的玉米数量）和生物乙醇中玉米生物乙醇所占比重来自黄季焜和仇焕广（2010），其他工业需求的人均 GDP（PGDP）弹性（$e_{PGDP}^{PROCOTR}$）根据下式计算得到：

$$e_{PGDP}^{PROCOTR} = \frac{\Delta PROCOTR/PROCOTR}{\Delta PGDP/PGDP}$$

$$= median\left[\frac{(PROCOTR_t - PROCOTR_{t-1})/PROCOTR_{t-1}}{(PGDP_t - PGDP_{t-1})/PGDP_{t-1}}\right] \quad (4-40)$$

式中，median 代表中位数，t 代表年。库存变化量假定为外生变化。

第四章 世界玉米供求模型的构建

表4-6 玉米饲料需求的饲料转化率

国家（或地区）	猪肉	牛肉	禽肉	奶类
中国	0.13	0.29	0.14	0.02
日本	0.13	0.29	0.18	0.07
韩国	0.09	0.36	0.13	
墨西哥	0.08	0.08	0.33	0.25
世界其他国家				0.84
欧盟	0.11	0.32	0.14	0.24
美国	0.27	0.11	0.08	0.14
阿根廷	0.23	0.11	0.14	0.37
巴西	0.29	0.11	0.20	0.28
乌克兰	0.15	0.42	0.02	0.31
印度				0.70
俄罗斯	0.21	0.26	0.11	0.21

资料来源：Oga 和 Yanagishima（1995）。

表4-7 各国（或地区）玉米单位播种面积耗种量、损耗率、生物乙醇产量转化系数和其他工业需求的人均GDP弹性

国家（或地区）	单位播种面积耗种量（吨/公顷）	损耗率	生物乙醇产量转化系数（升/吨）	生物乙醇中玉米生物乙醇所占比重	其他工业需求的人均GDP弹性
中国	0.04	0.04	3.33	0.70	0.88
日本	0.04	0.00			0.23
韩国	0.05	0.02			0.30
墨西哥	0.06	0.11			0.22
世界其他国家	0.04	0.08	2.50	0.50	0.33
欧盟	0.05	0.02	2.50	0.50	0.44
美国	0.02	0.03	2.50	0.58	0.20
阿根廷	0.04	0.07			0.01
巴西	0.03	0.11			0.37
乌克兰	0.02	0.06			0.26
印度	0.11	0.11			0.01
俄罗斯	0.05	0.02			0.82

资料来源：黄季焜和仇焕广（2010），笔者估算。

三、生物乙醇供求参数

生物乙醇的产量（DSBE）与生物乙醇价格（PBE）、石油价格（POIL）和玉米的消费者价格（PCSMZ）相关（Hertel 等，2008；Zhang 等，2013）。本书根据第三章的生物乙醇数据利用式（4-39）和式（4-40）计算了石油价格生产弹性（e_{POIL}^{DSBE}）和生物乙醇价格生产弹性（e_{POIL}^{DSBE}），玉米价格生产弹性（e_{PCSMZ}^{DSBE}）根据零次齐次性约束条件计算得到。各国家的生物乙醇生产弹性整理如表4-8所示。

$$e_{POIL}^{DSBE} = \frac{\Delta DSBE/DSBE}{\Delta POIL/POIL} = \text{median}\left[\frac{(DSBE_t - DSBE_{t-1})/DSBE_{t-1}}{(POIL_t - POIL_{t-1})/POIL_{t-1}}\right] \quad (4-41)$$

$$e_{PBE}^{DSBE} = \frac{\Delta DSBE/DSBE}{\Delta PBE/PBE} = \text{median}\left[\frac{(DSBE_t - DSBE_{t-1})/DSBE_{t-1}}{(PBE_t - PBE_{t-1})/PBE_{t-1}}\right] \quad (4-42)$$

式（4-39）和式（4-40）中的 median 代表中位数。

生物乙醇的国内消费（DMBE）与生物乙醇价格（PBE）、石油价格（POIL）和居民收入（以人均 GDP 为替代）相关（Hertel，2008；黄季焜和仇焕广，2010）。各国生物乙醇的消费需求弹性如表4-8所示，其中石油价格弹性来自黄季焜和仇焕广（2010），收入弹性（人均 GDP 弹性，e_{PGDP}^{DMBE}）根据下式计算得到，生物乙醇价格弹性根据加总性约束条件计算得到。

$$e_{PGDP}^{DMBE} = \frac{\Delta DMBE/DMBE}{\Delta PGDP/PGDP} = \text{median}\left[\frac{(DMBE_t - DMBE_{t-1})/DMBE_{t-1}}{(PGDP_t - PGDP_{t-1})/PGDP_{t-1}}\right] \quad (4-43)$$

式（4-41）中的 median 代表中位数。

表4-8 各国家（或地区）生物乙醇生产和消费需求弹性

国家（或地区）	国内生产弹性			国内消费弹性		
	石油价格	玉米价格	生物乙醇价格	生物乙醇价格	石油价格	人均 GDP
中国	0.19	-0.40	0.21	-2.24	2.00	0.24
欧盟	0.48	-1.22	0.74	-3.28	1.65	1.63
印度	0.69	-1.16	0.47	-2.35	2.00	0.35
美国	1.09	-1.89	0.80	-4.20	3.95	0.25
巴西	0.42	-0.75	0.33	-2.71	1.35	1.36
世界其他国家	0.32	-0.59	0.27	-2.78	2.00	0.78

资料来源：黄季焜和仇焕广（2010），笔者估算。

第四节 世界玉米供求模型的校准、复制与稳健性检验

一、世界玉米供求模型的基期数据

世界玉米供求模型的基期设定为2012年,数据包括玉米模型基期数据、生物乙醇模型基期数据、价格基期数据和其他外生变量数据。

各国家(或地区)的玉米模型基期数据如表4-9所示,生物乙醇模型基期数据如表4-10所示,玉米和生物乙醇的价格基期数据如表4-11所示,基期人口数据如表4-12所示。其中,各商品的2012年世界价格均假定为100美元且假定各谷物和大豆和生产者价格等于消费者价格,各国(或地区)人均GDP均假定为100元(当地货币),气温假定为100单位,降水量假定为100(指数)。上述基期数据与实际值的差异将会在模型校准过程中放入校准项中,并不影响模型的预测结果和精度。

二、世界玉米供求模型的校准与复制

局部均衡模型的校准(Calibration)和复制(Replication)过程可以检验数学模型的可靠性和参数的可靠性(高亮之,2004)。世界玉米供求模型的校准主要分为两步。

首先,模型的校准过程为根据所有变量的基期数值和参数计算式(4-1)至式(4-15)中各方程的校准项。校准项中包含了不在本书讨论范围的影响因素,在模拟预测的过程中,校准项可以使模型实现其他条件不变的假定。玉米模型模块和生物乙醇模型模块的校准项如表4-13和表4-14所示。同时,在构建模型的过程中,受数据和资料所限,部分公式中缺少一些变量。校准过程可以将这些变量的影响放入校准项中,并在模拟过程假定这些变量与基期保持一致。需要说明的是,该假定属于较强的假定,可能与实际情况存在差距。

表 4-9 各国家（或地区）玉米模型基期数据

国家（或地区）	国内供给（万吨）	单产（千克/公顷）	播种面积（万公顷）	国内需求（万吨）	食用需求（万吨）	饲料需求（万吨）	加工需求（万吨）	库存变化量（万吨）	种用需求（万吨）	损耗（万吨）	净进口（万吨）	净出口（万吨）
玉米净进口国												
中国	20561.4	5869.7	3503.0	21076.7	754.6	11061.4	5981.7	2338.8	117.7	822.5	515.3	—
日本	0.0	2615.4	0.0	1489.5	144.3	1118.9	228.0	-1.9	0.0	0.3	1489.5	—
韩国	8.3	4894.4	1.7	830.3	63.5	521.2	179.9	50.0	0.1	15.7	822.0	—
墨西哥	2206.9	3187.4	692.4	3081.1	1369.2	898.6	158.9	337.9	37.4	279.0	874.2	—
世界其他国家	16488.4	2814.1	5859.2	20062.3	7666.7	11630.4	3687.3	-4572.1	205.7	1444.3	3573.9	—
欧盟	5990.9	6081.9	985.0	6484.0	369.8	5406.8	974.7	-466.8	43.8	155.7	493.1	—
玉米净出口国												
美国	27382.0	7743.9	3535.9	24409.5	390.3	11517.7	14177.2	-1980.7	62.4	242.6	—	2972.5
阿根廷	2380.0	6350.3	374.8	595.2	40.4	457.3	141.8	-111.5	26.2	41.0	—	1784.8
巴西	7107.3	5005.7	1419.8	5210.1	462.3	3509.4	7.2	644.3	39.3	547.6	—	1897.1
乌克兰	2096.1	4794.6	437.2	1313.8	52.2	1224.0	48.0	-78.5	5.1	63.0	—	782.3
印度	2226.0	2555.7	871.0	2110.3	787.0	615.3	3.7	394.0	104.5	205.8	—	115.7
俄罗斯	821.3	4238.9	193.8	605.7	7.9	436.7	86.0	50.4	10.3	14.4	—	215.6

注："—"代表空值。

资料来源：中国的国内供给、单产和播种面积来自国家统计局（2015），国内需求部分来自笔者估算，进出口数据来自中国海关；其他国家（或地区）的数据来自 FAO（2015）。

表4-10 各国家（或地区）生物乙醇模型基期数据

国家（或地区）	国内供给（百万升）	国内需求（百万升）	库存变化量（百万升）	净进口（百万升）	净出口（百万升）
生物乙醇净进口国					
中国	8926.0	8989.5	0.0	63.5	—
欧盟	6632.2	7736.2	0.0	1104.0	—
世界其他国家	9787.2	12801.1	-81.6	2932.4	—
生物乙醇净出口国					
印度	1928.1	1850.0	0.0	—	78.1
美国	52029.1	50829.1	490.4	—	709.7
巴西	23503.0	20191.4	0.0	—	3311.6

注："—"代表空值。
资料来源：OECD（2015）。

表4-11 各国家（或地区）玉米和生物乙醇价格基期数据

国家（或地区）	玉米世界价格（美元）	玉米生产者价格本地货币	玉米消费者价格本地货币	市场边际（美元）	汇率当地货币：1美元	玉米进口关税（%）	生物乙醇世界价格（美元）	生物乙醇本地价格当地货币
中国	100.0	1003.7	1041.5	-6.0	6.3	65.0	100.0	631.2
日本	100.0	12451.9	11973.0	6.0	79.8	50.0	—	—
韩国	100.0	600997.8	595367.0	5.0	1126.2	428.7	—	—
墨西哥	100.0	1539.0	1802.1	-20.0	13.2	37.0	—	—
世界其他国家	100.0	100.0	100.0	0.0	1.0	0.0	100.0	100.0
欧盟	100.0	98.1	77.8	26.0	0.8	0.0	100.0	77.8
美国	100.0	100.5	100.5	0.0	1.0	0.5	100.0	100.0
阿根廷	100.0	443.7	470.9	-6.0	4.5	3.8	—	—
巴西	100.0	332.7	289.7	22.0	2.0	48.3	100.0	195.3
乌克兰	100.0	831.1	879.0	-6.0	8.0	10.0	—	—
印度	100.0	8229.3	8550.0	-6.0	53.4	60.0	100.0	5343.7
俄罗斯	100.0	2898.9	3084.0	-6.0	30.8	0.0	—	—

注："—"代表空值。
资料来源：汇率来自OECD（2015）和美国联邦储备系统（2015），关税来自WTO（2015），市场边际来自Oga和Yanagishima（1995）。

表4-12 主要国家（或地区）基期人口数据

国家（或地区）	人口/万人	国家（或地区）	人口/万人	国家（或地区）	人口/万人
中国（城镇）	71182	世界其他国家	289712	巴西	20240
中国（农村）	64222	欧盟	50372	乌克兰	4532
日本	12714	美国	31480	印度	126359
韩国	4961	阿根廷	4210	俄罗斯	14329
墨西哥	12207				

资料来源：中国数据来自国家统计局（2015），其他国家（或地区）数据来自世界银行（2015）。

表4-13 各国家（或地区）玉米模型的校准项

国家（或地区）	播种面积模型	单产模型	人均食用需求模型	工业加工需求模型	饲料需求模型	种用需求模型	损耗量模型
中国	7.56	64.70	2.14（城镇） 2.62（农村）	4.22	6.62	-35.63	-56.17
日本	-6.48	11.48	2.70	4.38	3.97	0.00	0.02
韩国	-2.08	149.16	4.18	4.12	3.59	-0.01	-0.95
墨西哥	5.94	284.53	5.11	5.21	3.35	-1.66	-52.16
世界其他国家	8.68	-14.18	3.28	5.99	5.48	-17.58	-155.53
欧盟	6.90	-1596.69	1.99	3.16	4.89	-5.24	37.04
美国	8.17	-1769.92	2.52	7.61	6.60	-0.71	-446.41
阿根廷	4.88	-38.10	2.54	4.91	2.24	12.76	-3.57
巴西	6.75	769.74	3.41	0.27	4.17	1.93	-21.09
乌克兰	5.49	-1669.43	3.00	2.67	2.95	-2.44	-20.12
印度	5.84	27.76	3.58	1.27	3.20	7.05	-17.77
俄罗斯	4.93	-1623.53	0.05	0.68	2.45	1.13	2.52

资料来源：笔者估算。

表4-14 各国家（或地区）生物乙醇模型的校准参数

国家（或地区）	国内供给模型	国内消费需求模型	库存变化量模型
中国	9.65	13.23	0.00
欧盟	8.68	8.13	0.00
印度	10.85	16.87	0.00

第四章 世界玉米供求模型的构建

续表

国家（或地区）	国内供给模型	国内消费需求模型	库存变化量模型
美国	10.87	10.84	490.38
巴西	10.64	11.73	0.00
世界其他国家	9.19	9.46	-81.57

资料来源：笔者估算。

其次，模型的复制过程根据校准项、外生变量的基期数值和参数可以计算得到内生变量的基期模拟值，将该模拟值与内生变量的基期实际值进行对比，若模拟值和实际值能够完全拟合，表明模型具有很好的可靠性，能够稳定地复制。本书所有内生变量的基期模拟值均等于实际值，因此，本书的世界玉米供求模型的程序正确、具备一定的可靠性，可以用于中长期的模拟预测。为了进一步检验世界玉米供求模型的精确度，本书将中位基本模拟方案得到的 2013 年和 2014 年的主要变量模拟值和实际值进行对比，通过构建平均绝对百分误差（Mean Absolute Percentage Error，MAPE）和希尔不等系数（Theil IC）两个指标对模拟结果的可靠性进行定量检验，具体结果见第五章。

三、世界玉米供求模型的稳健性检验

为了检验模型的稳健性，本书在保持各方程校准项不变的情况下，对模型参数进行变化，并重复模型的复制过程，将得到的基期内生变量的模拟值与使用原参数得到的模拟值进行对比。在模型所有参数同时增加 1%、2.5%、5% 以及同时减小 1%、2.5%、5% 的情况下，模型的稳健性检验结果如表 4-15 所示。

采用研究结果的最大值和最小值作为模型参数，在中位基本方案的基础上进行模拟，并将模拟结果与中位基本模拟方案的模拟结果进行对比（见表 4-15）。稳健性检验结果显示，模型参数同时增加或减少 1% 时，世界玉米价格的模拟结果会在原参数的基础上变化 3.5% 左右，中国玉米产量模拟值将变化 1.5% 左右，中国玉米需求量将会变化 2% 左右；模型参数同时增加或减少 2.5% 时，世界玉米价格的模拟结果会在原参数的基础上变化 9% 左右，中国玉米产量模拟值将变化 4% 左右，中国玉米需求量将会变化 5% 左右；模型参数同时增加或减少 5% 时，世界玉米价格的模拟结果会在原参数的基础上变化 15%~20% 左右，中国玉米产量模拟值将变化 8% 左右，中国玉米需求量将会变化 10% 左右。

表 4-15　世界玉米供求模型的稳健性检验结果　　单位:%，万吨

	世界玉米价格	与基期相比变化率	中国玉米产量	与基期相比变化率	中国玉米需求量	与基期相比变化率
原参数	100.00	—	20561.41	—	21076.68	—
所有参数增加1%	103.73	3.73%	20894.67	1.62%	21522.82	2.12%
所有参数增加2.5%	109.81	9.81%	21423.45	4.19%	22221.25	5.43%
所有参数增加5%	121.37	21.37%	22388.93	8.89%	23468.20	11.35%
所有参数减小1%	96.50	-3.50%	20242.60	-1.55%	20645.49	-2.05%
所有参数减小2.5%	91.64	-8.36%	19789.74	-3.75%	20025.59	-4.99%
所有参数减小5%	84.46	-15.54%	19096.43	-7.12%	19060.03	-9.57%

资料来源：笔者模拟结果。

上述稳健性检验表明，当模型所有参数同时变化小于2.5%时，模型模拟结果的偏差小于10%，表明模型的稳健性较好；当模型所有参数同时变化5%左右时，模型模拟结果的偏差可能大于15%，表明模型将可能出现一定程度的偏差。

第五章 世界玉米供求模型的模拟结果与分析

为了模拟未来世界和中国的玉米供求形势,本书构建了世界玉米供求模型,并设置了不同的模拟方案。本部分分别对基本模拟方案、气候变化模拟方案和政策模拟方案的模拟结果分析,重点分析主要年份不同模拟方案下世界玉米价格、世界玉米产量和中国玉米供求形势的变化。本部分首先对世界玉米模型模拟结果的精确度进行检验分析,其次分别对基本模拟方案、气候变化模拟方案和模拟方案的模拟结果进行分析说明。

第一节 模拟方案的设定

针对不确定的宏观经济变化形势、气候变化以及中国最新玉米政策的潜在影响,本书首先假定其他条件不变,设置了只考虑人口、经济因素中位、高位和低位增长的基本模拟方案,其次对气候变化设定模拟方案,最后设定了政策模拟方案,如表5-1所示。

表5-1 本书设置的模拟方案及其子方案

模拟方案分类	子方案
基本模拟方案	中位、高位、低位
气候变化模拟方案	RCP 2.6、RCP 8.5
政策模拟方案	玉米种植结构调整、"去库存"、玉米深加工限制政策及综合政策

一、基本模拟方案的设定

(一)基本模拟方案设定的宏观背景

中国经济已经进入"新常态",世界经济下行压力也逐渐增大,大宗商品价格下跌,不确定性因素不断增多,世界和中国的宏观经济环境充满挑战(刘伟,2014)。

第一,世界经济下行压力逐渐增大。在发达经济体,温和、不均衡的复苏预计将继续下去,而新兴市场和发展中经济体的增长已经连续第五年下滑(IMF,2016)。此外,中东地区冲突等一系列政治因素也给世界经济增加了更大的变数,这些都使未来世界经济不确定性加剧。

第二,世界大宗商品在2013~2015年大幅下跌,加大了通货紧缩的风险,也使中国农产品价格政策受到重大冲击。其中,世界石油价格在2015年下跌了41.7%;大米、小麦、大豆和其他谷物价格的跌幅也均在2013~2015年超过了20%,如表5-2所示。

表5-2 世界石油和主要谷物价格同比变化率 单位:%

年份	石油	大米	小麦	大豆	其他谷物
2013	-2.8	-10.5	5.5	-13.8	-33.1
2014	-8.7	-19.8	-10.2	-15.9	-13.0
2015	-41.7	-16.4	-16.4	-9.3	-7.0

资料来源:OECD(2015)、IMF(2016)。

第三,中国GDP自1978年以来一直保持持续快速发展。除1989年、1990年等极个别年份,中国GDP增长率一直处于较高位置,通常在9%以上。中国GDP从1978年的3645.2亿元增加到2012年的518214.75亿元;如果考虑通胀因素,2012年的GDP指数(1978年=100)达到2422.7(国家统计局,2015)。但2012年以来,中国GDP的年增长率开始呈现下降趋势,2015年中国GDP增长率已降至6.9%(国家统计局,2016)。在经济"新常态"下,中国主要宏观经济指标均呈现新的特征,主要体现为产能过剩、债务风险加大、城镇化转型、金融乱象丛生等(李扬和张晓晶,2015)。

第四,中国人口不断增加,但老龄化趋势明显。中国人口数量从1978年的

第五章 世界玉米供求模型的模拟结果与分析

9.63亿增加到2014年的13.68亿,每年有近1000万规模的人口增加,这必然导致食物需求的刚性增长。同时,中国正在逐步进入老龄化阶段,中国65岁及以上人口占总人口的比重从2005年的7.7%增至2014年的10.1%(国家统计局,2015),中国人口结构的变动也会影响未来的食物需求。

第五,中国玉米价格形成机制改革已经启动,实施八年的临时收储政策在2016年3月被取消。根据模型的基本框架,基本模拟方案可以模拟分析临时收储政策的取消对世界和中国玉米市场的影响。

基于上述宏观背景,本书将人口与经济的基本模拟方案分为中位增长、高位增长和低位增长三个子方案。中位增长方案假定世界人口与经济的增长处于正常水平,高位增长方案和低位增长方案分别假定世界人口与经济的增长高于或低于正常预期。

(二)人均GDP

中国的经济正在进行再平衡调整,预期未来经济增速将进一步放缓(IMF,2016)。世界银行和国务院发展研究联合课题组(2013)预计,2011~2015年,中国GDP平均增速为8.6%,2016~2020年降至8%,2021~2025年降至5.9%,2026~2030年降至5%的水平;USDA(2012)预计,2012~2020年中国GDP增速在8%~8.9%变动;OECD-FAO(2012)预计,2012~2021年中国GDP增速在6.8%~9.5%的范围变动。但实际上,中国GDP的增长率已经低于上述机构的预期。2015年,中国GDP同比增长6.9%(国家统计局,2016),GDP和人均GDP同比增长率均处于下滑态势,如图5-1所示。

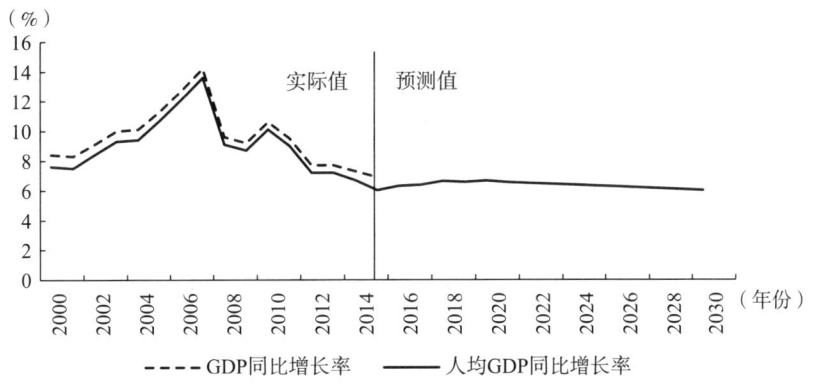

图5-1 2000~2030年中国GDP和人均GDP同比增长率

资料来源:国家统计局(2015)、美国国家统计局(2015)、国家统计局(2016)。

本书采用的人均 GDP 增长率的中位增长方案来自美国国家统计局（U. S. Census Bureau），其中世界其他国家的人均 GDP 增长率用非洲数据作为替代（见附表 19）。需要说明的是，中国 2013~2014 年的数据来自国家统计局（2015）。高位增长方案和低位增长方案的人均 GDP 增长率是分别在中位增长方案的基础上加（减）1% 得到的，见附录 3 和附录 4。其中，中国的人均 GDP 增长率将在 2015 年的基础上回升至 2020 年的 6.67%，然后逐步下降至 2030 年的 6.62%，如图 5-1 所示。

（三）汇率

本书所采用的各国兑美元汇率的中位增长方案来自 USDA（2016），其中 2012~2015 年的数据为实际值，来自美国联邦储备系统（2015）；假定世界其他国家使用美元，欧盟国家兑美元汇率为欧元兑美元汇率（附表 20）。汇率不设置高位和低位增长方案。2016~2025 年，人民币兑美元汇率处于贬值态势，预计 2025 年汇率为 6.42，之后转为升值态势，2030 年将达到 6.34，如图 5-2 所示。

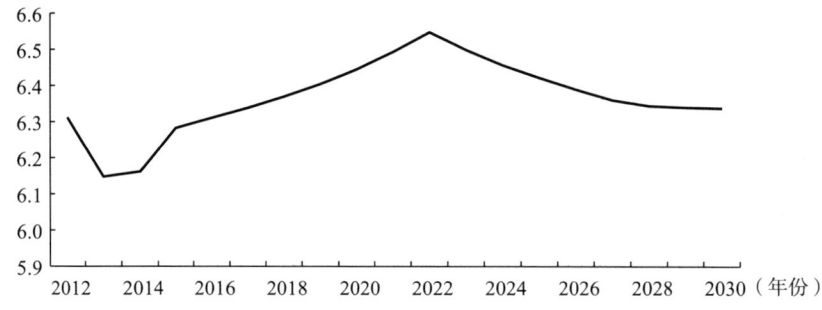

图 5-2　2012~2030 年人民币兑美元汇率中位基本模拟方案

资料来源：美国联邦储备系统（2015）、USDA（2016）。

（四）主要畜产品产量增长率

根据前文的模型结构，本书需要设定猪肉、牛肉、禽肉和奶类的产量增长率，各品种增长率的中位增长方案分别整理在附表 21 至附表 24。附表 21 至附表 24 的数据来自 OECD（2015），且假定 2025~2030 年的增长率等于 2024 年的增长率。高位增长方案和低位增长方案的畜产品产量增长率是分别在中位增长方案的基础上加（减）1% 得到的，见附录 3 和附录 4。未来，中国主要畜产品的产量将继续保持不断增长的趋势，但猪肉产量增速有可能放缓，如图 5-3 所示。

第五章 世界玉米供求模型的模拟结果与分析

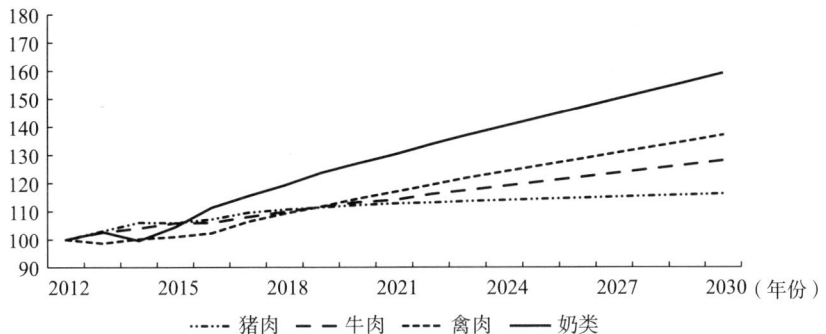

图 5-3　2012~2030 年中国主要畜产品产量增长率中位基本模拟方案

注：2012 年各类畜产品产量=100。

资料来源：OECD（2015）。

（五）主要商品实际价格增长率

本书假定世界石油、大米、小麦、大豆和其他谷物的实际价格均是外生变量。各商品实际价格增长率的中位增长方案来自 OECD（2015），且假定 2025~2030 年的增长率等于 2024 年的增长率（见附表 25）。其中，2013~2015 年的数据为实际增长率，数据来自 IMF（2016）；高位增长方案和低位增长方案的畜产品产量增长率是分别在中位增长方案的基础上加（减）1%得到的（2013~2015 年采用实际值），分别整理在附录 3 和附录 4。世界石油实际价格经过 2013~2015 年的持续下滑后，预计在 2016~2017 年继续走低，但从 2018 年开始可能有所回升；大米、小麦、大豆和其他谷物实际价格将在 2030 年前持续下跌，如图 5-4 所示。

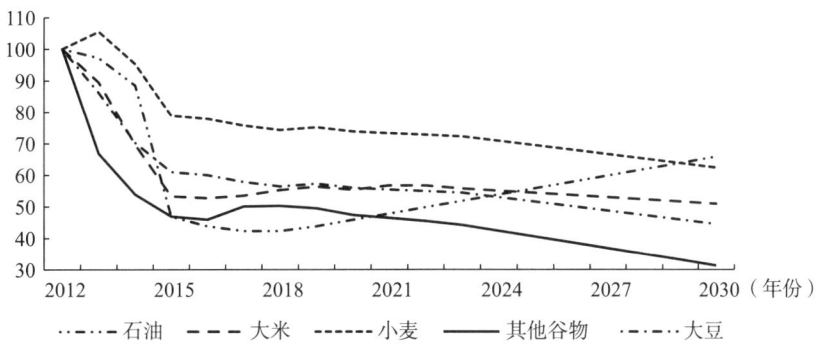

图 5-4　2012~2030 年世界主要商品实际价格增长率中位基本模拟方案

注：2012 年各类商品价格=100。

资料来源：OECD（2015）。

OECD（2015）认为，未来石油价格和主要农产品实际价格持续下降的主要原因是世界经济增速的放缓，但不排除剧烈的波动性因素导致价格在短期内出现暴涨的情况。在世界主要商品实际价格均可能出现大幅下跌的情况下，未来世界玉米和生物乙醇的实际价格预计也将保持类似的趋势。

因为2012~2015年的中国玉米价格设定为外生变量，因此，本书根据表3-12中各地区玉米临时收储价格均值和国家统计局（2015）的CPI数据计算了以2012年为基期的中国玉米实际价格指数①。2012~2015年的中国玉米实际价格指数分别为100、105.65、106.26和98.87。2016年3月起，临时收储政策取消，中国玉米价格由模型内生决定。因此，基本模拟方案也可以用来模拟中国玉米临时收储政策取消后，中国和世界玉米市场所受到的影响。

（六）库存变化量的增长率

本书假定玉米的库存变化量为外生变量，中位增长方案来自OECD（2015）并整理在附表26。高位增长方案是在中位增长方案的基础上减1%，低位增长方案是在中位增长方案的基础上加1%（见附录3和附录4）。

（七）人口增长率

以往有关中国人口的预测结果常常偏高，而且联合国的预测结果更接近实际值（陈永福等，2015）。因此，本书分别采用联合国（2015）的中位、高位和低位预测值作为人口的中位、高位和低位增长方案（见附表27、附录3和附录4）。从图5-5可以看出，2020年、2025年和2030年的中国人口总量的中位预测值分别为14.03亿人、14.15亿人和14.16亿人；2020~2030年，中国人口仍呈现不断增长趋势但增速明显放缓，并且可能从2028年起出现人口负增长。

因为中国玉米人均食用需求量的计算过程中需要用到城镇人口和农村人口，因此，本书采用联合国（2014）的中国城镇化率预测值将中国人口分为城镇和农村两部分。联合国（2014）预计2020年、2025年和2030年的中国城镇化率分别为61.0%、65.4%和68.7%，其对应的城镇人口数量分别为8.6亿人、9.3亿人和9.7亿人，农村人口数量分别为5.5亿人、4.9亿人和4.4亿人（见图5-5）。需要说明的是，不同方案下各国2012~2014年的人口数据均为实际值，数据来自世界银行（2015）。

---

① 若无特殊说明，本书所模拟的价格均为实际价格。

第五章 世界玉米供求模型的模拟结果与分析

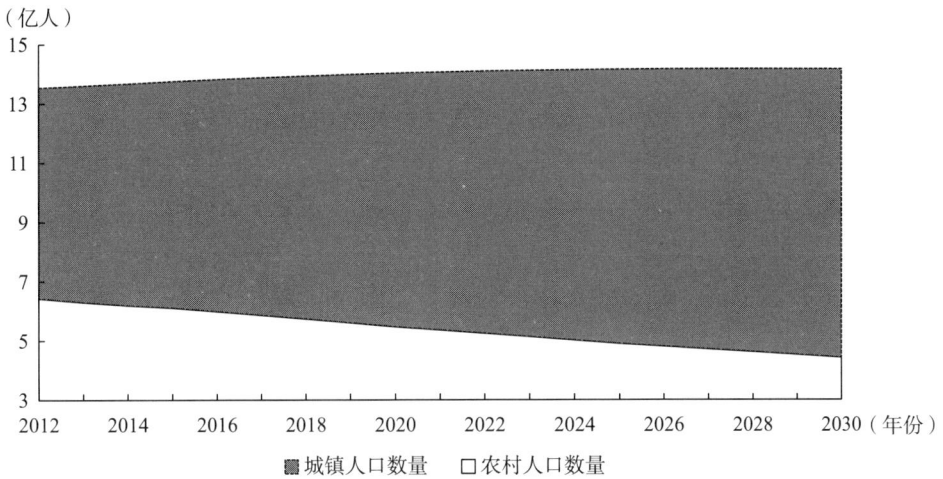

图 5-5　2012~2030 年中国人口数量中位基本模拟方案

资料来源：联合国（2014，2015）。

二、气候变化模拟方案的设定

本书根据政府间气候变化专门委员会第五次报告（the Fifth Assessment Report of the Intergovernmental Panel on Climate Change，IPCC AR5）的预测结果。IPCC 的气候预测数据在气候变化相关研究中得到广泛应用（Calzadilla 等，2013；Chen，2013；Marshall 等，2015）。IPCC AR5 提供了 4 种具有代表性的未来气候变化模拟方案，分别为 RCP 2.6、RCP 4.5、RCP 6.0 和 RCP 8.5（Stocker，2014）。其中，RCP 为典型浓度路径（Representative Concentration Pathways），后面的数字表明 2100 年相对于 1750 年的辐射强迫。如 RCP 8.5 代表大气辐射强迫为 8.5 瓦特/平方米。

本书选择 RCP 2.6 和 RCP 8.5 两种模拟方案的中位子方案。这两种模拟方案利用 CMIP5 模型对以下区域的气温和降水情况进行了预测：阿拉斯加/加拿大西北地区、加拿大东部/格陵兰岛/冰岛地区、北美中部地区、北美东部地区、中美洲/墨西哥地区、亚马孙地区、巴西东北地区、南美西海岸地区、南美东南地区、北欧地区、中欧地区、南欧/地中海地区、撒哈拉地区、西非地区、非洲南部地区、北亚地区、西亚地区、中亚地区、青藏高原地区、东亚地区、南亚地区、东南亚地区、澳大利亚北部地区和澳大利亚南部/新西兰地区（Stocker，2014）。预测时间范围包括2016~2035年、2046~2065年和2081~2100年（Stocker，2014）。

本书在2016~2035年预测数据的基础上进行了以下处理：第一，根据各国（或地区）所在的区域位置分别将各国与26个区域进行对应，得到各国2016~2035年的气候变化数据。其中，中国、日本和韩国对应东亚地区，墨西哥对应中美洲/墨西哥地区，世界其他国家为26个地区的均值，欧盟对应中欧地区，美国为北美中部地区和北美东部地区的均值，阿根廷和巴西对应地区，乌克兰对应中欧地区，印度对应南亚地区，俄罗斯对应北欧地区。第二，将2016~2035年的气温和降水变化值平均分配至各年份，由此得到2016~2030年各年度的气温和降水变化情况，同时假定2013~2015年的气温和降水变化与2016~2030年各年度的气温和降水变化相同。

基于上述处理，可以得到各国（或地区）2013~2030年RCP 2.6和RCP 8.5模拟方案的年度气温和降水变化数据，整理在附录5。需要说明的是，气候变化模拟方案基于中位增长基本模拟方案，模拟结果也将与中位增长基本模拟方案的模拟结果进行对比。因此，2020年和2030年气候变化模拟方案的模拟结果建立在中国取消临时收储政策的基础之上。

需要进一步说明的是，在不同国家或地区内部，气候变化的方向和幅度均有所差异（Lobell等，2011；Chen等，2013）。但受数据所限，本书只能忽略不同国家和地区内部的气候变化差异，26个区域的气候变化数据的使用在一定程度上可能会存在误差。此外，如第四章所述，本书采用的是单独的气温和降水变量，受参数获取难度所限，没有考虑气温与降水的交互效果，也没有考虑二氧化碳浓度等农学生产模型常用的变量，因此，本书的气候变化模拟可能还存在进一步优化的空间。

三、政策模拟方案的设定

根据第四章的分析，中国玉米价格形成机制改革、玉米种植结构调整和去库存将成为下阶段中国政府的政策重点，同时中国的玉米深加工限制政策也可能因为玉米去库存政策的推进而存在一定的不确定性。中国玉米价格形成机制改革已经启动，实施八年的临时收储政策在2016年3月被取消。考虑到目前中国玉米价格远高于世界市场价格，因此，中国玉米价格市场化的结果必然是玉米价格下降，向国际玉米市场价格靠拢。如上文所述，该政策对中国和世界玉米市场的影响可以根据基本模拟方案的模拟结果进行分析。因此,本书重点模拟玉米种植结构调整、去库存和玉米深加工限制政策对中国和世界玉米市场的影响,各方案主要框架如表 5-3 所示。需要说明的是,政策模拟方案均建立在中位基本模拟方案的基础上,即 2020 年和 2030 年政策模拟方案的模拟结果以中国取消临时收储政策为前提。

表 5-3 政策模拟方案的设定框架

方案名称	中位基本方案	玉米种植结构调整	去库存政策	深加工限制政策
若玉米价格市场化改革可以实现玉米种植面积调减的政策目标				
去库存政策	√		√	
深加工限制政策	√			√
综合政策	√		√	√
若玉米价格市场化改革不能实现玉米种植面积调减的政策目标				
玉米种植结构调整	√	√		
去库存政策	√		√	
深加工限制政策	√			√
综合政策 A	√	√		√
综合政策 B	√		√	√
综合政策 C	√	√	√	√
综合政策 D	√	√	√	√

(一) 玉米种植结构调整政策模拟方案

调减玉米种植面积的玉米种植结构调整方案已由农业部发布并开始实施,2016 年 1 月 11 日,农业部提出到 2020 年,调减玉米 5000 万亩(333.3 万公顷)(农业部,2016)。2016 年 2 月 18 日,农业部提出 2016 年的政策目标是调减 1000 万亩(66.7 万公顷)以上的玉米面积(曾衍德,2016)。

该政策的实施建立在玉米价格市场化改革的基础上。根据微观的农户供给反应理论,玉米的种植面积与价格因素密切负相关(Rozelle 和 Huang,2000;陈永福,2004;Yu,2012)。因此,如果实现中国玉米价格与世界玉米价格的接轨,理论上中国玉米的种植面积将呈现下降趋势,但能否实现政府的政策目标尚不得而知。因此,本书首先基于中位基本模拟方案判断在中国玉米价格市场化的条件下,世界和中国玉米价格的变化及其对中国玉米种植面积的影响,分析市场因素能否实现玉米种植面积调减的政策目标。

第一，若中国玉米价格市场化改革可以实现中国玉米种植面积调减的政策目标，则政府可以利用市场手段完成供给侧改革。在此背景下，本书以基本模拟方案的模拟结果为基础进行分析，不再额外设定玉米种植结构调整政策的模拟方案。

第二，若中国玉米价格市场化改革无法实现玉米种植面积调减的政策目标，则政府需要通过政策诱导、行政命令等非市场手段对中国玉米市场进行干预。基于农业部的调减玉米生产面积政策，本书设定2016~2030年中国玉米播种面积为外生变量，玉米播种面积在2015年播种面积的基础上每年减少66.7万公顷，且2021~2030年的玉米播种面积稳定在2020年的数值，以分析玉米种植面积调减的完全实现对世界和玉米供求的影响。需要说明的是，将中国玉米播种面积设定为外生变量存在较强的假定，即政府可以通过政策手段完成政策目标，但在政府政策措施尚不明确的情况下，本书的这种假定处理可用于分析政策目标达成时的世界和中国玉米供求形势变动趋势。

（二）"去库存"政策模拟方案

玉米"去库存"政策也将成为政府的政策重点，但尚无具体措施出台，因此本书对中国玉米"去库存"政策进行假定，并对其政策效果进行模拟。

目前，中国玉米等粮食的库存消费比已经远远高于国际公认的粮食安全最低库存消费比的17%~18%。假定2015年末中国玉米的库存为1.05亿吨（Shull，2016），玉米需求量为2亿吨（见表3-14），且政策目标是库存消费比达到20%，那么中国玉米库存需要减少的数量约为6000万吨。

考虑到政府"去库存"行为的未知性和不确定性，本书不对"去库存"的具体做法做深入讨论，重点分析假定"去库存"政策能够顺利实施，该政策将对世界和中国玉米供求产生怎样影响。参考玉米种植面积调减政策所采用的循序渐进的政策手段，本书假定中国玉米库存在2016~2025年减少6000万吨，每年减少600万吨，且2026~2030年不新增玉米库存。

此外，根据经济学理论，中国的抛库存行为将会压低玉米价格，受该政策影响，较低的玉米价格也将减少玉米的种植面积。因此，本书在分析"去库存"政策的模拟方案时也将对该政策对减少玉米生产面积的影响做进一步说明。

（三）深加工限制政策模拟方案

目前，中国政府的玉米深加工调控目标是将玉米深加工用粮规模占玉米消费总量的比例控制在26%，考虑到计算玉米国内消费总量时需要用到玉米工业需求这一指标,因此,本书将现有政策目标改为"将玉米深加工用粮规模占玉米产量的比例控制在30%"。该模拟方案的设定依据为2007年以来中国政府的一系列政策已经对玉米加工需求的控制产生了明显效果(见图3-18),因此可以认为,中国政府具有对玉米加工需求的调控能力,能够通过一定政策手段实现其调控目标。

深加工限制政策模拟方案的设置方式如下:第一,计算玉米工业加工需求量占玉米产量的比重,并判断该比重是否超过30%;第二,如果该比重超过30%,则将玉米工业加工需求量设定为外生变量,且将其值设定为玉米产量的30%;如果该比重未超过30%,则玉米工业加工需求量仍为内生变量,其值为模型计算得到的数值。

(四)综合政策模拟方案

考虑到政策的综合性和复杂性,本书在设定综合政策模拟方案时同样考虑中国玉米价格市场化改革是否可以实现中国玉米种植面积调减的政策目标。若中国玉米价格市场化改革可以实现中国玉米种植面积调减的政策目标,那么综合模拟政策方案设定为"综合政策:'去库存'+深加工限制";若中国玉米价格市场化改革不能实现中国玉米种植面积调减的政策目标,那么本书在玉米种植结构调整、"去库存"和深加工限制三个政策模拟方案的基础上组合出四个综合政策子模拟方案①,分别为"综合政策A:玉米种植结构调整+深加工限制","综合政策B:玉米种植结构调整+'去库存'","综合政策C:'去库存'+深加工限制",以及"综合政策D:玉米种植结构调整+'去库存'+深加工限制"。通过不同政策组合的模拟,可以为政府政策组合的选择提供定量基础。如表5-3所示。

第二节 基本模拟方案的模拟结果与分析②

一、世界玉米供求模型模拟结果的精确度

首先,世界玉米供求模型的校准与复制过程已经证明,世界玉米供求模型能

---

①② 完整的基本模拟方案模拟结果整理在附录6。

够准确模拟各内生变量的基期数值,能够稳定地复制,表明世界玉米供求模型具有良好的可靠性。为了进一步检验世界玉米供求模型的精确度,本书将中位基本模拟方案得到的 2013 年和 2014 年的主要变量模拟值和实际值进行对比,通过构建平均绝对百分误差(Mean Absolute Percentage Error,MAPE)和希尔不等系数(Theil IC)两个指标对模拟结果的可靠性进行定量检验。需要说明的是,本书采用局部均衡模型对世界玉米供求形势进行展望的目的是体现变量的中长期变化趋势,变量的短期波动并不是本书的关注点,因此,本书并不完全追求短期预测的精度。本书的可靠性主要通过校准过程进行体现,MAPE 和 Theil IC 两个指标仅提供模型可靠性的参考。

MAPE 和 Theil IC 是两个常用于检验模拟预测精度的指标(孔祥智等,2009;陈永福等,2012)。MAPE 和 Theil IC 的计算公式分别为:

$$MAPE = \frac{1}{n}\sum_{i=1}^{n}\left(\frac{|X_i - \hat{X}_i|}{X_i}\right) \times 100\% \tag{5-1}$$

$$Theil\ IC = \frac{\sqrt{\frac{1}{n}\sum_{i=1}^{n}(X_i - \hat{X}_i)^2}}{\sqrt{\frac{1}{n}\sum_{i=1}^{n}X_i^2} + \sqrt{\frac{1}{n}\sum_{i=1}^{n}\hat{X}_i^2}} \tag{5-2}$$

式中,X_i 为实际值,$\hat{X}_i$ 为模拟值,n 为预测区间值(本书中 $n=2$)。MAPE 代表模拟值偏离实际值的百分比,若 $MAPE<10$,表明预测准确度非常好;若 $10<MAPE<20$,表明预测准确度较好(Thury 和 Witt,1998;陈永福等,2012)。Theil IC 的值介于 0 和 1 之间,Theil IC 越接近于 0,表明模拟准确度越高(陈永福等,2012)。

因为各国玉米需求量均为经平衡表调整过的数值,其真实值无法获取,因此本书选择世界玉米价格,世界生物乙醇价格,各国玉米的产量、单产、播种面积和净进(出)口量,各国生物乙醇的产量、国内需求量和净进(出)口量等 61 个变量的模拟预测精度进行检验。2012 年和 2013 年的世界玉米价格来自 IMF(2015),世界生物乙醇价格来自 OECD - FAO(2015),各国玉米的产量、单产、播种面积数据来自 FAO(2015),各国玉米净进(出)口量来自 USDA(2015),各国生物乙醇的产量和国内消费量来自 OECD - FAO(2015)。

检验结果显示,在 61 个主要变量的模拟结果中,有 34 个变量的 MAPE 小于 10,占全部变量的 55.7%;有 46 个变量的 MAPE 小于 20,占全部变量的

第五章 世界玉米供求模型的模拟结果与分析

75.4%；61个变量的Theil IC平均值为0.19（具体的检验结果整理在附录6）。检验结果表明，本书的世界玉米供求模型的模拟精度较好。结合模型的校准和复制过程，本书的世界玉米供求模型可以较为准确地反映各变量的中长期变化趋势。

二、基本模拟方案下世界玉米价格和产量的模拟结果

在中国从2016年起取消玉米临时收储政策的背景下，如果相关国家宏观经济和人口处于中位和低位增长状态，未来世界玉米价格仍将处于下滑趋势；如果经济环境和人口增长处于较高的水平，世界玉米价格将呈现先下降后上升的趋势，如表5-4所示。中位基本模拟方案的模拟结果显示，2020年和2030年世界玉米价格分别为2012年的40.78%和35.70%；低位基本模拟方案的模拟结果显示，2020年和2030年世界玉米价格分别比2012年下降64.90%和76.50%；高位基本模拟方案的模拟结果显示，2020年和2030年世界玉米价格将分别为2012年的47.22%和49.61%。中位和高位基本模拟方案下，世界生物乙醇价格将呈现先下降后上升的趋势；低位基本模拟方案下，世界生物乙醇价格降至41%后保持基本稳定。

表5-4 基本模拟方案下世界玉米供求变化趋势   单位:%，万吨

模拟方案	世界玉米价格	世界生物乙醇价格	世界玉米产量	中国玉米产量	中国玉米需求量	中国玉米净进口量	中国玉米生产者价格指数
基期（2012年）	100.00	100.00	87268.71	20561.41	21076.68	515.27	100.00
中位方案							
2020年	40.78	47.12	102787.65	20414.64	21618.88	1204.24	39.36
2030年	35.70	55.43	126398.51	23112.63	25157.45	2044.83	33.40
低位方案							
2020年	35.10	41.86	101138.18	20049.39	21003.80	954.40	33.34
2030年	23.50	41.04	128665.38	23023.17	23887.30	864.12	20.70
高位方案							
2020年	47.22	52.64	104636.71	20800.80	22259.84	1459.04	46.18
2030年	49.61	70.35	126922.56	23425.93	26562.19	3136.26	47.90

资料来源：笔者模拟结果。

根据本章第一节的论述,世界玉米和生物乙醇价格继续下滑的结果可能主要来自世界经济增速放缓、世界主要商品价格持续下滑的宏观背景。根据模拟方案,2020年的世界石油价格是2012年的45.83%,世界大米、小麦和大豆价格分别是2012年的55.36%、73.83%和55.99%。在此背景下,本书的世界玉米和生物乙醇价格模拟结果具有一定的合理性。

世界玉米价格的继续下滑可能产生三方面影响:第一,持续走低的玉米价格将在很大程度上影响农民的种粮积极性和收入水平,但较低的价格有利于饲料、加工等下游产业的发展;第二,世界和中国玉米价格的下降将为中国调整玉米种植结构,减少玉米种植面积提供一定的市场基础;第三,在世界和中国玉米价格不断下降的情况下,中国的库存玉米的抛售将遇到较强阻力或较大经济损失,中国玉米的"去库存"形势将更为严峻。

在中位、低位和高位基本模拟方案下,世界玉米产量均呈现不断增长的趋势①(见图5-6、图5-7和图5-8)。其中,在中位基本模拟方案下,世界玉米种植面积也呈先下降后上升趋势,世界玉米平均单产呈不断提高的趋势,世界玉米产量将从2012年的8.7亿吨增至2020年的10.3亿吨,并在2030年达到12.6亿吨(见表5-4和图5-6)。在中位基本模拟方案下,2012~2030年,世界玉米产量的年均增长率为2.08%,低于1994~2012年的年均增长率(2.65%),表明世界玉米产量的增速将有所放缓。

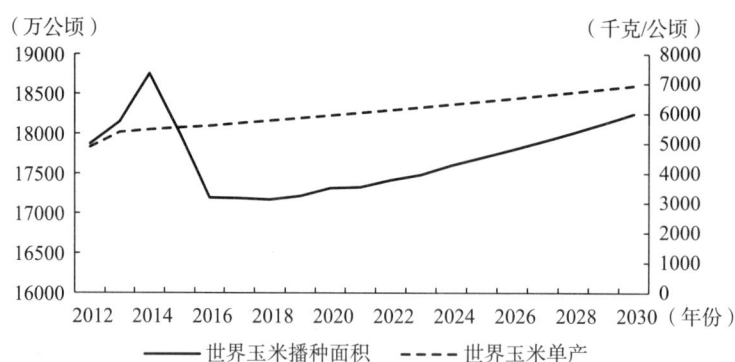

图5-6　2012~2030年世界玉米播种面积和单产的中位基本模拟方案模拟结果

资料来源:笔者模拟结果。

---

① 模拟时,分别得到各国数据。本书将各国数据进行加总,得到各变量的世界汇总数据,下同。

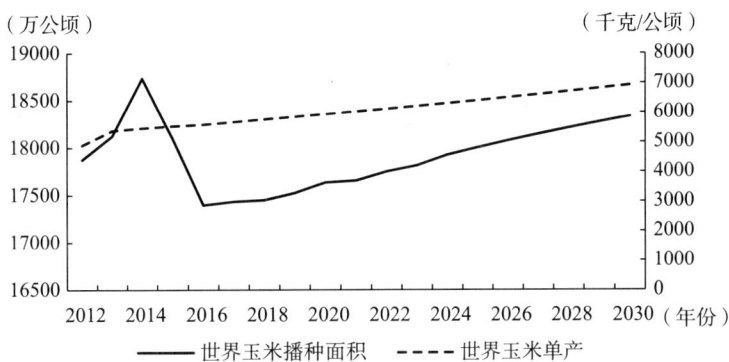

图 5 – 7　2012~2030 年世界玉米播种面积和单产的高位基本模拟方案模拟结果

资料来源：笔者模拟结果。

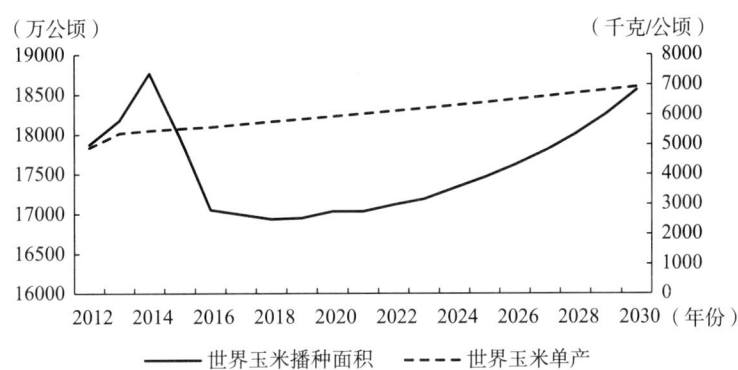

图 5 – 8　2012~2030 年世界玉米播种面积和单产的低位基本模拟方案模拟结果

资料来源：笔者模拟结果。

三、基本模拟方案下中国玉米供求的模拟结果

基本模拟方案的模拟结果显示，取消玉米临时收储政策后，中国玉米生产者价格呈下降趋势，产量基本保持稳定，但需求量呈明显增长趋势，净进口量也将有不同程度扩大（见表 5 – 4）。如果中国经济处于中位增长的状态，2020 年中国玉米生产者价格是 2012 年的 39.36%，中国玉米产量将达到 2.04 亿吨，比 2012 年减少 0.8%；2020~2030 年，玉米产量将继续增长，2030 年达到 2.31 亿吨。中国玉米需求量将从 2012 年的 2.11 亿吨增至 2020 年的 2.16 亿吨和 2030 年的

2.52亿吨。玉米净进口量将从2012年的515.3万吨增至2020年的1204万吨，2030年进一步增至2045万吨，如图5-9所示。

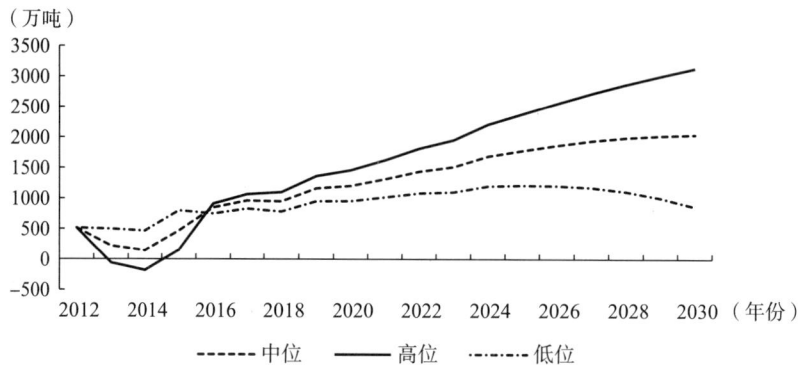

图5-9 2012~2030年中国玉米净进口量的基本模拟方案模拟结果

资料来源：笔者模拟结果。

如果中国经济处于低位增长态势，中国玉米生产者价格的降幅高于中位方案的模拟结果，中国玉米产量和需求量的增幅均小于中位基本模拟方案的模拟结果（见表5-4）。2020~2030年，中国玉米产量将从2.00亿吨增至2.30亿吨，增长15%；需求量从2.10亿吨增至2.39亿吨，增长14%；玉米净进口量将从2012年的515.3万吨增至2020年的954.4万吨，随后下降至2030年的864.12万吨，但仍然高于2012年的进口量。

在高位增长基本模拟方案下，中国玉米生产者价格的降幅低于中位方案的模拟结果，中国玉米供求和净进口量增速均高于中位方案的模拟结果（见表5-4）。2020年，高位增长方案下的中国玉米产量和需求量分别为2.08亿吨和2.23亿吨；2030年，中国玉米产量将达到2.34亿吨，比2012年增长14.3%，玉米需求量将达到2.66亿吨，比2012年增长26%。2020年和2030年中国玉米的净进口量分别为1459万吨和3126万吨。

与现有模拟结果相比，本书的中位基本模拟方案考虑了世界市场并引入了生物乙醇因素，本书的中位基本模拟方案的模拟结果基本处于现有模拟结果中位数的水平（见表5-5）。其中，本书中位基本模拟方案下的2020年中国玉米产量和需求量均低于现有研究中位数，玉米净进口量低于现有研究中位数452万吨。

表 5-5 本书与现有研究 2020 年中国玉米
供求模拟结果的对比

单位：万吨

	中国玉米产量	中国玉米需求量	玉米净进口量
本书中位基本方案模拟结果	20415	21619	1204
现有模拟结果中位数	21017	23611	1656
现有模拟结果最大值	24900	27786	5700
现有模拟结果最小值	14297	16844	326

资料来源：笔者模拟结果，表 3-19 中的相关文献。

具体分析中国玉米产量和需求量的构成可以发现，首先，在基本模拟方案下，未来中国玉米产量的快速增长主要来自单产的迅速增加（见表 5-6）。2012 年玉米单产为 5869.7 千克/公顷，在技术进步的推动下，2030 年预计将达到 7021.01 千克/公顷，增长 19.6%。随着玉米价格的下降，中国玉米播种面积将不断减少。在中位增长水平下，2030 年中国的玉米播种面积将从 2012 年的 3502.98 万公顷减少至 3291.92 万公顷，降幅为 6%；与取消临时收储政策之前的 2015 年（4013.74 万公顷）相比，降幅达到了 18%。高位和低位增长水平下，2030 年中国的玉米播种面积分别为 3279.18 万公顷和 3336.55 万公顷，与基期相比降幅分别为 6.4% 和 4.8%。

表 5-6 基本模拟方案下中国玉米产量和需求量的构成

单位：千克/公顷，万公顷，万吨，%

	单产	播种面积	饲料需求	饲料需求所占比重	工业加工需求	工业加工需求所占比重
基期（2012 年）	5869.69	3502.98	11061.38	59.03	5981.73	31.92
中位方案						
2020 年	6356.03	3211.85	11927.07	54.91	7839.71	36.09
2030 年	7021.01	3291.92	12805.91	50.79	10226.75	40.56
低位方案						
2020 年	6356.03	3154.39	11429.16	54.18	7672.51	36.37
2030 年	7021.01	3279.18	11721.03	48.96	9868.57	41.22
高位方案						
2020 年	6356.03	3272.61	12410.62	55.47	8000.86	35.76
2030 年	7021.01	3336.55	13828.37	51.93	10618.34	39.88

资料来源：笔者模拟结果。

其次，中国玉米的饲料需求和工业加工需求量均呈现持续增长的趋势，但工业加工需求量的增幅更为明显（见表5-6）。基本模拟方案下，工业加工需求占玉米国内需求的比重呈不断上升趋势，且均超过政府现有的调控目标。其中，中位基本模拟方案下，2020年和2030年工业加工需求占玉米国内需求的比重分别为36.09%和40.56%，分别比基期增加4.17%和8.64%；低位和高位基本模拟方案下，2030年工业加工需求占玉米国内需求的比重分别为41.22%和39.88%。

未来，中国玉米的饲料需求量同样不断增加，且始终是中国玉米需求的最大来源，但饲料需求占玉米国内需求的比重呈下降趋势。饲料需求的增长源自畜产品需求量的增加，中位增长方案下，中国玉米的饲料需求量将在未来的15年增长1700万吨左右，2030年达到1.28亿吨，占玉米国内需求的比重将达到50.79%。在经济增速较快的情况下，玉米饲料需求量及其在玉米国内需求中所占比重均有所提高，2030年玉米饲料需求量将达到1.38亿吨，玉米饲料需求在玉米国内需求中的比重达到51.93%；如果经济处于低位增长状态，2030年玉米饲料需求量为1.17亿吨，玉米饲料需求在玉米国内需求中的比重为48.96%，均低于中位基本模拟方案下的模拟结果。

此外，随着人口的增长，中国玉米的食用需求也将有小幅增长，但食用需求占玉米国内需求的比重将基本维持在4.5%左右；种用需求和损耗占玉米国内需求的比重也将基本维持在5%左右。

第三节　气候变化模拟方案的模拟结果

根据第三章和第四章的分析，气候变化主要影响玉米单产进而使世界玉米供求形势发生变化。气候变化模拟方案建立在中位增长基本模拟方案的基础上。

在RCP 2.6和RCP 8.5的气候变化模拟方案下，世界玉米和生物乙醇价格以及中国玉米生产者价格只受到很小的影响（见表5-7）。与中位增长基本模拟方案相比，2020年，气候变化因素对世界玉米价格无明显影响，2030年气候变化将使世界玉米价格在中位增长模拟结果的基础上下降0.01%。气候变化模拟方案下，2020年，世界玉米产量在中位增长模拟结果的基础上减少1万吨左右，2030年，世界玉米产量在中位增长模拟结果的基础上增加1万吨左右；2020年和

第五章 世界玉米供求模型的模拟结果与分析

2030年中国玉米产量略低于中位增长模拟结果，中国玉米需求量略高于中位增长模拟结果；2020年和2030年中国玉米净进口量基本等于中位增长基本模拟方案的模拟结果，如图5－10所示。

表5－7 气候变化下世界玉米供求变化趋势　　　单位:%，万吨

	世界玉米价格	世界生物乙醇价格	世界玉米产量	中国玉米产量	中国玉米需求量	中国玉米净进口量	中国玉米生产者价格指数
基期（2012年）	100.00	100.00	87268.71	20561.41	21076.68	515.27	100.00
中位基本方案							
2020年	40.78	47.12	102787.65	20414.64	21618.88	1204.24	39.36
2030年	35.70	55.43	126398.51	23112.63	25157.45	2044.83	33.40
RCP2.6							
2020年	40.78	47.12	102788.51	20414.53	21618.92	1204.39	33.34
2030年	35.69	55.43	126399.63	23112.56	25157.48	2044.92	20.70
RCP8.5							
2020年	40.78	47.12	102788.51	20414.53	21618.92	1204.39	46.18
2030年	35.69	55.43	126399.63	23112.56	25157.48	2044.92	47.90

资料来源：笔者模拟结果。

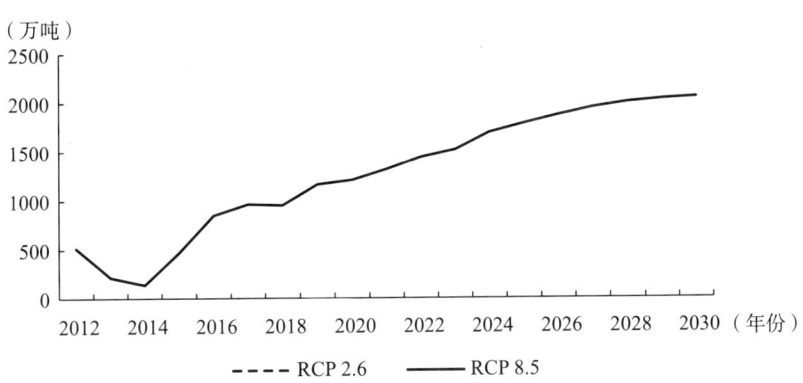

图5－10　2012~2030年中国玉米净进口量的气候变化模拟方案模拟结果

资料来源：笔者模拟结果。

本书得到的气候变化对玉米供求影响较小的模拟结果主要由以下几方面原因造成：

第一，气候变化是一个漫长的过程，在气候变化的研究中，15年的预测周

期相对较短（气候变化一般以 30 年为一个周期），模拟方案显示各地区的气温和降水均只有少量变化，因此气候因素的影响不够明显。

第二，根据第四章的分析，气温升高会降低玉米单产，但降水增多会提高玉米单产。气候变化模拟方案中，未来中国处于气温增加降水也增加的态势，二者作用可能会相互抵消。

第三，技术进步对玉米单产的促进作用可以弥补由于气候变化造成的单产损失。

第四，本书忽略不同国家和地区内部的气候变化差异，采用单独的气温和降水变量、没有考虑气温与降水的交互效果，没有考虑二氧化碳浓度等农学生产模型常用的变量以及没有考虑农民可能的气候适应性等局限性也可能在一定程度上影响了模拟结果。

本书将气候变化引入世界玉米供求模型仍具有一定意义。首先，气候因素对玉米单产的影响已经得到普遍认可，如果忽略该因素将可能导致模型的模拟结果存在偏差；其次，气候变化因素的引入可以为更长期的模拟预测提供基础，也是未来进一步深入研究的方向之一。

第四节　政策模拟方案的模拟结果

基于世界玉米供求模型和本章第一节的政策模拟方案，本书模拟了"去库存"、深加工限制及其综合政策对世界和中国玉米供求的影响，结果如表 5-8 和表 5-9 所示，下面分别对各模拟结果进行分析。

表 5-8　政策模拟方案下世界玉米供求变化趋势　　单位：%，万吨

模拟方案	世界玉米价格	世界生物乙醇价格	世界玉米产量	中国玉米产量	中国玉米需求量	中国玉米净进口量	中国玉米生产者价格指数
基期（2012 年）	100.00	100.00	87268.71	20561.41	21076.68	515.27	100
中位方案							
2020 年	40.78	47.12	102787.65	20414.64	21618.88	1204.24	39.36
2030 年	35.70	55.43	126398.51	23112.63	25157.45	2044.83	33.40

续表

模拟方案	世界玉米价格	世界生物乙醇价格	世界玉米产量	中国玉米产量	中国玉米需求量	中国玉米净进口量	中国玉米生产者价格指数
"去库存"政策							
2020 年	40.40	46.97	102488.35	20359.43	21108.37	748.94	38.95
2030 年	35.72	55.45	126427.24	23117.56	25217.22	2099.66	33.43
深加工限制							
2020 年	39.41	46.57	101715.74	20216.55	19775.47	-441.08	37.91
2030 年	34.20	54.58	124742.57	22827.54	21644.37	-1183.16	31.85
综合政策:"去库存"政策+深加工限制							
2020 年	39.03	46.41	101409.05	20159.70	19240.19	-919.51	40.76
2030 年	34.23	54.60	124771.22	22832.49	21706.32	-1126.17	34.88

资料来源：笔者模拟结果。

表 5-9　政策模拟方案下中国玉米产量和需求量的构成

单位：千克/公顷，万公顷，万吨，%

模拟方案	单产	播种面积	饲料需求	饲料需求所占比重	工业加工需求	工业加工需求所占比重
基期（2012 年）	5869.69	3502.98	11061.38	59.03	5981.73	31.92
中位方案						
2020 年	6356.03	3211.85	11927.07	54.91	7839.71	36.09
2030 年	7021.01	3291.92	12805.91	50.79	10226.75	40.56
"去库存"政策						
2020 年	6356.03	3203.17	11927.07	54.94	7846.51	36.15
2030 年	7021.01	3292.62	12805.91	50.78	10226.13	40.55
深加工限制						
2020 年	6356.03	3180.69	11927.07	60.00	6064.97	30.51
2030 年	7021.01	3251.32	12805.91	59.01	6848.26	31.56
综合政策:"去库存"政策+深加工限制政策						
2020 年	6356.03	3171.74	11927.07	60.12	6047.91	30.48
2030 年	7021.01	3252.02	12805.91	59.00	6849.75	31.56

资料来源：笔者模拟结果。

全球化背景下中国玉米的供求、贸易与预测

一、玉米种植结构调整模拟方案下中国玉米供求的模拟结果

根据表5-4、表5-6和附录7可以发现，在取消临时收储政策的中位基本模拟方案下，中国玉米价格呈下降趋势，中国玉米播种面积也呈减少趋势。2020年，中国玉米播种面积比2015年减少801.9万公顷，明显高于中国政府调减玉米种植面积政策目标（333.3万公顷）。因此，中国的玉米价格市场化改革可以满足政府玉米种植结构调整的政策目标，本书不再单独分析玉米种植结构调整模拟方案下世界和中国玉米供求形势的变化。同时，因为玉米种植结构调整的模拟结果与中位基本模拟方案的模拟结果相同，因此在接下来的综合政策模拟分析中只分析"'去库存'+深加工限制"的综合政策模拟方案。

二、"去库存"政策模拟方案下中国玉米供求的模拟结果

（一）"去库存"政策模拟方案下世界玉米价格和产量的模拟结果

在中位基本模拟方案的基础上，假定中国玉米库存在2016～2025年减少6000万吨，每年减少600万吨，且2026～2030年不新增玉米库存，世界玉米价格同样呈现下降的趋势（见表5-8）。受中国"抛库存"的影响，2020年的世界玉米价格将比中位基本模拟方案的模拟结果低0.38%；2026～2030年，中国不新增玉米库存，世界玉米价格将逐渐接近中位基本模拟方案的模拟结果。"去库存"政策模拟方案下，2020年世界玉米产量（10.25亿吨）将低于中位基本模拟方案的模拟结果，2030年（12.64亿吨）则略高于中位基本模拟方案的模拟结果。

（二）"去库存"政策模拟方案下中国玉米供求的模拟结果

"去库存"政策模拟方案下，中国玉米生产者价格呈下降趋势，且2020年降幅高于中位基本模拟方案的模拟结果，2030年降幅略低于中位基本模拟方案的模拟结果，中国玉米产量呈现先下降后上升的趋势，但需求量和净进口量呈增长趋势（见表5-8）。2020年和2030年中国玉米生产者价格分别为2012年的38.95%和33.43%。2020年和2030年的世界玉米价格将分别为2012年的40.40%和35.72%。中国玉米产量将从2012年的2.06亿吨降至2020年的2.04亿吨，随后在2030年达到2.31亿吨。2020年中国玉米需求量与2012年基本持平，但低于中位增长模拟方案的模拟结果；2030年中国玉米需求量将增至2.52亿吨，略高于中位增长模拟方案的模拟结果。玉米净进口量将从2012年的515.3

万吨增至2020年的748.94万吨,低于中位增长模拟方案的模拟结果;2030年进一步扩大至2099.66万吨,高于中位增长模拟方案的模拟结果,如图5-11所示。

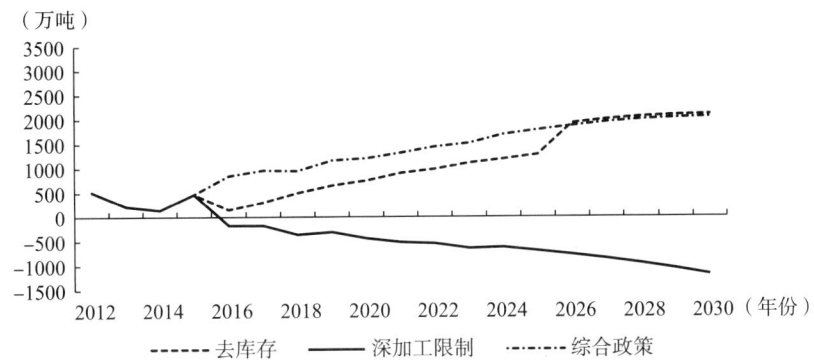

图5-11 2012~2030年中国玉米净进口量的政策模拟方案模拟结果

资料来源:笔者模拟结果。

"去库存"政策模拟方案下,2020年中国玉米播种面积从2012年的3502.98万公顷降至3203.17万公顷,略低于中位增长模拟方案的模拟结果;2030年达到3292.62万公顷,略高于中位增长模拟方案的模拟结果。外生的玉米单产模拟结果与中位增长模拟方案的模拟结果相同,2020年为6356.03千克/公顷,2030年中国玉米单产将达到7021.01千克/公顷,如表5-9所示。

需求结构方面,与中位增长模拟方案的模拟结果类似,中国玉米的饲料需求和工业加工需求量均呈现持续增长的趋势,但工业加工需求量的增幅更为明显(见表5-9)。工业加工需求占玉米国内需求的比重呈不断上升趋势,2020年和2030年工业加工需求量分别达到7846.51万吨和1.02亿吨;工业加工需求占玉米国内需求的比重在2020年和2030年分别为36.15%和40.55%,与中位增长模拟方案的模拟结果较为接近。外生的饲料需求量的模拟结果与中位增长模拟方案相同,2030年达到1.28亿吨,占玉米国内需求的比重将达到50.78%。

现有中国玉米库存主要集中在中储粮等国有或地方国企,其收储价格和成本较高。在未来玉米价格不断下滑的趋势下,政府很难做到利用市场手段实现大量玉米库存的消化。因此,政府可能通过补贴储粮企业或库存玉米的购买方,以实现玉米的"去库存"。在这种情况下,大量玉米库存的消化可能需要巨额的财政资金作为支撑，政府是否具有支付意愿和支付能力需要进一步评估。

（三）"去库存"政策模拟方案下中国生产者和消费者剩余变化

根据第五章的福利变化计算公式（4-31）和式（4-32）可以计算得到"去库存"政策模拟方案下中国生产者和消费者剩余变化。玉米"去库存"政策将使生产者剩余先减少后增加，使消费者剩余先增加后减少。"去库存"政策模拟方案下，2020 年生产者剩余为负值，为 $-3.33 \times E^{13}$ 个单位；2030 年生产者剩余为正值，为 $8.29 \times E^{11}$ 个单位。2020 年消费者剩余为正值，为 38264.27 个单位；2030 年生产者剩余为负值，为 -2865.91 个单位。因此，作为玉米生产者的农民的福利将在去库存政策实施初期受到一定程度损害，为了保障农民利益，政府应该采取一定措施对其进行利益补偿。

三、深加工限制政策模拟方案下中国玉米供求的模拟结果

（一）深加工限制政策模拟方案下世界玉米价格和产量的模拟结果

在中位基本模拟方案的基础上，假定中国将玉米深加工用粮规模占玉米产量的比例控制在30%，世界玉米价格同样呈现下降的趋势，且降幅大于中位基本模拟方案的模拟结果（见表5-8）。2020 年和 2030 年的世界玉米价格将分别为 2012 年的 39.41% 和 34.20%。深加工限制政策模拟方案下，2020 年和 2030 年世界玉米产量分别为 10.17 亿吨和 12.47 亿吨，均低于中位基本模拟方案的模拟结果。

（二）深加工限制政策模拟方案下中国玉米供求的模拟结果

深加工限制政策模拟方案下，中国玉米价格呈下降趋势，且降幅大于中位基本模拟方案的模拟结果，中国玉米产量和需求量呈现先下降后上升的趋势，中国将成为玉米的净出口国（见表5-8）。2020 年和 2030 年中国玉米生产者价格分别为 2012 年的 37.91% 和 31.85%。2020 年和 2030 年的世界玉米价格将分别为 2012 年的 39.41% 和 34.20%。2020 年中国玉米产量为 2.02 亿吨，比 2012 年低 345 万吨；2030 年达到 2.28 亿吨，略高于 2012 年的产量。受深加工限制政策的影响，2020 年中国玉米需求量在 2012 年的基础上减少 1301.21 万吨，达到 2.0 亿吨；2030 年中国玉米需求量将增至 2.16 亿吨，远低于中位增长模拟方案的模拟结果。2020 年中国可以实现玉米净出口 441.08 万吨，净出口量在 2030 年进一步扩大至 1183.16 万吨，如图 5-11 所示。

深加工限制政策模拟方案下，中国玉米播种面积从 2012 年的 3502.98 万公

顷降至2020年的3180.69万公顷和2030年的3251.32万公顷,略低于中位增长模拟方案的模拟结果。外生的玉米单产模拟结果与中位增长模拟方案的模拟结果相同,2020年为6356.03千克/公顷,2030年中国玉米单产将达到7021.01千克/公顷,如表5-9所示。

需求结构方面,中国玉米的饲料需求和工业加工需求量均呈现持续增长的趋势,但工业加工需求量受政策所限增幅较小(见表5-9)。2020年和2030年中国工业加工需求分别为6064.97万吨和6848.26万吨,工业加工需求占玉米国内需求的比重分别为30.51%和31.56%,远低于中位增长模拟方案的模拟结果。外生的饲料需求量的模拟结果与中位增长模拟方案相同,2030年达到1.28亿吨,占玉米国内需求的比重将保持在60%左右。

(三)深加工限制政策模拟方案下中国生产者和消费者剩余变化

根据第五章的福利变化计算式(4-31)和式(4-32)可以计算得到深加工限制模拟方案下中国生产者和消费者剩余变化。2020年和2030年生产者剩余均为负值,其中2020年为 $-1.17 \times E^{14}$ 个单位,2030年为 $-4.78 \times E^{13}$ 个单位。2020年和2030年消费者剩余均为正值,其中2020年为138339个单位,2030年为172990个单位。表明深加工限制政策会增加消费者剩余,减少生产者剩余,且2020~2030年生产者剩余的降幅和消费者剩余的增幅均呈扩大趋势。

四、综合政策模拟方案下中国玉米供求的模拟结果

在中位基本模拟方案的基础上,假定中国同时实施"去库存"和深加工限制政策,世界玉米价格呈现下降的趋势(见表5-8)。2020年和2030年的世界玉米价格将分别为2012年的39.03%和34.23%,分别比中位基本模拟方案的模拟结果低1.75%和1.47%。综合政策模拟方案下,2020年和2030年世界玉米产量分别为10.15亿吨和12.47亿吨,均低于中位基本模拟方案的模拟结果。

综合政策模拟方案下,中国玉米生产者价格呈下降趋势,但降幅小于中位基本方案的模拟结果,中国玉米产量和需求量均呈现先下降后上升的趋势,同时中国将成为玉米的净出口国(见表5-8)。2020年和2030年中国玉米生产者价格分别为2012年的40.76%和34.88%。2020年和2030年的世界玉米价格将分别为2012年的39.03%和34.23%。中国玉米产量将从2012年的2.06亿吨降至2020年的2.02亿吨,随后在2030年回升至2.28亿吨。2020年中国玉米需求量为1.92亿吨,2030年增至2.17亿吨,均低于中位增长模拟方案的模拟结果。

2020年，中国可以实现玉米净出口919.51万吨，净出口量在2030年进一步扩大至1126.17万吨，综合政策模拟方案下的净出口量高于深加工限制政策模拟方案的模拟结果，如图5–11所示。

综合政策模拟方案下，2020年中国玉米播种面积从2012年的3502.98万公顷降至3171.74万公顷，2030年达到3252.02万公顷，略低于中位增长模拟方案的模拟结果。外生的玉米单产模拟结果与中位增长模拟方案的模拟结果相同，2020年为6356.03千克/公顷，2030年中国玉米单产将达到7021.01千克/公顷，如表5–9所示。

需求结构方面，与中位增长模拟方案的模拟结果类似，中国玉米的饲料需求和工业加工需求量均呈现持续增长的趋势，但工业加工需求量在深加工限制政策的影响下增幅较小，如表5–9所示。2020年和2030年中国工业加工需求分别为6047.71万吨和6849.75万吨，工业加工需求占玉米国内需求的比重分别为30.48%和31.56%，低于中位增长模拟方案的模拟结果。外生的饲料需求量的模拟结果与中位增长模拟方案相同，2030年达到1.28亿吨，占玉米国内需求的比重为59%。

根据第四章的分析，目前中国玉米产生结构性剩余、库存不断增长的原因之一在于现有政策抑制了玉米需求的增长，而深加工限制政策模拟方案下，未来中国玉米仍将处于结构性过剩的状况。因此，在中国政府设定玉米"去库存"的政策目标时，应考虑玉米深加工限制对"去库存"政策目标的反向影响。

根据第五章的福利变化计算公式（5–1）和式（5–2）可以计算得到综合政策B模拟方案下中国生产者和消费者剩余变化。2020年和2030年生产者剩余均为负值，其中2020年为 $-1.48 \times E^{14}$ 个单位，2030年为 $-4.69 \times E^{13}$ 个单位。2020年和2030年消费者剩余均为正值，其中2020年为176956个单位，2030年为169501个单位。表明同时实施"去库存"和深加工限制政策会增加消费者剩余，减少生产者剩余，且2020～2030年生产者剩余的降幅和消费者剩余的增幅均呈缩小趋势。

第六章 研究结论与政策建议

第一节 主要研究结论

本书通过构建世界玉米供求模型模拟分析了全球化背景下气候变化、生物能源的发展以及中国最新玉米政策对2020年和2030年世界和中国玉米供求的影响。本书在对局部均衡理论进行理论分析和对现有的局部均衡模型进行对比分析的基础上，构建了世界玉米供求模型理论框架；梳理了世界玉米和生物乙醇的发展脉络和现状，构建了世界玉米和生物乙醇供求平衡表，总结了中国玉米供求存在的问题，并对未来中国玉米供求形势进行了初步展望；基于局部均衡模型的理论框架和世界玉米与生物乙醇的供求数据库，构建了世界玉米供求模型，并对模型框架、求解算法、供求参数、模型校准、复制和稳健性进行了说明；设置了模拟方案，并基于世界玉米供求模型的模拟结果对基本模拟方案、气候变化模拟方案和政策模拟方案三类模拟方案进行了模拟分析，模拟预测了2020年和2030年世界和中国玉米供求形势。

本书主要贡献在于以全球化的视角构建了玉米供求模型，并在模型中加入了气候变化和生物乙醇因素，同时对中国最新玉米政策的政策效果进行了模拟分析。本书得到以下主要结论：

第一，2000年以来世界玉米供求形势出现了新的特征。2000年以来，玉米超过小麦成为按产量计算的世界第一大谷物，且产量增速明显加快。2000~2013年，世界玉米产量增长了4亿吨，与1960~2000年的产量增幅相同。与此同时，世界玉米价格波动频率和幅度均明显加大，玉米价格与石油价格之间的关联程度不断提高。

第二，2003年以来中国玉米供求形势也发生了较大变化。2003年以来，中国玉米产量、播种面积和单产均有大幅提高，按产量和按播种面积计算，玉米均已成为中国第一大谷物，在粮食连年增产中起到了重要作用。需求方面，饲料需求是中国玉米最主要的需求来源，其次为工业加工需求。中国玉米加工业的发展与政府的宏观调控政策密切相关，随着2007~2008年的"粮食危机"，玉米供求形势日趋趋紧，中国政府开始加强对玉米深加工业的调控力度。2008年以来，中国玉米库存逐年增加，2015年底可能已经超过1亿吨，其原因可以归结为国内外价格差导致的进口替代和农业内外环境和产业政策的综合作用两个主要因素。为了消化玉米库存，中国政府提出加强农业供给侧结构性改革等新的政策目标。贸易方面，中国从2010年起开始大量进口玉米，从玉米的净出口国变为玉米净进口国。

第三，随着政策在消费端的鼓励和有利的市场因素，世界和中国生物乙醇产量从2001年开始迅速增加，但随着石油价格不断走低，生物乙醇产业的发展也受到重大挑战。目前中国的生物乙醇仍然以陈化粮（玉米和小麦）为主，但政府已经不再鼓励粮食能源化，转而促进以"非粮"作物（木薯、甜高粱、甘薯等）为原料的燃料乙醇的发展。

第四，基于局部均衡模型的理论框架，本书构建了世界玉米供求模型，主要包括玉米模型、生物乙醇模型、价格联系、国际贸易、约束条件和市场均衡等模块。通过给定2012年的基期数据、对模型进行校准和编写求解程序，分别对基本模拟方案、气候变化模拟方案和政策模拟方案进行了模拟分析。

世界玉米供求模型的校准和复制过程表明世界玉米供求模型的程序正确、具备一定的可靠性，可以用于中长期的模拟预测。世界玉米供求模型的稳健性检验表明，当模型所有参数同时变化小于2.5%时，模型模拟结果的偏差小于10%，表明模型的稳健性较好。为了进一步检验世界玉米供求模型的精确度，本书将中位基本模拟方案得到的2013年和2014年的主要变量模拟值和实际值进行了对比。检验结果显示，在所有61个变量中，有33个变量的MAPE小于10，占全部变量的54%；有45个变量的MAPE小于20，占全部变量的74%；61个变量的Theil IC平均值为0.20。检验结果表明，本书的世界玉米供求模型的模拟精度较好。因此，本书构建的世界玉米供求模型能够较为稳健、准确、稳定地模拟未来

第六章 研究结论与政策建议

世界和中国玉米供求形势的变化。

模拟结果表明,未来世界和中国玉米价格将呈下降趋势;在大部分情况下,2020年和2030年中国玉米仍将处于净进口状态,净进口量可能不断增加;气候变化和政府政策会在不同程度上影响中国玉米的供求形势。具体模拟方案的模拟结果如下:

(1)中位基本模拟方案。中位基本模拟方案的模拟结果显示,在中国从2016年起取消玉米临时收储政策的背景下,2020年和2030年世界玉米价格将分别为2012年的40.78%和35.70%,中国玉米生产者价格分别为2012年的39.36%和33.40%;世界玉米产量将从2012年的8.7亿吨增至2020年的10.3亿吨,并在2030年达到12.6亿吨;2020年中国玉米产量为2.04亿吨,2030年达到2.31亿吨,未来中国玉米产量的快速增长主要来自单产的迅速增加;中国玉米需求量将从2012年的2.11亿吨增至2020年的2.16亿吨和2030年的2.52亿吨,中国玉米的饲料需求和工业加工需求量均呈现持续增长的趋势,但工业加工需求量的增幅更为明显,2020年和2030年工业加工需求占玉米国内需求的比重分别为36.09%和40.56%,分别比基期增加4.17%和8.64%;中国玉米净进口量将从2012年的515.3万吨增至2020年的1204万吨和2030年的2045万吨。与现有模拟结果相比,本书的中位基本模拟方案的模拟结果基本处于现有模拟结果中位数的水平,表明本书中位基本模拟方案的模拟结果具有较强的可信性和代表性。

在取消临时收储政策的中位基本模拟方案下,2020年中国玉米播种面积比2015年减少801.9万公顷,明显高于中国政府调减玉米种植面积政策目标(333.3万公顷)。因此,中国的玉米价格市场化改革可以满足政府玉米种植结构调整的政策目标。

(2)高位基本模拟方案。2020年和2030年世界玉米价格将分别为2012年的47.22%和49.61%,随着临时收储政策的取消,2020年和2030年中国玉米生产者价格分别为2012年的46.18%和47.90%;2020年中国玉米产量和需求量分别为2.08亿吨和2.23亿吨;2030年中国玉米产量和需求量分别为2.34亿吨和2.66亿吨;2020年和2030年中国玉米的净进口量分别为1459万吨和3126万吨。

(3)低位基本模拟方案。在中国从2016年起取消玉米临时收储政策的背景下,低位基本模拟方案的模拟结果显示,2020年和2030年世界玉米价格将分别比2012年下降64.90%和76.50%,中国玉米生产者价格分别为2012年的

39.36%和33.40%；2020~2030年，中国玉米产量将从2.00亿吨增至2.30亿吨；需求量从2.10亿吨增至2.39亿吨；玉米净进口量将从2012年的515.3万吨增至2020年的954.4万吨，随后下降至2030年的864.12万吨。

（4）气候变化模拟方案。在RCP 2.6和RCP 8.5的气候变化模拟方案下，世界玉米和生物乙醇价格只受到很小的影响，与中位增长基本模拟方案相比，2020年气候变化因素对世界玉米价格无明显影响，2030年气候变化将使世界玉米价格在中位增长模拟结果的基础上下降0.01%。气候变化模拟方案下，2020年世界玉米产量在中位增长模拟结果的基础上减少1万吨左右，2030年世界玉米产量在中位增长模拟结果的基础上增加1万吨左右。

（5）"去库存"改革模拟方案。在中国取消临时收储政策的前提下，假定中国玉米库存在2016~2025年减少6000万吨，每年减少600万吨，且2026~2030年不新增玉米库存，2020年和2030年的世界玉米价格将分别为2012年的40.40%和35.72%，中国玉米生产者价格分别为2012年的38.95%和33.43%；2020年和2030年的世界玉米产量分别为10.25亿吨和12.64亿吨；中国玉米产量将从2012年的2.06亿吨降至2020年的2.04亿吨，随后在2030年达到2.31亿吨；2020年中国玉米需求量与2012年基本持平，2030年将增至2.52亿吨；玉米净进口量将从2012年的515.3万吨增至2020年的748.94万吨，2030年进一步扩大至2099.66万吨。玉米"去库存"政策将使生产者剩余先减少后增加，使消费者剩余先增加后减少。

（6）深加工限制政策模拟方案。假定中国将玉米深加工用粮规模占玉米产量的比例控制在30%且取消临时收储政策，2020年和2030年的世界玉米价格将分别为2012年的39.41%和34.20%，中国玉米生产者价格分别为2012年的37.91%和31.85%；2020年和2030年世界玉米产量分别为10.17亿吨和12.47亿吨；中国玉米产量和需求量呈现先下降后上升的趋势，中国将成为玉米的净出口国，2020年中国可以实现玉米净出口441.08万吨，净出口量在2030年进一步扩大至1183.16万吨。深加工限制政策会增加消费者剩余，减少生产者剩余。

（7）综合政策模拟方案。假定中国政府取消临时收储政策后不再对市场价格进行干预，同时实施去库存和深加工限制政策，2020年和2030年的世界玉米价格将分别为2012年的39.03%和34.23%，中国玉米生产者价格分别为2012年的40.76%和34.88%；2020年和2030年世界玉米产量分别为10.15亿吨和12.47亿吨；中国玉米产量和需求量均呈现先下降后上升的趋势，同时中国将成

第六章 研究结论与政策建议

为玉米的净出口国,2020年中国可以实现玉米净出口919.51万吨,净出口量在2030年进一步扩大至1126.17万吨。同时实施"去库存"和深加工限制政策会增加消费者剩余,减少生产者剩余。

总结上述政策模拟方案的模拟结果可以发现,首先,取消临时收储政策之后,中国玉米价格将大幅下降并与世界玉米价格的变化趋势保持一致,且未来价格的下降将导致中国玉米种植面积大幅减少,因此,政府减少玉米种植面积的政策目标可以通过市场手段来实现。其次,在保证合理库存水平的前提下,"去库存"措施会进一步压低玉米价格,从而导致未来中国玉米的产量增幅小于需求增幅,以致净进口量不断增加。再次,深加工限制政策的继续实施将可以充分抑制中国玉米需求,使国内产量可以满足国内消费需求,甚至可以实现玉米的净出口,但会减少生产者剩余。最后,综合政策的实施同样可以保证国内产量满足国内消费需求,同样也会减少生产者剩余。

第二节 政策建议

预测和展望仅是对我们所认识的客观世界及其现象所做出的简单判断,尽管本书的研究结论建立在一系列假设之上,但可以对未来中国玉米供求形势提供趋势性演变预警,也是对政府已出台政策或可能出台政策潜在效果的科学模拟。综合上述中国玉米供求变动及其未来展望,本书提出以下政策建议:

第一,本书发现未来世界玉米价格将可能进一步下降,因此远高于国外价格的玉米临时收储政策可能面临更加严峻的挑战。目前政府已经在"'十三五'规划建议"中提出要"改革农产品价格形成机制,完善粮食等重要农产品收储制度"。玉米价格形成机制的改革过程中应统筹考虑国内和国际两个市场,充分论证不同价格制度对中国食物安全的影响。本书同时发现,在中国玉米价格市场化的条件下,中国玉米价格与世界玉米价格接轨,同样呈现大幅下降的趋势。因此,政府应基于"价补分离"在不干扰市场价格的条件下,补偿生产者的损失。此外,随着玉米价格的下降,玉米"去库存"的难度将进一步增加。伴随中国经济新常态的运行,政府财政压力加大,建议政府根据经济形势和政府财政压力,调整完善现有的收储制度。

第二，研究发现，未来中国玉米可能大量进口，因此政府应该转变战略思维，制定国内外资源战略，结合"一带一路"等适当有效地利用国际市场。同时，需要关注国际形势变化并保障全球贸易的航道或运输安全，确保中国能够持续稳定地从国际市场得到充分供给。

第三，在工业化、城镇化的快速推进的背景下，中国玉米饲料需求量将大幅增加，饲料需求在未来仍是中国玉米需求的最主要来源。在玉米供给侧改革的背景下，面对可能的玉米供求缺口，可以通过国际市场来满足国内的刚性需求，从而使有限的国内资源用于保障口粮的自给。考虑到直接进口畜产品来满足国内消费需求可能出现众多问题（黄季焜等，2012），因此需要适当进口饲料粮保证国内畜产品产业持续发展，保护农民利益和国家战略安全。同时，可以通过进口不影响粮食安全的小品种谷物以及粮食加工附属品（如 DDGS 等）对玉米的饲料需求进行适当替代。

第四，种植结构调整、"去库存"政策以及玉米深加工产业政策的模拟结果表明，在不同的政策组合下中国玉米的供求形势将产生较大变化。因此，政府政策的不确定性将可能从根本上影响中国玉米的供求形势。政府的政策制定应保持透明度、持续性和可行性，并且在定量分析的基础上，科学论证不同政策组合的政策效果。例如，目前中国玉米产生结构性剩余、库存不断增长的原因之一在于现有政策抑制了玉米需求的增长，而深加工限制政策模拟方案下，未来中国玉米仍将处于结构性过剩的状况。因此，在中国政府设定玉米"去库存"的政策目标时，应考虑玉米深加工限制对"去库存"政策目标的反向影响。

第五，从全球化角度充分认识国内外玉米市场和能源市场变化对中国玉米产业的影响，同时立足国情和国际环境的新形势，建立有中国特色的重要农产品品种优先排序层级安排制度。在此基础上，明确玉米在食物安全保障中的地位及其次序，制定玉米产业有序稳定发展的中长期规划。从具体措施上应该扩大玉米深加工规模，从产业链的需求末端改善玉米市场结构，即借鉴工业发展经验，鼓励玉米加工产业采取"进口原料为主、国内原料调剂、鼓励出口"的模式，有效利用国际市场环境，促进国内玉米产业发展。

第六，尽管本书表明气候变化对 2030 年中国玉米的供求影响较小，但长期来看气候变化的不确定性较强，因此，政府应未雨绸缪，持续监测并关注气候变化对玉米供求的影响。此外，局部均衡模型的构建和模拟结果建立在一系列基本假设的基础上，本书得到的 2020 年和 2030 年中国玉米供求模拟结果反映未来中

第六章 研究结论与政策建议

国玉米供求的变动趋势，为预警方案的制定、产业发展的调控、相关政策的出台提供定量的经济学范围的基础。

最后需要说明的是，本书存在一定局限性：第一，本书采用局部均衡理论假定其他市场外生，因此，本书无法分析给定的模拟方案下玉米和生物乙醇部门与其他经济部门之间的交互关系。第二，局部均衡模型可以分析价格变化对市场均衡的影响，但无法反映收入变化的影响。第三，本书在中国玉米需求推算、高粱等玉米替代品的替代作用、气候变化参数选择、福利分析研究等方面也存在一定局限性。

上述局限和不足也是未来进一步研究的方向。

参考文献

[1] Alghalith, M. The interaction between food prices and oil prices [J]. Energy Economics, 2010, 32 (6): 1520 – 1522.

[2] Alom, F., Ward, B. D., Hu, B. Spillover effects of World oil prices on food prices: evidence for Asia and Pacific countries [J]. Economics Rearch, 2011 (1): 7 – 14.

[3] Aubert, C. Food security and consumption patterns in China: the grain problem [J]. China Perspectives, 2008 (2): 5.

[4] Baffes, J. Oil spills on other commodities [J]. Resources Policy, 2007, 32 (3): 126 – 134.

[5] Bai, J., Wahl, T. I., McCluskey, J. J. Fluid milk consumption in urban Qingdao, China [J]. Australian Journal of Agricultural and Resource Economics, 2008, 52 (2): 133 – 147.

[6] Banks, J., Blundell, R., Lewbel, A. Quadratic Engel curves and consumer demand [J]. Review of Economics and Statistics, 1997, 79 (4): 527 – 539.

[7] Beckman, J., Hertel, T., Taheripour, F. et al. Structural change in the biofuels era [J]. European Review of Agricultural Economics, 2011: r41.

[8] Brockhaus, J., Huang, J., Hu, J. et al. Rice, wheat, and corn supply response in China [R]. Agricultural and Applied Economics Association & Western Agricultural Economics Association, 2015.

[9] Brown, L. R. Food or Fuel: New Competition for the World's Cropland [J]. Worldwatch Paper 35, 1980.

[10] Calzadilla, A., Rehdanz, K., Betts, R. et al. Climate change impacts

on global agriculture [J]. Climatic Change, 2013, 120 (1-2): 357-374.

[11] Capehart, T., Allen, E. Feed Outlook [R]. Economic Research Service, USDA, 2015.

[12] Chen, P., Yu, M., Chang, C. et al. Total factor productivity growth in China's agricultural sector [J]. China Economic Review, 2008, 19 (4): 580-593.

[13] Chen, S., Kuo, H., Chen, C. Modeling the relationship between the oil price and global food prices [J]. Applied Energy, 2010, 87 (8): 2517-2525.

[14] Chen, Y., Wu, Z., Zhu, T. et al. Agricultural policy, climate factors and grain output: Evidence from household survey data in rural China [J]. Journal of Integrative Agriculture, 2013, 12 (1): 169-183.

[15] Chen, Y., Wu, Z., Okamoto, K. et al. The impacts of climate change on crops in China: A Ricardian analysis [J]. Global and Planetary Change, 2013, 104: 61-74.

[16] Chern, W. S., Yan, W. Estimating Food Demand in Rural China under the Perspectives of Agricultural Household Models [R]. American Agricultural Economics Association, Annual Meeting, Providence, RI. July 24-27, 2005.

[17] Cui, J., Lapan, H., Moschini, G. et al. Welfare impacts of alternative biofuel and energy policies [J]. American Journal of Agricultural Economics, 2011 (1): 7-14.

[18] De Gorter, H., Just, D. R. The economics of a blend mandate for biofuels [J]. American Journal of Agricultural Economics, 2009, 91 (3): 738-750.

[19] Deaton, A., Muellbauer, J. An almost ideal demand system [J]. The American Economic Review, 1980, 70 (3): 312-326.

[20] Elmarzougui, E., Larue, B. On the evolving relationship between corn and oil prices [J]. Agribusiness, 2013, 29 (3): 344-360.

[21] Fan, S. Effects of technological change and institutional reform on production growth in Chinese agriculture [J]. American Journal of Agricultural Economics, 1991, 73 (2): 266-275.

[22] Fan, S., Pardey, P. G. Research, productivity, and output growth in Chinese agriculture [J]. Journal of Development Economics, 1997, 53 (1): 115-137.

[23] Fan, S., Wailes, E. J., Cramer, G. L. Household demand in rural China: a two – stage LES – AIDS model [J]. American Journal of Agricultural Economics, 1995, 77 (1): 54 – 62.

[24] FAO. Food Balance Sheets [R]. Rome, Itahy, 2015a.

[25] FAO. Crops Production [R]. Rome, Itahy, 2015b.

[26] FAPRI. FAPRI 2008 U. S. and World Agricultural Outlook [M]. Ames, Iowa: FAPRI, 2008.

[27] FAPRI. FAPRI – ISU 2012 World Agricultural Outlook [M]. FAPRI, 2012.

[28] FAPRI. Elasticity Database [R]. Ames, Iowa, 2015.

[29] Fischer, G. World food and agriculture to 2030/50 [R]. FAO Expert Meeting On How to Feed the World in 2050. 2009.

[30] Fischer, G., Hizsnyik, E., Prieler, S. et al. Biofuels and food security [M]. Vienna, Austria: The OPEC Fund for International Development, 2009.

[31] Fuller, F., Hayes, D., Smith, D. Reconciling Chinese meat production and consumption data [J]. Economic Development and Cultural Change, 2000, 49 (1): 23 – 43.

[32] Furuya, J. Climate change and food security in developing countries and role of social sciences [M]. Tsukuba, Japan: JIRCAS, 2009.

[33] Furuya, J., Koyama, O. Impacts of climatic change on world agricultural product markets: estimation of macro yield functions [J]. Japan Agricultural Research Quarterly, 2005, 39 (2): 121 – 134.

[34] Garnaut, R., Ma, G. Grain in China [M]. 北京: 北京农业大学出版社, 1993.

[35] Gould, B. W., Villarreal, H. J. An assessment of the current structure of food demand in urban China [J]. Agricultural Economics, 2006, 34 (1): 1 – 16.

[36] Harri, A., Nalley, L., Hudson, D. The relationship between oil, exchange rates, and commodity prices [J]. Journal of Agricultural and Applied Economics, 2009, 41 (2): 501 – 510.

[37] Hertel, T. W., Tyner, W. E., Birur, D. K. Biofuels for all? Understanding the global impacts of multinational mandates [R]. GTAP Working Paper No. 51,

Purdue University, West Lafa yette, IN. 2008.

[38] Hill, J., Nelson, E., Tilman, D. et al. Environmental, economic, and energetic costs and benefits of biodiesel and ethanol biofuels [J]. Proceedings of the National Academy of Sciences, 2006, 103 (30): 11206 – 11210.

[39] Holst, R., Yu, X., Grün, C. Climate change, risk and grain yields in China [J]. Journal of Integrative Agriculture, 2013, 12 (7): 1279 – 1291.

[40] Hovhannisyan, V., Gould, B. W. Quantifying the structure of food demand in China: An econometric approach [J]. Agricultural Economics, 2011, 42 (s1): 1 – 18.

[41] Huang, J., Rozelle, S. Technological change: Rediscovering the engine of productivity growth in China's rural economy [J]. Journal of Development Economics, 1996, 49 (2): 337 – 369.

[42] Huang, J., Rozelle, S. Environmental stress and grain yields in China [J]. American Journal of Agricultural Economics, 1995, 77 (4): 853 – 864.

[43] Huang, J., Rozelle, S. Market development and food demand in rural China [J]. China Economic Review, 1998, 9 (1): 25 – 45.

[44] Huang, J., Rozelle, S. The emergence of agricultural commodity markets in China [J]. China Economic Review, 2006, 17 (3): 266 – 280.

[45] IMF. Primary Commodity Prices [R]. Washington, D. C., 2016a.

[46] IMF. 2016 年 1 月世界经济展望最新预测 [M]. IMF, 2016b.

[47] Jiang, B., Davis, J. Household food demand in rural China [J]. Applied Economics, 2007, 39 (3): 373 – 380.

[48] Jingura, R. M., Matengaifa, R. The potential for energy production from crop residues in Zimbabwe [J]. Biomass and Bioenergy, 2008, 32 (12): 1287 – 1292.

[49] Kaufmann, R. K., Snell, S. E. A biophysical model of corn yield: Integrating climatic and social determinants [J]. American Journal of Agricultural Economics, 1997, 79 (1): 178 – 190.

[50] Kerckow, B. Competition between agricultural and renewable energy production [J]. Quarterly Journal of International Agriculture, 2007, 46 (4): 333 – 347.

[51] Keyzer, M. A., van Veen, W. C. M. Towards a spatially and socially explicit agricultural policy analysis for China: Specification of the Chinagro models [M]. Amsterdam, The Netherlands: Centre for World Food Studies, SOW – VU, 2005.

[52] Koyama, O. Projecting the world food supply and demand using a long – term dynamic simulator [M]. Taipei Food & Fertilizer Technology Center, 2000.

[53] Lampe, M., Willenbockel, D., Ahammad, H. et al. Why do global long – term scenarios for agriculture differ? An overview of the AgMIP Global Economic Model Intercomparison [J]. Agricultural Economics, 2014, 45 (1): 3 – 20.

[54] Li, X., Takahashi, T., Suzuki, N. et al. The impact of climate change on maize yields in the United States and China [J]. Agricultural Systems, 2011, 104 (4): 348 – 353.

[55] Lin, J. Y. Rural reforms and agricultural growth in China [J]. The American Economic Review, 1992: 34 – 51.

[56] Liu, H., Li, X., Fischer, G. et al. Study on the impacts of climate change on China's agriculture [J]. Climatic Change, 2004, 65 (1 – 2): 125 – 148.

[57] Lobell, D. B., Bänziger, M., Magorokosho, C. et al. Nonlinear heat effects on African maize as evidenced by historical yield trials [J]. Nature Climate Change, 2011, 1 (1): 42 – 45.

[58] Lotze Campen, H., Lampe, M., Kyle, P. et al. Impacts of increased bioenergy demand on global food markets: An AgMIP economic model intercomparison [J]. Agricultural Economics, 2014, 45 (1): 103 – 116.

[59] Lu, W. C. Effects of agricultural market policy on crop production in China [J]. Food Policy, 2002, 27 (5): 561 – 573.

[60] Lv, X. Review of mid – and long – term predictions of China's grain security [J]. China Agricultural Economic Review, 2013, 5 (4): 567 – 582.

[61] Marshall, E., Aillery, M., Malcolm, S. et al. Agricultural Production under Climate Change: The Potential Impacts of Shifting Regional Water Balances in the United States [J]. American Journal of Agricultural Economics, 2015, 97 (2): 568 – 588.

[62] Meade, B., Regmi, A., Seale, J. L. et al. New International Evidence on Food Consumption Patterns: A Focus on Cross – Price Effects Based on 2005 Inter-

national Comparison Program Data [J]. USDA – ERS Technical Bulletin, 2014 (19): 7 – 14.

[63] Meekhof, R. L., Tyner, W. E., Holland, F. D. US agricultural policy and gasohol: a policy simulation [J]. American Journal of Agricultural Economics, 1980, 62 (3): 408 – 415.

[64] Müller, D., Zeller, M. Land use dynamics in the central highlands of Vietnam: a spatial model combining village survey data with satellite imagery interpretation [J]. Agricultural Economics, 2002, 27 (3): 333 – 354.

[65] Myers, R. J., Johnson, S. R., Helmar, M. et al. Long – run and Short – run Co – movements in Energy Prices and the Prices of Agricultural Feedstocks for Biofuel [J]. American Journal of Agricultural Economics, 2014: u3.

[66] Nazlioglu, S., Soytas, U. Oil price, agricultural commodity prices, and the dollar: A panel cointegration and causality analysis [J]. Energy Economics, 2012a, 34 (4): 1098 – 1104.

[67] Nazlioglu, S., Soytas, U. World oil prices and agricultural commodity prices: evidence from an emerging market [J]. Energy Economics, 2011, 33 (3): 488 – 496.

[68] Nazlioglu, S., Soytas, U. Oil price, agricultural commodity prices, and the dollar: A panel cointegration and causality analysis [J]. Energy Economics, 2012b, 34 (4): 1098 – 1104.

[69] Nelson, G. C., Rosegrant, M. W., Palazzo, A. et al. Food security, farming, and climate change to 2050: Scenarios, results, policy options [R]. Intl Food Policy Res Inst, 2010.

[70] Nerlove, M. Estimates of the elasticities of supply of selected agricultural commodities [J]. Journal of Farm Economics, 1956, 38 (2): 496 – 509.

[71] Nerlove, M., Bachman, K. L. The analysis of changes in agricultural supply: problems and approaches [J]. Journal of farm economics, 1960, 42 (3): 531 – 554.

[72] OECD. Working Party on Agricultural Policies and Markets: Documentation of the AGLINK – COSIMO Model [M]. OECD, 2007.

[73] OECD – FAO. OECD – FAO Agricultural Outlook 2015 – 2024 [M]. Paris,

France & Rome, Italy, 2015.

[74] OECD-FAO. OECD-FAO Agricultural Outlook 2009-2018 [M]. Paris, France 和 Rome, Italy, 2009.

[75] OECD-FAO. Agricultural Outlook 2012-2021 [M]. Paris, France 和 Rome, Italy, 2012.

[76] Oga, K., Yanagishima, K. International Food and Agricultural Policy Simulation Model (IFPSIM) User's Guide [M]. Tsukuba, Japan: Japan International Research Center for Agricultural Sciences (JIRCAS), 1995.

[77] Pardey, P. G., Beddow, J. M., Hurley, T. M. et al. A bounds analysis of world food futures: global agriculture through to 2050 [J]. Australian Journal of Agricultural and Resource Economics, 2014, 58 (4): 571-589.

[78] Peng, A. Introducing CGE models to the classroom using EXCEL [M]. Toronto: Ryerson University, 2009.

[79] Qu, W. A comparison framework of seven China agriculture models [J]. China in the Global Economy Agriculture in China and OECD Countries Past Policies and Future Challenges (OECD Proceedings): Past Policies and Future Challenges (OECD Proceedings), 1999: 250.

[80] Rathmann, R., Szklo, A., Schaeffer, R. Land use competition for production of food and liquid biofuels: An analysis of the arguments in the current debate [J]. Renewable Energy, 2010, 35 (1): 14-22.

[81] Roningen, V. O. Multi-market, multi-region partial equilibrium modeling [J]. Applied methods for trade policy analysis: a handbook, 1997: 231-257.

[82] Rosegrant, M. W. Biofuels and grain prices: impacts and policy responses [R]. International Food Policy Research Institute Washington, D. C., 2008.

[83] Rosegrant, M. W. International Model for Policy Analysis of Agricultural Commodities and Trade (IMPACT) [R]: Model Description. Washington, D. C.: IFPRI, 2012.

[84] Rozelle, S., Huang, J. Transition, development and the supply of wheat in China [J]. The Australian Journal of Agricultural and Resource Economics, 2000, 44 (4): 543-571.

[85] Rozelle, S., Boisvert, R. N. Grain policy in Chinese villages: Yield re-

sponse to pricing, procurement, and loan policies [J]. American Journal of Agricultural Economics, 1993, 75 (2): 339 - 349.

[86] Schneider, U. A., Havlík, P., Schmid, E. et al. Impacts of population growth, economic development, and technical change on global food production and consumption [J]. Agricultural Systems, 2011, 104 (2): 204 - 215.

[87] Searchinger, T., Heimlich, R., Houghton, R. A. et al. Use of US croplands for biofuels increases greenhouse gases through emissions from land – use change [J]. Science, 2008, 319 (5867): 1238 - 1240.

[88] Shapouri, H., Duffield, J. A., Wang, M. The energy balance of corn ethanol revisited [J]. Transactions of the ASAE, 2003, 46 (4): 959.

[89] Shull, P. A., Anderson – Sprecher, A., Ji, J. China – Peoples Republic of: Grain and Feed Update – Huge Stocks Challenge Grain Policy [M]. Foreign Agricultural Service, USDA, 2016.

[90] Stocker, T. F. Climate change 2013: the physical science basis: Working Group I contribution to the Fifth assessment report of the Intergovernmental Panel on Climate Change [M]. New York, N Y: Cambridge University Press, 2014.

[91] Taheripour, F., Hertel, T. W., Tyner, W. E. et al. Biofuels and their by – products: global economic and environmental implications [J]. Biomass and Bioenergy, 2010, 34 (3): 278 - 289.

[92] Thury, G., Witt, S. F. Forecasting industrial production using structural time series models [J]. Omega, 1998, 26 (6): 751 - 767.

[93] Turpin, N., Dupraz, P., Thenail, C. et al. Shaping the landscape: agricultural policies and local biodiversity schemes [J]. Land Use Policy, 2009, 26 (2): 273 - 283.

[94] UNComtrade. United Nations Commodity Trade Statistics Database [R]. New York, NY, 2016.

[95] USDA. USDA Agricultural Projections to 2021 [M]. Washington, D. C.: USDA, 2012a.

[96] USDA. Alternative future for world food in 1985 [M]. Washington D. C.: Economics, Statistics and Cooperatives Service, USDA, 1978.

[97] USDA. Production, Supply and Distribution Online [R]. 2015a.

[98] USDA. USDA Agricultural Projections to 2017 [M]. Washington, D. C. : USDA, 2008.

[99] USDA. USDA Agricultural Projections to 2024 [M]. Washington, D. C. : USDA, 2015b.

[100] USDA. Commodity and Food Elasticities [R]. Washington, D. C. 2012b.

[101] USDA. USDA Agricultural Projections to 2021 [M]. Washington, D. C. : USDA, 2012c.

[102] USDA. Agricultural Exchange Rate Data Set [R]. 2016.

[103] Valin, H., Sands, R. D., van der Mensbrugghe, D. et al. The future of food demand: understanding differences in global economic models [J]. Agricultural Economics, 2014, 45 (1): 51 – 67.

[104] Van de Ven, G., De Ridder, N., Van Keulen, H. et al. Concepts in production ecology for analysis and design of animal and plant – animal production systems [J]. Agricultural Systems, 2003, 76 (2): 507 – 525.

[105] Van Ittersum, M. K., Rabbinge, R. Concepts in production ecology for analysis and quantification of agricultural input – output combinations [J]. Field Crops Research, 1997, 52 (3): 197 – 208.

[106] Wang, J. M., Zhou, Z. Y., Yang, Y. How much animal product do the Chinese consume? Empirical evidence from household surveys [J]. Australasian Agribusiness Review, 2004, 12: 1 – 12.

[107] WTO. Tariff Download Facility [R]. Geneva, Switzerland, 2015.

[108] Wu, Y. Demand for Feedgrain in China: Implications for Foodgrain Consumption and Trade [M]. Department of Economics, University of Western Australia, 2002.

[109] Xiao, H., Chen, Q., Wang, J. et al. The puzzle of the missing meat: Food away from home and China's meat statistics [J]. Journal of Integrative Agriculture, 2015, 14 (6): 1033 – 1044.

[110] Xin, X., Lin, T., Liu, X. et al. The impacts of climate change on the People's Republic of China's grain output: Regional and crop perspective [J]. China Agricultural Economic Review, 2013, 5 (4): 434 – 458.

[111] Xiong, W., Matthews, R., Holman, I. et al. Modelling China's poten-

tial maize production at regional scale under climate change [J]. Field Crops Research, 2007, 85 (3-4): 433-451.

[112] Yang, J., Qiu, H., Huang, J. et al. Fighting global food price rises in the developing world: the response of China and its effect on domestic and world markets [J]. Agricultural Economics, 2008, 39 (S1): 453-464.

[113] Yen, S. T., Lin, B., Smallwood, D. M. Quasi - and simulated - likelihood approaches to censored demand systems: food consumption by food stamp recipients in the United States [J]. American Journal of Agricultural Economics, 2003, 85 (2): 458-478.

[114] Yu, B., Liu, F., You, L. Dynamic agricultural supply response under economic transformation: a case study of Henan, China [J]. American Journal of Agricultural Economics, 2012, 94 (2): 370-376.

[115] Yu, X., Abler, D. The demand for food quality in rural China [J]. American Journal of Agricultural Economics, 2009, 91 (1): 57-69.

[116] Yu, X., Abler, D. Where have all the pigs gone? Inconsistencies in pork statistics in China [J]. China Economic Review, 2014 (30): 469-484.

[117] Zhang, W., Elaine, A. Y., Rozelle, S. et al. The impact of biofuel growth on agriculture: Why is the range of estimates so wide? [J]. Food Policy, 2013 (38): 227-239.

[118] Zhang, Z., Lohr, L., Escalante, C. et al. Food versus fuel: What do prices tell us? [J]. Energy Policy, 2010, 38 (1): 445-451.

[119] Zheng, Z., Henneberry, S. R. The impact of changes in income distribution on current and future food demand in urban China [J]. Journal of Agricultural and Resource Economics, 2010: 51-71.

[120] Zheng, Z., Henneberry, S. R. An analysis of food demand in China: a case study of urban households in Jiangsu province [J]. Applied Economic Perspectives and Policy, 2009, 31 (4): 873-893.

[121] Zhou, D., Yu, X., Herzfeld, T. Dynamic food demand in urban China [J]. China Agricultural Economic Review, 2015, 7 (1): 27-44.

[122] Zhou, Z., Liu, X., Tian, W. et al. Research methodological issues in projecting China's feedgrains demand and supply [J]. China Agricultural Economic Re-

view, 2003, 1: 54 -74.

[123] Zhou, Z. Y., Tian, W. M., Malcolm, B. Supply and demand estimates for feed grains in China [J]. Agricultural Economics, 2008, 39 (1): 111 -122.

[124] Zhuang, R., Abbott, P. Price elasticities of key agricultural commodities in China [J]. China Economic Review, 2007, 18 (2): 155 -169.

[125] 波尔·克鲁普顿,布廉·菲利浦,邓·瓜纳塞克拉等. 中国畜产品需求增长对饲料粮的影响[J]. 中国农村经济,1994 (3): 27 -32.

[126] 曾衍德. 优化农业生产结构和区域布局[N]. 农民日报,2016 -02 -18.

[127] 陈飞,范庆泉,高铁梅. 农业政策、粮食产量与粮食生产调整能力[J]. 经济研究,2010 (11): 101 -114.

[128] 陈卫平. 我国玉米全要素生产率增长及其对产出的贡献[J]. 经济问题,2006 (2): 40 -42.

[129] 陈晓江. 数值分析[M]. 武汉:武汉理工大学出版社,2013.

[130] 陈永福,钱小平,韩昕儒. 2030 年中国食物供求展望[M]. 北京:中国农业出版社,2015.

[131] 陈永福. 中国食物供求与预测[M]. 北京:中国农业出版社,2004.

[132] 陈永福,李军,马国英等. 粮食供求未来走势预测——基于世界和中国层面的综述[J]. 山西大学学报(哲学社会科学版),2010 (5): 59 -67.

[133] 陈永福,吴蓓蓓,王晶晶. 基于多变量经验概率模型的中国粮食产量模拟预测分析[J]. 系统工程理论与实践,2012 (11): 2363 -2371.

[134] 陈宇峰,薛萧繁,徐振宇. 国际油价波动对国内农产品价格的冲击传导机制:基于 LSTAR 模型[J]. 中国农村经济,2012 (9): 74 -87.

[135] 程国强,周应华,王济民等. 中国饲料供给与需求的估计[J]. 农业经济问题,1997 (5): 25 -29.

[136] 程国强. 全球农业战略:基于全球视野的中国粮食安全框架[M]. 北京:中国发展出版社,2013.

[137] 仇焕广,杨军,黄季焜. 生物燃料乙醇发展及其对近期粮食价格上涨的影响分析[J]. 农业经济问题,2009 (1): 80 -85.

[138] 崔静,王秀清,辛贤等. 生长期气候变化对中国主要粮食作物单产的影响[J]. 中国农村经济,2011 (9): 13 -22.

[139] 丹米尔巴斯. 生物燃料——未来全球能源需求的保障[M]. 北京：石油工业出版社，2011.

[140] 丁守海. 国际粮价波动对我国粮价的影响分析[J]. 经济科学，2009（2）：60-71.

[141] 范垄基，穆月英，付文革等. 基于 Nerlove 模型的我国不同粮食作物的供给反应[J]. 农业技术经济，2012（12）：4-11.

[142] 高亮之. 农业模型学基础[M]. 香港：天马图书有限公司，2004.

[143] 顾海，孟令杰. 中国农业 TFP 的增长及其构成[J]. 数量经济技术经济研究，2002（10）：15-18.

[144] 郭庆海. 中国玉米加工业发展探析[J]. 中国农村经济，2007（7）：16-22.

[145] 国家统计局. 年度数据数据库[R]. 国家统计局，2015.

[146] 国家统计局. 中国主要统计指标诠释[M]. 北京：中国统计出版社，2010.

[147] 国家统计局. 2015 年 4 季度和全年我国 GDP 初步核算结果[R]. 2016.

[148] 韩昕儒，陈永福，钱小平. 中国目前饲料粮需求量究竟有多少[J]. 农业技术经济，2014（8）：60-68.

[149] 韩长赋. 玉米论略[J]. 农业经济问题，2012（6）：4-9.

[150] 胡小平，郭晓慧. 2020 年中国粮食需求结构分析及预测——基于营养标准的视角[J]. 中国农村经济，2010（6）：4-15.

[151] 黄德林，李向阳，蔡松锋. 基于中国农业 CGE 模型的农业补贴政策对粮食安全影响的研究[J]. 中国农学通报，2010（24）：429-435.

[152] 黄季焜，斯·罗泽尔. 迈向 21 世纪的中国粮食经济[M]. 北京：中国农业出版社，1998.

[153] 黄季焜. 中国农业的过去和未来[J]. 管理世界，2004（3）：95-104.

[154] 黄季焜，仇焕广，Michiel Keyzer 等. 发展生物燃料乙醇对我国区域农业发展的影响分析[J]. 经济学（季刊），2009（2）：727-742.

[155] 黄季焜，李宁辉. 中国农业政策分析和预测模型——CAPSiM[J]. 南京农业大学学报（社会科学版），2003（2）：30-41.

[156] 黄季焜，仇焕广. 我国生物燃料乙醇发展的社会经济影响及发展战略

与对策研究[M].北京：科学出版社，2010.

[157] 黄季焜,杨军,仇焕广.新时期国家粮食安全战略和政策的思考[J].农业经济问题,2012（3）：4-8.

[158] 黄季焜等.2030年中国粮食供求预测[M].北京：中国发展出版社,2014.

[159] 姜长云,张艳平.我国粮食生产的现状和中长期潜力[J].经济研究参考,2009（15）：16-30.

[160] 蒋乃华.全国及分省肉类产品统计数据调整的理论和方法[J].农业技术经济,2002（6）：12-20.

[161] 蒋庭松,梁希震,王晓霞等.加入WTO与中国粮食安全[J].管理世界,2004（3）：82-94.

[162] 蒋中一,凯尔文·温赖特.数理经济学的基本方法（第四版）[M].北京：北京大学出版社,2006.

[163] 亢霞,刘秀梅.我国粮食生产的技术效率分析——基于随机前沿分析方法[J].中国农村观察,2005（4）：25-32.

[164] 柯炳生,谭向勇.我国玉米加工转化现状及发展对策[J].中国农村经济,1998（6）：24-28.

[165] 孔祥智,钟真,毛学峰.全球经济危机对中国农产品贸易的影响研究[J].管理世界,2009（11）：84-97.

[166] 蓝海涛,王为农.中国中长期粮食安全重大问题[M].北京：中国计划出版社,2008.

[167] 黎红梅,李波,唐启源.南方地区玉米产量的影响因素分析——基于湖南省农户的调查[J].中国农村经济,2010（7）：87-93.

[168] 李伯溪.经济均衡与非均衡理论、模型和应用[M].北京：改革出版社,1991.

[169] 李锐,郝庆升.我国玉米深加工业发展探析[J].中国农机化学报,2013（3）：8-12.

[170] 李少昆,王崇桃.玉米高产潜力·途径[M].北京：科学出版社,2010.

[171] 李扬,张晓晶."新常态"：经济发展的逻辑与前景[J].经济研究,2015（5）：4-19.

[172] 利斯贝思·奥尔森. 生物燃料[M]. 北京：化学工业出版社，2009.

[173] 联合国. World Population Prospects: The 2015 Revision [M]. New York：联合国，2015.

[174] 联合国. World Urbanization Prospects: The 2014 Revision [M]. New York：联合国，2014.

[175] 林大燕，朱晶. 从供应弹性的视角看我国主要农作物种植结构变化原因[J]. 农业技术经济，2015（1）：33-41.

[176] 刘峰. 我国贸易分散的实证研究：1980—2005 年[J]. 国际贸易问题，2007（11）：3-8.

[177] 刘关君等. 绿色能源[M]. 哈尔滨：哈尔滨工业大学出版社，2012.

[178] 刘俊杰，周应恒. 我国小麦供给反应研究——基于小麦主产省的实证[J]. 农业技术经济，2011（12）：40-45.

[179] 刘克春. 粮食生产补贴政策对农户粮食种植决策行为的影响与作用机理分析——以江西省为例[J]. 中国农村经济，2010（2）：12-21.

[180] 刘庆林，汪明珠. 中国农产品市场准入政策的保护水平与结构——基于贸易限制指数的研究[J]. 经济研究，2014（7）：18-30.

[181] 刘伟. 财政、货币政策反方向组合与宏观调控力度[J]. 经济学家，2014（11）：5-12.

[182] 刘笑然. 中国玉米供求状况及发展趋势[M]. 北京：中国发展出版社，2014.

[183] 卢锋. 我国若干农产品产销量数据不一致及产量统计失真问题[J]. 中国农村经济，1998（10）：48-54.

[184] 陆文聪，黄祖辉. 中国粮食供求变化趋势预测：基于区域化市场均衡模型[J]. 经济研究，2004（8）：94-104.

[185] 陆文聪，祁慧博，李元龙. 全球化背景下的中国粮食供求变化趋势[J]. 浙江大学学报（人文社会科学版），2011（1）：5-18.

[186] 罗锋，牛宝俊. 国际农产品价格波动对国内农产品价格的传递效应——基于 VAR 模型的实证研究[J]. 国际贸易问题，2009（6）：16-22.

[187] 骆建忠. 基于营养目标的粮食消费需求研究 [D]. 博士学位论文，中国农业科学院，2008.

[188] 吕新业，胡非凡. 2020 年我国粮食供需预测分析[J]. 农业经济问题，

2012 (10): 11-18.

[189] 麻吉亮,陈永福,钱小平. 气候因素、中间投入与玉米单产增长——基于河北农户层面多水平模型的实证分析[J]. 中国农村经济, 2012 (11): 11-20.

[190] 麻吉亮,孔维升,陈永福. 气候因素对玉米单产影响的实证分析:基于河北农户数据[J]. 农业技术经济, 2015 (4): 19-25.

[191] 马晓河等. 中国生物质能源产业:突破困境的战略选择[M]. 北京:中国计划出版社, 2013.

[192] 梅燕. 中国粮食供求区域均衡变化研究:模型构建与模拟分析[D]. 博士学位论文,浙江大学, 2008.

[193] 美国国家统计局. International Data Base [R]. Washington, D.C., 2015.

[194] 美国劳工部. Average Price Dage (Consumer Price Index – CPI) [R]. 2016.

[195] 美国联邦储备系统. Foreign Exchange Rates – H.10 [R]. Washington, D.C., 2015.

[196] 农业部. 农业部关于"镰刀弯"地区玉米结构调整的指导意见[M]. 2015.

[197] 农业部. 余欣荣副部长在全国种植业结构调整工作会上的讲话[M]. 2016.

[198] 农业部软科学委员会办公室. 粮食安全与重要农产品供给[M]. 北京:中国财政经济出版社, 2013.

[199] 潘苏,熊启泉. 国际粮价对国内粮价传递效应研究——以大米、小麦和玉米为例[J]. 国际贸易问题, 2011 (10): 3-13.

[200] 钱文荣,王大哲. 如何稳定我国玉米供给——基于省际动态面板数据的实证分析[J]. 农业技术经济, 2015 (1): 22-32.

[201] 日本能源协会. 生物质和生物能源手册[M]. 北京:化学工业出版社, 2007.

[202] 邵飞. 中国玉米经济:供给与需求分析[D]. 博士学位论文,西北农林科技大学, 2011.

[203] 邵飞,陆迁. 基于Nerlove模型的中国不同区域玉米供给反应研究

[J].经济问题,2011(7):73-76.

[204] 沈艳,杨丽宏,王立刚等.高等数值计算[M].北京:清华大学出版社,2014.

[205] 世界银行.Data – Population [R].Washington, D.C.,2015.

[206] 世界银行和国务院发展研究联合课题组.2030年的中国 建设现代化和谐有创造力的社会[M].北京:中国财政经济出版社,2013.

[207] 宋同明.尴尬的玉米寻生路[N].光明日报,2001-04-16.

[208] 田维明,周章跃.中国饲料粮市场供给需求与贸易发展(Supply, demand and trade prospects of China's feed grain market)[M].北京:中国农业出版社,2007.

[209] 佟屏亚.中国玉米种植区划[M].北京:中国农业科学技术出版社,1992.

[210] 王崇桃,李少昆,韩伯棠.玉米产量潜力实现的限制因素的参与式评估[J].中国软科学,2006(7):53-59.

[211] 王德文,黄季焜.双轨制度下中国农户粮食供给反应分析[J].经济研究,2001(12):55-65.

[212] 王国忠.现代玉米高产栽培实用技术[M].北京:中国农业科学技术出版社,2013.

[213] 王宏,张岳恒.中国玉米供给反应:基于Nerlove模型的实证研究[J].农村经济,2010(6):36-38.

[214] 王丽娜,陆迁.国内外玉米市场价格的动态关系及传导效应[J].国际贸易问题,2011(12):19-28.

[215] 王琦.中国农产品关税水平及结构分析[J].世界农业,2014(1):100-106.

[216] 王世成.中国轻工业年鉴2012[M].北京:中国工业年鉴社,2012.

[217] 魏丹,王雅鹏.技术进步对三种主要粮食作物增长的贡献率研究[J].农业技术经济,2010(12):94-99.

[218] 吴方卫,沈亚芳,张锦华等.生物燃料乙醇发展对中国粮食安全的影响分析——基于"与粮争地"的视角[J].农业技术经济,2009(1):21-29.

[219] 武拉平.国内外粮食市场关系研究[J].中国农村观察,2001(1):24-32.

[220] 夏天. 粮食真的能源化了吗——来自农产品与原油期货市场的经验证据[J]. 农业技术经济, 2008 (4): 11-18.

[221] 夏训峰, 张军, 席北斗. 基于生命周期的燃料乙醇评价及政策研究[M]. 北京: 中国环境科学出版社, 2012.

[222] 辛贤, 蒋乃华, 周章跃. 畜产品消费增长对我国饲料粮市场的影响[J]. 农业经济问题, 2003 (1): 60-64.

[223] 星焱, 胡小平. 中国新一轮粮食增产的影响因素分析: 2004~2011年[J]. 中国农村经济, 2013 (6): 14-26.

[224] 徐元银, 张玉仁, 彭永林等. 对发展吉林省玉米经济的思考[J]. 经济视角, 1995 (1): 13-16.

[225] 杨春, 陆文聪. 中国玉米生产率增长、技术进步与效率变化: 1990—2004年[J]. 农业技术经济, 2007 (4): 34-40.

[226] 杨解君. 非欧佩克国家能源法概论[M]. 广州: 世界图书广东出版公司, 2013.

[227] 杨昆, 黄季焜. 以木薯为原料的燃料乙醇发展潜力: 基于农户角度的分析[J]. 中国农村经济, 2009 (5): 14-25.

[228] 杨名舟. 中国新能源[M]. 北京: 中国水利水电出版社, 2013.

[229] 杨万江. 危机与出路: 中国粮食结构与农业发展新论[M]. 北京: 社会科学文献出版社, 1999.

[230] 杨兴龙, 丛之华, 滕奎秀. 吉林省玉米加工业技术效率及影响因素分析[J]. 农业技术经济, 2010 (6): 111-119.

[231] 杨艳涛, 吴敬学. 基于市场均衡模型的中国玉米供需变化与趋势预测[J]. 经济问题, 2014 (12): 98-103.

[232] 余淼杰. 国际贸易学: 理论、政策与实证[M]. 北京: 北京大学出版社, 2013.

[233] 张瑞娟, 武拉平. 基于资产选择决策的农户粮食储备量影响因素分析[J]. 中国农村经济, 2012 (7): 51-59.

[234] 张雪梅. 我国玉米生产增长因素的分析[J]. 农业技术经济, 1999 (2): 33-36.

[235] 张永田. 吉林省农业综合开发优势产业发展探索[M]. 北京: 科学出版社, 2003.

[236] 张智先, 毛晓. 我国玉米深加工业现状及发展趋势[J]. 农业展望, 2010（1）: 30-34.

[237] 赵红雷, 贾金荣. 中国玉米生产技术效率分析: 2001—2008——基于随机前沿生产函数[J]. 西北农林科技大学学报（社会科学版）, 2011（5）: 56-61.

[238] 赵明正, 朱思柱. 世界玉米潜在出口国玉米生产潜力研究[J]. 世界农业, 2015（9）: 121-130.

[239] 郑志浩, 高颖, 赵殷钰. 收入增长对城镇居民食物消费模式的影响[J]. 经济学（季刊）, 2016（1）: 263-288.

[240] 中国社会科学院工业经济研究所. 中国工业发展报告2011: 中国工业的转型升级[M]. 北京: 经济管理出版社, 2011.

[241] 钟甫宁, 向晶. 城镇化对粮食需求的影响——基于热量消费视角的分析[J]. 农业技术经济, 2012（1）: 4-10.

[242] 钟甫宁. 生物能源根本改变了世界粮价的决定因素[J]. 江苏农村经济, 2008（5）: 24.

[243] 钟甫宁. 关于肉类生产统计数字中的水分及其原因的分析[J]. 中国农村经济, 1997（10）: 63-66.

[244] 周凤翱, 赵保庆. 生物质能政策与法律问题研究[M]. 上海: 上海科学技术出版社, 2013.

[245] 朱希刚. 中国粮食生产与农业技术推广[M]. 北京: 中国农业科技出版社, 2000.

[246] 朱治国. 对产区粮食购销企业库存居高不下的思考[J]. 管理世界, 2002（9）: 106-113.

附　录

附录 1　各国玉米与生物乙醇供求平衡表

附表 1　中国玉米供求平衡表

年份	总供给（万吨）	播种面积（万公顷）	单产（千克/公顷）	国内供给（万吨）	进口量（万吨）	总需求（万吨）	国内需求（万吨）	饲料需求（万吨）	食用需求（万吨）	工业加工需求（万吨）	其他需求（万吨）	损耗（万吨）	种用需求（万吨）	出口量（万吨）
1993	10270.43	2069.41	4962.96	10270.40	0.03	10270.43	9160.70	4930.56	1842.49	749.65	1114.51	410.82	112.68	1109.73
1994	9927.56	2115.21	4693.39	9927.50	0.06	9927.56	9053.56	5323.97	1884.98	873.69	468.80	397.10	105.02	874.00
1995	11725.03	2277.57	4916.91	11198.60	526.43	11725.03	11713.50	5426.52	1795.86	972.01	2959.11	447.94	112.06	11.53

续表

年份	总供给（万吨）	播种面积（万公顷）	单产（千克/公顷）	国内供给（万吨）	进口量（万吨）	总需求（万吨）	国内需求（万吨）	饲料需求（万吨）	食用需求（万吨）	工业加工需求（万吨）	其他需求（万吨）	损耗（万吨）	种用需求（万吨）	出口量（万吨）
1996	12791.79	2449.82	5203.29	12747.10	44.69	12791.79	12767.96	6413.40	1833.27	1074.82	2813.48	509.88	123.10	23.83
1997	10431.12	2377.51	4387.31	10430.87	0.25	10431.12	9764.01	6172.53	1734.55	1210.95	119.97	417.23	108.77	667.11
1998	13320.58	2523.88	5267.83	13295.40	25.18	13320.58	12851.31	6292.55	1710.26	1297.81	2896.97	531.82	121.90	469.27
1999	12816.57	2590.37	4944.71	12808.63	7.94	12816.57	12383.34	5942.96	1803.10	1453.89	2552.53	512.35	118.51	433.23
2000	10600.28	2305.61	4597.47	10599.98	0.30	10600.28	9550.45	5633.25	1948.93	1721.70	-281.18	424.00	103.75	1049.83
2001	11412.72	2428.21	4698.44	11408.77	3.95	11412.72	10812.69	5795.65	1870.81	1689.94	894.32	456.35	105.63	600.03
2002	12131.57	2463.37	4924.46	12130.76	0.81	12131.57	10964.09	6516.51	1759.06	1944.78	147.65	485.23	110.85	1167.48
2003	11583.09	2406.82	4812.59	11583.02	0.07	11583.09	9943.99	7098.31	1659.03	2168.15	-1549.52	463.32	104.70	1639.10
2004	13028.95	2544.57	5120.21	13028.71	0.24	13028.95	12796.60	6752.10	1515.01	2543.19	1351.02	521.15	114.12	232.36
2005	13936.94	2635.83	5287.34	13936.54	0.40	13936.94	13072.57	7422.52	1412.10	2869.12	699.08	557.46	112.29	864.38
2006	15166.84	2846.30	5326.32	15160.30	6.54	15166.84	14856.56	7825.93	1329.58	3498.78	1479.31	606.41	116.56	310.27
2007	15233.59	2947.75	5166.67	15230.05	3.54	15233.59	14748.35	8026.24	1328.95	4426.40	234.64	609.20	122.92	485.24
2008	16596.40	2986.37	5555.71	16591.40	5.00	16596.40	16569.06	8142.37	1199.98	4797.13	1647.66	663.66	118.26	27.34
2009	16405.81	3118.26	5258.49	16397.36	8.45	16405.81	16392.90	9058.19	1080.10	4934.31	541.38	655.89	123.02	12.91
2010	17881.83	3250.01	5453.68	17724.51	157.32	17881.83	17869.10	9890.12	935.23	5381.35	833.98	708.98	119.44	12.73
2011	19453.47	3354.17	5747.51	19278.11	175.36	19453.47	19439.86	10424.25	763.08	5892.09	1470.09	771.12	119.24	13.61
2012	21082.15	3502.98	5869.69	20561.41	520.74	21082.15	21076.68	11061.38	754.60	5981.73	2338.83	822.46	117.70	5.47

资料来源：国内供给和单产来自国家统计局（2015），进出口量数据来自中国海关，需求数据来自笔者估算。

附表 2　日本玉米供求平衡表

年份	总供给（万吨）	收获面积（万公顷）	单产（千克/公顷）	国内供给（万吨）	进口量（万吨）	总需求（万吨）	国内需求（万吨）	饲料需求（万吨）	食用需求（万吨）	工业加工需求（万吨）	库存变化量（万吨）	损耗（万吨）	种用需求（万吨）	出口量（万吨）
1993	1691.01	0.02	2500.00	0.05	1690.96	1691.01	1690.92	1279.10	223.57	171.06	16.78	0.40	0.00	0.09
1994	1602.85	0.02	2485.21	0.04	1602.81	1602.85	1602.75	1232.00	210.12	179.92	-19.59	0.30	0.00	0.11
1995	1659.22	0.01	2500.00	0.03	1659.19	1659.22	1659.03	1236.30	190.93	177.16	54.34	0.30	0.00	0.19
1996	1600.66	0.01	2450.98	0.03	1600.63	1600.66	1600.53	1203.70	203.24	192.91	0.29	0.40	0.00	0.12
1997	1609.96	0.01	2477.06	0.03	1609.94	1609.96	1609.86	1200.10	211.32	204.21	-6.07	0.30	0.00	0.11
1998	1605.14	0.01	2446.81	0.02	1605.11	1605.14	1605.07	1173.80	219.73	196.15	15.19	0.20	0.00	0.06
1999	1661.37	0.01	2400.00	0.02	1661.35	1661.37	1661.21	1180.90	215.29	202.10	62.53	0.40	0.00	0.16
2000	1612.56	0.01	2575.34	0.02	1612.54	1612.56	1612.39	1166.20	212.05	200.96	32.88	0.30	0.00	0.17
2001	1623.95	0.01	2500.00	0.02	1623.93	1623.95	1623.77	1180.80	200.46	200.33	41.87	0.30	0.00	0.19
2002	1643.49	0.01	2461.54	0.02	1643.48	1643.49	1643.32	1249.30	205.93	196.63	-8.84	0.30	0.00	0.18
2003	1707.67	0.01	2218.75	0.01	1707.65	1707.67	1707.49	1269.70	182.73	205.16	49.61	0.30	0.00	0.17
2004	1648.88	0.01	2500.00	0.02	1648.86	1648.88	1648.61	1216.00	176.40	210.39	45.52	0.30	0.00	0.27
2005	1666.74	0.01	2516.13	0.02	1666.73	1666.74	1666.41	1220.00	187.24	202.35	56.52	0.30	0.00	0.33
2006	1689.29	0.01	2194.03	0.01	1689.28	1689.29	1688.81	1234.30	165.52	224.03	64.67	0.30	0.00	0.48
2007	1663.57	0.01	2627.12	0.02	1663.55	1663.57	1663.20	1224.30	154.92	222.42	61.26	0.30	0.00	0.37
2008	1646.38	0.01	2758.62	0.02	1646.36	1646.38	1645.95	1256.80	120.71	226.33	41.80	0.30	0.00	0.43
2009	1629.83	0.01	2538.46	0.02	1629.82	1629.83	1629.55	1252.00	112.84	231.11	33.30	0.30	0.00	0.28
2010	1619.79	0.01	2397.06	0.02	1619.77	1619.79	1619.67	1185.70	125.63	238.67	69.38	0.30	0.00	0.12
2011	1528.72	0.01	2578.13	0.02	1528.71	1528.72	1528.64	1121.10	139.86	229.96	37.43	0.30	0.00	0.08
2012	1489.52	0.01	2615.38	0.02	1489.50	1489.52	1489.52	1118.86	144.27	228.02	-1.93	0.30	0.00	0.00
均值	1630.03	0.01	2487.03	0.02	1630.01	1630.03	1629.83	1210.05	180.14	206.99	32.35	0.31	0.00	0.19
标准差	52.03	0.00	127.17	0.01	52.03	52.03	51.96	44.61	35.67	19.12	27.64	0.04	0.00	0.13

资料来源：FAO（2015）。

附表 3　韩国玉米供求平衡表

年份	总供给（万吨）	收获面积（万公顷）	单产（千克/公顷）	国内供给（万吨）	进口量（万吨）	总需求（万吨）	国内需求（万吨）	饲料需求（万吨）	食用需求（万吨）	工业加工需求（万吨）	库存变化量（万吨）	损耗（万吨）	种用需求（万吨）	出口量（万吨）
1993	629.05	1.96	4184.44	8.21	620.84	629.05	626.37	424.81	63.06	125.37	0.46	12.58	0.11	2.68
1994	584.02	2.17	4088.15	8.86	575.16	584.02	583.09	372.07	61.76	132.13	5.36	11.67	0.09	0.93
1995	911.71	1.75	4245.20	7.45	904.26	911.71	907.58	691.40	74.90	125.29	-2.31	18.22	0.09	4.12
1996	876.65	1.79	4029.93	7.22	869.44	876.65	872.25	649.27	80.45	128.75	-3.82	17.50	0.11	4.40
1997	840.73	2.11	4112.58	8.68	832.05	840.73	834.92	593.59	85.56	143.77	-4.90	16.80	0.10	5.81
1998	720.29	2.01	3982.27	8.02	712.27	720.29	712.52	494.27	75.81	130.51	-2.56	14.38	0.10	7.77
1999	821.11	2.01	3940.25	7.93	813.17	821.11	809.67	572.72	72.41	147.15	0.92	16.39	0.08	11.43
2000	880.14	1.58	4061.55	6.42	873.72	880.14	870.43	621.60	74.70	151.89	4.62	17.56	0.07	9.70
2001	860.63	1.42	4011.82	5.70	854.93	860.63	847.44	588.35	77.05	160.25	4.62	17.08	0.09	13.19
2002	925.50	1.73	4221.81	7.32	918.17	925.50	913.44	648.59	71.87	166.83	7.69	18.37	0.08	12.06
2003	892.61	1.70	4140.16	7.02	885.59	892.61	881.91	614.35	73.41	168.66	7.69	17.71	0.09	10.70
2004	851.83	1.82	4260.40	7.76	844.07	851.83	845.69	578.16	71.76	178.80	0.00	16.90	0.08	6.14
2005	868.59	1.52	4841.20	7.35	861.25	868.59	859.95	603.17	68.55	170.96	0.00	17.21	0.07	8.64
2006	885.14	1.37	4730.47	6.46	878.68	885.14	874.16	612.79	65.46	178.36	0.00	17.47	0.08	10.98
2007	879.44	1.70	4918.03	8.35	871.09	879.44	869.37	617.24	66.37	163.73	4.62	17.33	0.09	10.07
2008	924.47	1.84	5054.45	9.28	915.18	924.47	919.79	692.92	63.80	141.68	3.08	18.23	0.08	4.68
2009	748.01	1.53	5022.51	7.70	740.31	748.01	739.10	533.65	61.49	136.74	-7.69	14.82	0.08	8.91
2010	866.51	1.55	4787.42	7.43	859.08	866.51	851.56	606.88	62.23	165.14	0.00	17.23	0.08	14.95
2011	788.50	1.58	4652.22	7.36	781.14	788.50	779.88	518.18	62.24	183.71	0.00	15.66	0.09	8.62
2012	830.34	1.70	4894.42	8.32	822.02	830.34	830.33	521.18	63.54	179.87	49.99	15.67	0.08	0.01
均值	829.26	1.74	4408.96	7.64	821.62	829.26	821.47	577.76	69.82	153.98	3.39	16.44	0.09	7.79
标准差	93.08	0.22	397.47	0.87	93.40	93.08	91.35	81.31	6.99	20.00	11.70	1.83	0.01	4.09

资料来源：FAO（2015）。

附表 4 墨西哥玉米供求平衡表

年份	总供给（万吨）	收获面积（万公顷）	单产（千克/公顷）	国内供给（万吨）	进口量（万吨）	总需求（万吨）	国内需求（万吨）	饲料需求（万吨）	食用需求（万吨）	工业加工需求（万吨）	库存变化量（万吨）	损耗（万吨）	种用需求（万吨）	出口量（万吨）
1993	1843.82	742.82	2440.05	1812.53	31.29	1843.82	1834.78	550.00	1102.74	112.95	−178.70	201.81	45.98	9.04
1994	2107.53	819.40	2225.52	1823.58	283.95	2107.53	2092.57	433.63	1098.32	97.28	201.36	216.58	45.40	14.96
1995	2111.25	802.04	2288.27	1835.29	275.97	2111.25	2095.29	429.93	1171.90	108.47	130.00	211.79	43.19	15.97
1996	2395.01	805.09	2238.70	1802.36	592.64	2395.01	2380.30	538.99	1192.64	111.65	280.00	211.36	45.67	14.70
1997	2031.19	740.61	2384.03	1765.63	265.57	2031.19	2011.20	460.60	1191.62	115.27	−94.00	295.24	42.48	19.99
1998	2379.70	787.68	2342.91	1845.47	534.23	2379.70	2350.92	797.47	1237.02	116.36	−100.00	257.65	42.41	28.78
1999	2337.05	716.27	2472.02	1770.64	566.41	2337.05	2327.84	508.82	1249.00	121.85	199.55	206.30	42.32	9.21
2000	2301.99	713.12	2461.99	1755.69	546.30	2301.99	2293.39	537.51	1275.20	125.08	99.27	214.36	41.98	8.60
2001	2643.32	781.09	2577.73	2013.43	629.89	2643.32	2633.31	724.73	1300.94	129.55	199.11	237.62	41.35	10.02
2002	2493.54	711.97	2710.47	1929.78	563.76	2493.54	2468.07	853.87	1300.68	135.54	0.22	137.13	40.63	25.47
2003	2655.31	752.09	2752.52	2070.14	585.17	2655.31	2646.59	1014.00	1298.48	134.00	0.00	157.93	42.18	8.71
2004	2728.12	768.77	2818.83	2167.02	561.10	2728.12	2717.02	941.74	1304.45	135.38	−100.00	395.55	39.89	11.10
2005	2520.70	660.56	2927.62	1933.87	586.83	2520.70	2486.18	845.23	1281.82	146.54	−100.11	273.67	39.04	34.52
2006	2963.83	729.48	3001.19	2189.32	774.51	2963.83	2933.56	1049.43	1314.06	145.92	0.00	383.57	40.59	30.26
2007	3155.66	733.33	3206.31	2351.28	804.38	3155.66	3119.46	1034.88	1321.43	151.16	200.00	371.81	40.19	36.19
2008	3353.67	735.39	3307.08	2432.01	921.66	3353.67	3335.50	1279.48	1370.98	142.17	100.00	404.23	38.63	18.18
2009	2747.34	622.30	3236.81	2014.28	733.06	2747.34	2707.54	924.01	1349.75	146.09	−150.00	398.39	39.30	39.80
2010	3123.10	714.80	3259.90	2330.19	792.91	3123.10	3053.72	1177.85	1372.42	155.49	−81.00	390.22	38.75	69.38
2011	2723.99	606.91	2905.78	1763.54	960.44	2723.99	2689.42	960.51	1382.53	163.36	−150.00	296.15	36.86	34.57
2012	3158.43	692.39	3187.40	2206.93	951.51	3158.43	3081.14	898.60	1369.19	158.95	337.95	279.02	37.44	77.29
均值	2588.73	731.81	2737.26	1990.65	598.08	2588.73	2562.89	798.06	1274.26	132.65	39.68	277.02	41.21	25.84
标准差	416.34	56.67	374.46	219.80	244.59	416.34	405.33	260.37	85.40	18.60	158.98	86.24	2.59	19.30

资料来源：FAO（2015）。

附表 5 世界其他国家玉米供求平衡表

年份	总供给（万吨）	收获面积（万公顷）	单产（千克/公顷）	国内供给（万吨）	进口量（万吨）	总需求（万吨）	国内需求（万吨）	饲料需求（万吨）	食用需求（万吨）	工业加工需求（万吨）	库存变化量（万吨）	损耗（万吨）	种用需求（万吨）	出口量（万吨）
1993	11509.75	4589.50	1959.54	8993.31	2516.44	11509.75	11382.74	4340.96	4778.68	496.55	494.11	1114.55	157.88	127.01
1994	11994.42	4658.53	2010.90	9367.85	2626.58	11994.42	11430.20	4290.23	4917.69	490.83	361.92	1198.80	170.73	564.22
1995	11704.51	4532.12	1907.15	8643.45	3061.06	11704.51	11446.91	4791.89	5052.93	581.62	-297.14	1150.23	167.40	257.59
1996	12541.45	4587.63	2108.25	9671.89	2869.56	12541.45	12218.28	4769.69	5048.59	636.37	393.67	1191.72	178.25	323.17
1997	13052.55	4614.05	2105.33	9714.08	3338.46	13052.55	12809.91	5214.20	5167.45	646.57	366.93	1229.86	184.89	242.64
1998	13073.68	4544.71	2128.18	9671.98	3401.70	13073.68	12771.10	5390.53	5236.48	638.69	67.17	1255.83	182.40	302.58
1999	13425.39	4443.13	2255.49	10021.45	3403.94	13425.39	13247.17	5673.55	5271.29	646.29	206.13	1266.40	183.52	178.22
2000	13516.25	4444.51	2197.51	9766.83	3749.43	13516.25	13394.55	5723.82	5432.60	592.38	209.22	1241.26	195.26	121.70
2001	14042.61	4424.89	2280.52	10091.04	3951.58	14042.61	13870.29	6284.21	5463.55	519.03	202.99	1188.46	212.05	172.32
2002	14790.42	4556.75	2325.94	10598.75	4191.66	14790.42	14651.82	6583.41	5576.71	619.82	452.38	1217.54	201.97	138.60
2003	15381.33	4896.11	2256.52	11048.17	4333.16	15381.33	15190.67	6902.43	5824.19	781.95	303.09	1159.96	219.04	190.66
2004	15643.69	4868.09	2453.25	11942.65	3701.04	15643.69	15410.57	6854.84	5935.08	856.90	586.12	949.86	227.77	233.12
2005	16974.22	5093.54	2481.21	12638.12	4336.09	16974.22	16643.17	7573.92	6057.17	893.95	999.68	972.08	146.37	331.05
2006	17039.93	4788.50	2623.27	12561.53	4478.40	17039.93	16665.36	7685.46	6217.23	917.40	676.12	1022.12	147.04	374.57
2007	17866.31	5031.55	2556.16	12861.46	5004.85	17866.31	17569.25	8362.80	6425.70	994.89	570.78	1050.12	164.95	297.06
2008	19147.69	5433.16	2738.74	14880.00	4267.69	19147.69	18806.16	8648.49	6747.08	1168.02	877.54	1189.03	176.01	341.54
2009	19742.21	5301.51	2797.13	14828.99	4913.22	19742.21	19143.02	8646.46	6886.93	1278.47	929.99	1217.49	183.67	599.19
2010	21518.56	5538.36	2892.49	16019.69	5498.87	21518.56	20989.20	9576.23	7084.60	1251.36	1580.03	1296.19	200.79	529.36
2011	21383.30	5758.72	2800.28	16126.02	5257.28	21383.30	20668.79	9496.07	7281.12	1308.91	1044.16	1333.80	204.73	714.51
2012	21591.89	5859.23	2814.10	16488.45	5103.44	21591.89	20062.34	11630.41	7666.71	3687.34	-4572.11	1444.26	205.72	1529.55
均值	15797.01	4898.23	2384.60	11796.79	4000.22	15797.01	15418.57	6921.98	5903.59	950.37	272.64	1184.48	185.52	378.43
标准差	3416.51	455.03	313.05	2605.49	888.58	3416.51	3220.51	2005.50	860.92	698.33	1212.80	119.88	22.82	318.03

资料来源：FAO（2015）。

附表6 欧盟玉米供求平衡表

年份	总供给（万吨）	收获面积（万公顷）	单产（千克/公顷）	国内供给（万吨）	进口量（万吨）	总需求（万吨）	国内需求（万吨）	饲料需求（万吨）	食用需求（万吨）	工业加工需求（万吨）	库存变化量（万吨）	损耗（万吨）	种用需求（万吨）	出口量（万吨）
1993	5912.92	936.61	5098.11	4774.94	1137.99	5912.92	4958.07	3819.56	329.87	641.63	27.06	86.86	53.10	954.86
1994	5911.94	918.31	5213.73	4787.82	1124.11	5911.94	4922.80	3898.62	338.77	711.82	-164.76	90.58	47.76	989.14
1995	6168.10	903.93	5505.81	4976.85	1191.25	6168.10	5320.67	4087.81	323.77	717.49	45.17	96.06	50.37	847.43
1996	6656.14	963.39	5778.09	5566.58	1089.56	6656.14	5853.56	4477.06	320.82	691.41	222.55	97.35	44.37	802.58
1997	7602.69	959.37	6754.40	6479.95	1122.73	7602.69	6627.25	4820.67	322.88	675.14	645.22	112.78	50.56	975.43
1998	6720.75	947.34	5936.43	5623.79	1096.96	6720.75	5500.91	4707.40	329.12	658.88	-335.03	94.45	46.11	1219.83
1999	7327.33	939.92	6541.36	6148.36	1178.98	7327.33	6166.31	4869.16	336.15	632.58	171.66	107.85	48.92	1161.02
2000	6438.66	972.62	5457.20	5307.77	1130.90	6438.66	5375.74	4592.62	353.47	673.47	-390.03	103.58	42.63	1062.92
2001	7562.95	1002.51	6368.00	6384.00	1178.96	7562.95	6552.49	4940.93	342.63	671.02	441.64	111.35	44.93	1010.46
2002	7549.80	967.19	6483.86	6271.11	1278.69	7549.80	6297.12	5117.29	360.43	746.30	-87.95	110.17	50.88	1252.67
2003	6802.85	1014.35	5356.44	5433.31	1369.53	6802.85	5726.40	4661.16	345.62	793.75	-221.88	100.72	47.03	1076.45
2004	8770.54	1047.37	7084.01	7419.58	1350.96	8770.54	7760.96	5528.05	370.46	796.20	896.22	121.88	48.16	1009.58
2005	7980.48	931.06	7029.23	6544.65	1435.84	7980.48	6711.94	5127.73	368.17	788.75	268.27	115.09	43.93	1268.54
2006	7290.82	885.21	6540.90	5790.06	1500.75	7290.82	6083.26	4933.61	374.93	752.59	-138.78	114.29	46.62	1207.56
2007	7424.65	831.11	6048.33	5026.83	2397.82	7424.65	6109.68	5502.58	368.38	836.43	-751.62	108.99	44.92	1314.97
2008	8702.01	912.27	7170.40	6541.33	2160.68	8702.01	7325.64	5448.78	368.10	821.09	513.49	127.89	46.29	1376.37
2009	7778.87	865.75	6933.45	6002.62	1776.25	7778.87	6105.06	4663.40	362.35	864.33	50.89	121.97	42.12	1673.81
2010	7677.63	822.94	7194.25	5920.42	1757.20	7677.63	6083.48	4854.61	360.47	932.10	-229.35	123.29	42.36	1594.14
2011	9101.67	927.97	7572.54	7027.12	2074.55	9101.67	7433.95	5459.55	375.64	983.52	411.45	158.25	45.53	1667.72
2012	8380.02	985.04	6081.86	5990.90	2389.12	8380.02	6484.01	5406.80	369.83	974.68	-466.84	155.73	43.80	1896.01
均值	7388.04	936.71	6307.42	5900.90	1487.14	7388.04	6169.97	4845.87	351.09	768.16	45.37	112.96	46.52	1218.07
标准差	927.11	57.31	741.83	728.41	445.92	927.11	773.65	509.62	19.13	107.66	408.20	18.81	3.08	296.80

资料来源：FAO（2015）。

附表 7 美国玉米供求平衡表

年份	总供给（万吨）	收获面积（万公顷）	单产（千克/公顷）	国内供给（万吨）	进口量（万吨）	总需求（万吨）	国内需求（万吨）	饲料需求（万吨）	食用需求（万吨）	工业加工需求（万吨）	库存变化量（万吨）	损耗（万吨）	种用需求（万吨）	出口量（万吨）
1993	16142.01	2546.80	6321.07	16098.50	43.51	16142.01	12066.95	11886.82	352.53	3663.69	-4353.45	466.30	51.05	4075.07
1994	25578.69	2934.50	8699.71	25529.30	49.39	25578.69	21947.73	13867.54	359.67	3916.88	3002.39	754.76	46.48	3630.95
1995	18836.76	2638.90	7123.01	18796.90	39.86	18836.76	12763.23	11918.91	366.15	3678.97	-4057.82	805.84	51.17	6073.53
1996	23501.58	2939.80	7977.65	23452.70	48.88	23501.58	18203.99	13403.71	372.45	3883.65	-202.13	694.85	51.46	5297.59
1997	23427.36	2940.90	7952.23	23386.70	40.66	23427.36	19184.65	13844.20	379.63	4179.24	65.10	664.61	51.87	4242.71
1998	24829.66	2937.60	8438.25	24788.20	41.46	24829.66	20561.38	13849.08	383.04	4251.26	1193.62	834.25	50.13	4268.27
1999	24010.91	2852.50	8397.86	23954.90	56.01	24010.91	18758.67	14332.62	383.72	4436.27	-984.24	538.87	51.43	5252.23
2000	25226.21	2931.57	8591.02	25185.22	40.99	25226.21	20369.79	14788.02	384.23	4540.43	86.83	521.26	49.02	4856.42
2001	24170.98	2782.97	8673.28	24137.50	33.48	24170.98	19323.33	14855.82	385.82	4759.62	-1434.59	705.71	50.94	4847.65
2002	22821.49	2805.72	8117.91	22776.54	44.95	22821.49	17985.06	14092.71	387.07	5490.43	-2519.42	483.53	50.73	4836.43
2003	25675.01	2871.03	8924.57	25622.73	52.28	25675.01	21277.54	14684.35	387.87	5996.35	-429.27	586.02	52.22	4397.47
2004	30043.61	2979.77	10063.64	29987.36	56.25	30043.61	25111.78	15583.09	387.87	6402.13	2207.28	478.61	52.81	4931.83
2005	28276.12	3039.90	9285.20	28226.07	50.05	28276.12	23682.35	15532.26	388.66	7193.86	-215.50	732.53	50.53	4593.77
2006	26790.17	2858.65	9357.60	26750.11	40.06	26790.17	20919.93	14071.94	388.67	8483.25	-2516.21	431.98	60.31	5870.24
2007	33173.53	3501.38	9458.42	33117.51	56.03	33173.53	27381.61	14878.66	388.66	10771.28	649.54	637.99	55.48	5791.92
2008	30792.11	3179.65	9659.62	30714.20	77.91	30792.11	25311.30	13161.91	388.66	12272.21	-807.63	240.40	55.74	5480.81
2009	33302.78	3216.88	10337.61	33254.86	47.92	33302.78	28453.21	13019.28	391.34	14644.90	-88.14	429.09	56.74	4849.58
2010	31673.65	3296.04	9592.27	31616.49	57.16	31673.65	26518.59	12190.21	391.96	15825.11	-2500.04	552.93	58.42	5155.06
2011	31478.60	3398.92	9236.72	31394.86	83.74	31478.60	26833.00	11573.88	391.96	15836.85	-1579.67	547.68	62.30	4645.59
2012	27562.51	3535.94	7743.90	27382.01	180.50	27562.51	24409.52	11517.71	390.29	14177.25	-1980.73	242.59	62.40	3152.99
均值	26365.69	3009.47	8697.58	26308.63	57.05	26365.69	21553.18	13652.64	382.51	7720.18	-823.20	567.49	53.56	4812.51
标准差	4547.36	267.92	989.40	4538.54	31.55	4547.36	4508.47	1284.79	11.14	4460.28	1876.67	165.30	4.44	734.23

资料来源：FAO（2015）。

附表 8　阿根廷玉米供求平衡表

年份	总供给（万吨）	收获面积（万公顷）	单产（千克/公顷）	国内供给（万吨）	进口量（万吨）	总需求（万吨）	国内需求（万吨）	饲料需求（万吨）	食用需求（万吨）	工业加工需求（万吨）	库存变化量（万吨）	损耗（万吨）	种用需求（万吨）	出口量（万吨）
1993	1090.31	250.30	4355.16	1090.10	0.21	1090.31	602.56	432.40	25.66	106.70	0.00	28.80	9.00	487.75
1994	1036.20	244.50	4237.15	1036.00	0.20	1036.20	620.20	443.25	12.91	129.03	0.00	28.20	6.81	416.00
1995	1140.97	252.18	4522.27	1140.40	0.56	1140.97	539.81	352.38	22.23	128.85	0.00	30.80	5.55	601.15
1996	1053.26	260.37	4039.72	1051.83	1.43	1053.26	410.07	222.26	22.32	129.11	0.00	29.00	7.38	643.19
1997	1556.86	341.04	4555.74	1553.68	3.18	1556.86	457.13	260.55	21.92	128.82	0.00	39.00	6.84	1099.73
1998	1937.30	318.54	6077.95	1936.07	1.23	1937.30	689.69	278.32	24.45	127.76	200.00	48.17	11.00	1247.60
1999	1351.11	251.47	5370.17	1350.41	0.70	1351.11	558.17	225.39	31.98	139.58	100.00	54.23	7.00	792.94
2000	1679.51	308.87	5432.89	1678.07	1.44	1679.51	589.93	251.24	39.76	136.41	100.00	54.51	8.00	1089.58
2001	1537.13	281.55	5455.29	1535.94	1.19	1537.13	439.58	205.10	39.75	137.23	0.00	49.50	8.00	1097.55
2002	1471.78	242.01	6079.06	1471.21	0.57	1471.78	518.62	195.53	39.57	136.51	100.00	39.50	7.50	953.16
2003	1505.26	232.29	6476.73	1504.45	0.81	1505.26	306.93	234.77	39.60	135.60	-150.00	39.46	7.50	1198.33
2004	1495.67	233.86	6393.06	1495.08	0.59	1495.67	419.48	227.52	39.83	135.18	-20.00	29.46	7.50	1076.19
2005	2048.77	278.34	7358.74	2048.26	0.51	2048.77	576.56	353.13	39.08	135.37	0.00	39.48	9.50	1472.20
2006	1445.25	244.72	5902.97	1444.55	0.70	1445.25	396.96	372.91	39.58	134.50	-200.00	39.47	10.50	1048.29
2007	2176.25	283.81	7665.54	2175.54	0.72	2176.25	668.65	443.12	38.92	134.63	0.00	39.47	12.50	1507.60
2008	2202.47	341.22	6452.50	2201.69	0.78	2202.47	652.34	430.06	38.66	135.17	0.00	39.45	9.00	1550.13
2009	1312.57	235.32	5576.03	1312.14	0.44	1312.57	437.29	233.94	40.35	134.53	0.00	19.48	9.00	875.28
2010	2267.22	290.40	7804.00	2266.31	0.91	2267.22	483.05	241.93	40.58	144.85	-2.47	40.10	18.05	1784.17
2011	2380.61	374.78	6350.28	2379.98	0.63	2380.61	746.09	499.94	40.50	140.85	0.00	44.80	20.00	1634.52
2012	2380.72	374.78	6350.28	2379.98	0.74	2380.72	595.18	457.32	40.42	141.80	-111.54	40.98	26.20	1785.54
均值	1653.46	282.02	5822.78	1652.58	0.88	1653.46	535.42	318.05	33.90	133.62	0.80	38.69	10.34	1118.05
标准差	454.30	46.46	1105.50	454.26	0.64	454.30	114.38	102.01	8.77	7.85	87.46	9.08	5.22	412.05

资料来源：FAO（2015）。

附表 9　巴西玉米供求平衡表

年份	总供给（万吨）	收获面积（万公顷）	单产（千克/公顷）	国内供给（万吨）	进口量（万吨）	总需求（万吨）	国内需求（万吨）	饲料需求（万吨）	食用需求（万吨）	工业加工需求（万吨）	库存变化量（万吨）	损耗（万吨）	种用需求（万吨）	出口量（万吨）
1993	3137.90	1186.97	2532.13	3005.56	132.33	3137.90	3135.71	2442.46	340.98	2.17	0.00	313.79	36.31	2.19
1994	3389.85	1374.88	2362.94	3248.76	141.09	3389.85	3388.07	2684.74	326.95	1.95	0.00	338.96	35.46	1.78
1995	3757.66	1394.63	2600.47	3626.70	130.97	3757.66	3755.27	2739.61	306.51	2.24	300.00	375.76	31.15	2.39
1996	3250.83	1193.38	2696.98	3218.52	32.32	3250.83	3214.04	2818.55	306.03	2.31	-300.00	355.08	32.06	36.79
1997	3348.47	1256.21	2622.81	3294.80	53.66	3348.47	3310.45	2619.44	325.81	2.29	0.00	334.83	28.09	38.01
1998	3133.18	1058.55	2796.44	2960.18	173.00	3133.18	3130.67	2497.89	285.75	2.67	0.00	313.31	31.05	2.50
1999	3286.06	1161.15	2759.13	3203.76	82.30	3286.06	3282.74	2634.91	285.26	2.35	0.00	328.60	31.62	3.32
2000	3365.16	1161.47	2744.74	3187.94	177.22	3365.16	3362.28	2718.70	272.23	3.96	0.00	336.51	30.89	2.87
2001	4257.98	1233.03	3402.62	4195.53	62.45	4257.98	3693.11	2896.74	337.47	3.63	0.00	425.80	29.48	564.87
2002	3627.85	1175.09	3057.89	3593.30	34.55	3627.85	3348.04	2577.93	372.22	2.70	0.00	362.78	32.41	279.81
2003	4912.65	1296.57	3727.33	4832.73	79.91	4912.65	4549.67	2556.36	465.53	4.36	0.00	491.25	32.16	362.97
2004	4212.10	1241.07	3367.07	4178.76	33.35	4212.10	3702.78	2806.70	440.19	4.08	0.00	421.18	30.62	509.32
2005	3571.10	1154.94	3040.26	3511.33	59.76	3571.10	3454.64	2824.18	417.89	2.97	1000.00	377.10	32.49	116.46
2006	4361.88	1261.31	3382.33	4266.17	95.72	4361.88	3955.83	2925.85	457.28	1.49	-200.00	436.18	35.03	406.06
2007	5320.89	1376.74	3785.19	5211.22	109.67	5320.89	4216.57	3164.88	476.26	6.49	100.00	532.08	36.87	1104.32
2008	5971.21	1444.46	4079.96	5893.33	77.87	5971.21	5316.81	4197.26	479.52	7.63	0.00	597.03	35.36	654.40
2009	5188.78	1365.47	3714.45	5071.98	116.80	5188.78	4395.40	3364.65	472.90	6.87	0.00	518.57	32.41	793.38
2010	5587.43	1267.89	4366.65	5536.43	51.00	5587.43	4494.41	3416.51	475.97	9.65	0.00	558.27	34.01	1093.02
2011	5634.26	1321.89	4210.66	5566.02	68.24	5634.26	4672.41	3585.04	478.76	7.78	0.00	563.17	37.66	961.85
2012	7190.33	1419.85	5005.66	7107.28	83.04	7190.33	5210.13	3509.42	462.31	7.21	644.29	547.64	39.27	1980.19
均值	4325.28	1267.28	3312.79	4235.51	89.76	4325.28	3879.45	2949.09	389.29	4.24	77.21	426.39	33.22	445.83
标准差	1158.91	104.88	720.11	1169.21	43.93	1158.91	687.03	452.87	79.35	2.44	283.39	96.57	2.91	528.79

资料来源：FAO（2015）。

附表10 乌克兰玉米供求平衡表

年份	总供给(万吨)	收获面积(万公顷)	单产(千克/公顷)	国内供给(万吨)	进口量(万吨)	总需求(万吨)	国内需求(万吨)	饲料需求(万吨)	食用需求(万吨)	工业加工需求(万吨)	库存变化量(万吨)	损耗(万吨)	种用需求(万吨)	出口量(万吨)
1993	416.80	133.10	2844.48	378.60	38.20	416.80	416.80	303.80	56.68	37.82	0.00	15.50	3.00	0.00
1994	158.44	65.19	2361.41	153.94	4.50	158.44	157.40	163.15	39.00	26.05	-80.00	5.70	3.50	1.04
1995	343.33	116.13	2920.69	339.18	4.15	343.33	342.11	164.02	52.20	32.07	80.00	11.80	2.02	1.23
1996	184.95	67.13	2736.48	183.70	1.25	184.95	167.75	170.60	43.40	28.36	-80.00	3.30	2.10	17.19
1997	535.40	163.65	3262.76	533.95	1.45	535.40	527.25	250.86	35.47	33.52	190.80	14.70	1.90	8.15
1998	230.93	90.79	2534.20	230.08	0.85	230.93	171.94	182.93	50.93	39.08	-114.10	12.10	1.00	58.99
1999	175.96	68.87	2522.00	173.69	2.27	175.96	144.99	154.44	31.07	20.99	-74.00	10.90	1.60	30.97
2000	394.07	127.88	3009.15	384.81	9.26	394.07	374.36	211.09	51.43	39.75	45.60	25.00	1.50	19.71
2001	364.41	112.28	3242.52	364.07	0.34	364.41	324.93	219.38	45.37	37.57	0.00	21.00	1.60	39.48
2002	418.65	118.87	3516.70	418.03	0.62	418.65	367.10	280.32	45.33	59.54	-45.60	25.00	2.50	51.55
2003	690.50	198.88	3456.91	687.51	2.99	690.50	594.64	437.05	48.53	68.36	0.00	38.00	2.70	95.86
2004	889.00	229.96	3855.80	886.68	2.32	889.00	762.28	578.81	44.12	88.47	0.00	49.00	1.88	126.72
2005	718.72	165.95	4318.53	716.66	2.06	718.72	435.69	236.08	49.33	106.27	0.00	42.00	2.00	283.03
2006	645.02	172.03	3735.16	642.56	2.46	645.02	471.61	272.38	53.33	107.60	0.00	36.00	2.30	173.41
2007	746.21	190.28	3900.09	742.11	4.10	746.21	645.08	438.02	45.33	117.32	0.00	41.60	2.80	101.13
2008	1148.50	244.01	4691.12	1144.68	3.82	1148.50	860.90	664.38	52.00	78.16	0.00	64.00	2.36	287.61
2009	1050.92	208.91	5019.53	1048.63	2.29	1050.92	327.07	143.58	53.33	71.18	0.00	56.00	2.98	723.86
2010	1198.50	264.76	4514.65	1195.30	3.20	1198.50	904.83	727.59	53.33	72.43	0.00	47.50	3.98	293.67
2011	2288.88	354.37	6444.65	2283.79	5.09	2288.88	1501.50	1282.65	53.33	58.21	22.22	80.00	5.09	787.37
2012	2101.22	437.19	4794.55	2096.13	5.09	2101.22	1313.84	1224.02	52.25	48.00	-78.50	63.00	5.09	787.37
均值	735.02	176.51	3684.07	730.21	4.82	735.02	540.60	405.26	47.79	58.54	-6.68	33.10	2.60	194.42
标准差	591.64	96.10	1034.61	592.04	8.12	591.64	371.22	337.51	6.67	29.28	66.50	21.97	1.11	264.77

资料来源：FAO (2015)。

附表 11 印度玉米供求平衡表

年份	总供给（万吨）	收获面积（万公顷）	单产（千克/公顷）	国内供给（万吨）	进口量（万吨）	总需求（万吨）	国内需求（万吨）	饲料需求（万吨）	食用需求（万吨）	工业加工需求（万吨）	库存变化量（万吨）	损耗（万吨）	种用需求（万吨）	出口量（万吨）
1993	960.10	599.50	1601.50	960.10	0.00	960.10	956.58	280.00	509.70	5.08	-0.10	95.80	66.10	3.53
1994	888.44	613.58	1447.96	888.44	0.00	888.44	886.36	300.00	430.73	4.23	0.20	89.40	61.80	2.08
1995	953.41	597.90	1594.58	953.40	0.01	953.41	949.24	320.00	460.04	3.69	0.20	96.00	69.30	4.17
1996	1076.98	630.00	1709.37	1076.90	0.08	1076.98	1068.01	330.00	557.20	3.52	-0.20	108.00	69.50	8.97
1997	1081.74	632.10	1711.12	1081.60	0.14	1081.74	1079.80	340.00	558.48	5.32	-1.00	110.00	67.00	1.94
1998	1118.27	620.37	1796.94	1114.77	3.50	1118.27	1117.19	340.00	593.08	5.61	0.30	110.00	68.20	1.07
1999	1176.75	642.21	1792.19	1150.96	25.79	1176.75	1175.22	355.00	631.15	6.07	0.30	110.00	72.70	1.53
2000	1209.91	661.13	1821.61	1204.32	5.59	1209.91	1205.81	380.00	626.96	5.53	0.20	120.72	72.40	4.10
2001	1316.50	658.15	1999.57	1316.02	0.48	1316.50	1304.11	400.00	673.43	5.85	20.20	131.64	72.99	12.40
2002	1115.21	663.52	1680.69	1115.17	0.04	1115.21	1106.02	370.00	556.96	4.66	-19.90	113.52	80.78	9.20
2003	1498.54	734.34	2040.51	1498.43	0.11	1498.54	1439.56	450.00	684.45	3.62	69.90	149.85	81.73	58.98
2004	1417.55	743.04	1907.30	1417.20	0.35	1417.55	1307.73	410.00	685.21	5.32	-20.00	143.73	83.47	109.82
2005	1471.31	758.83	1938.50	1470.99	0.32	1471.31	1426.69	420.00	767.06	5.68	0.00	147.12	86.83	44.62
2006	1510.14	789.40	1912.47	1509.70	0.44	1510.14	1441.98	440.00	755.81	5.89	0.00	150.99	89.29	68.16
2007	1896.22	811.73	2335.19	1895.54	0.68	1896.22	1616.28	570.00	762.53	4.25	0.00	189.60	89.91	279.94
2008	1974.16	817.38	2413.98	1973.14	1.02	1974.16	1611.79	600.00	718.48	5.05	0.00	197.39	90.88	362.37
2009	1674.40	826.16	2023.76	1671.95	2.45	1674.40	1407.09	500.00	685.36	5.26	-50.00	172.39	94.09	267.31
2010	2173.55	855.32	2540.08	2172.58	0.97	2173.55	1935.91	650.29	771.27	1.84	198.46	217.42	96.62	237.64
2011	2177.67	878.00	2478.36	2176.00	1.67	2177.67	1764.79	651.25	802.28	3.94	-6.81	218.14	95.99	412.87
2012	2700.97	871.00	2555.68	2226.00	474.97	2700.97	2110.29	615.29	787.04	3.71	393.99	205.75	104.50	590.69
均值	1469.59	720.18	1965.07	1443.66	25.93	1469.59	1345.52	436.09	650.86	4.71	29.29	143.87	80.70	124.07
标准差	491.56	98.77	334.42	438.21	105.85	491.56	333.24	120.48	111.63	1.08	98.97	42.63	12.36	173.46

资料来源：FAO（2015）。

附表 12　俄罗斯玉米供求平衡表

年份	总供给（万吨）	收获面积（万公顷）	单产（千克/公顷）	国内供给（万吨）	进口量（万吨）	总需求（万吨）	国内需求（万吨）	饲料需求（万吨）	食用需求（万吨）	工业加工需求（万吨）	库存变化量（万吨）	损耗（万吨）	种用需求（万吨）	出口量（万吨）
1993	805.46	78.69	3102.23	244.11	561.35	805.46	804.24	460.60	6.00	19.64	308.90	6.50	2.59	1.23
1994	179.48	52.41	1701.97	89.20	90.28	179.48	176.56	383.00	5.67	3.44	-220.00	2.70	1.75	2.92
1995	199.96	62.96	2761.28	173.85	26.11	199.96	199.45	513.00	2.73	5.82	-326.60	2.70	1.80	0.51
1996	131.42	62.24	1748.30	108.82	22.60	131.42	130.88	75.00	2.73	5.95	43.20	2.00	2.00	0.54
1997	301.59	84.55	3163.34	267.46	34.13	301.59	301.00	180.00	2.93	10.42	100.60	4.85	2.20	0.59
1998	94.10	50.15	1636.25	82.06	12.05	94.10	93.33	224.90	4.27	6.95	-147.00	2.00	2.20	0.78
1999	182.48	54.24	1971.18	106.92	75.56	182.48	182.32	164.10	5.51	8.31	0.00	2.20	2.20	0.16
2000	231.32	72.09	2122.75	153.03	78.29	231.32	230.97	120.00	5.74	13.03	86.90	2.90	2.40	0.35
2001	111.80	46.73	1813.01	84.72	27.08	111.80	111.69	174.50	5.43	13.52	-86.90	2.40	2.75	0.11
2002	206.05	54.68	2858.25	156.29	49.76	206.05	205.58	171.40	7.49	21.07	0.00	2.46	3.16	0.47
2003	236.54	65.91	3219.39	212.19	24.35	236.54	234.34	171.70	6.15	47.25	0.00	5.20	4.04	2.20
2004	401.20	87.04	4039.17	351.57	49.63	401.20	398.89	263.90	8.04	64.35	50.00	8.80	3.80	2.31
2005	346.28	83.05	3866.07	321.08	25.20	346.28	338.78	272.40	9.26	94.87	-50.00	7.50	4.75	7.50
2006	389.73	97.10	3615.19	351.04	38.69	389.73	383.78	238.50	13.01	116.59	0.00	8.80	6.88	5.95
2007	397.69	129.63	2930.01	379.80	17.89	397.69	392.19	219.30	8.44	146.98	0.00	9.50	7.97	5.51
2008	714.10	173.17	3858.81	668.23	45.87	714.10	694.10	522.40	9.72	139.38	0.00	16.60	6.00	20.00
2009	405.62	112.22	3531.84	396.34	9.27	405.62	269.64	459.80	11.69	133.65	-350.00	8.50	6.00	135.97
2010	317.50	102.52	3008.53	308.44	9.06	317.50	294.28	459.40	8.64	111.54	-300.00	7.50	7.20	23.22
2011	713.19	160.26	4344.47	696.24	16.94	713.19	640.72	490.30	9.24	115.88	0.00	16.70	8.60	72.47
2012	825.38	193.75	4238.93	821.29	4.09	825.38	605.73	436.74	7.90	86.03	50.36	14.40	10.30	219.66
均值	359.54	91.17	2976.55	298.63	60.91	359.54	334.42	300.05	7.03	58.23	-42.03	6.71	4.43	25.12
标准差	230.15	42.85	890.77	213.73	120.24	230.15	203.54	147.97	2.84	53.70	159.59	4.77	2.62	56.41

资料来源：FAO（2015）。

附表 13　中国生物乙醇供求平衡表　　　　　　单位：百万升

年份	国内产量	国内需求量	国内消费需求	库存变化量	净进口量
2002	4951.69	4951.69	4884.09	0.00	-67.60
2003	5331.69	5331.69	5114.99	0.00	-216.70
2004	5711.69	5711.69	5650.61	0.00	-61.08
2005	6089.79	6089.79	5987.68	0.00	-102.12
2006	6284.55	6284.55	5357.98	0.00	-926.57
2007	6379.55	6379.55	6236.62	0.00	-142.93
2008	6830.35	6830.35	6774.07	0.00	-56.28
2009	7335.15	7335.15	7282.37	0.00	-52.78
2010	8276.88	8276.88	8150.83	0.00	-126.05
2011	8580.59	8580.59	8589.74	0.00	9.14
2012	8925.98	8925.98	8989.46	0.00	63.47
均值	6790.72	6790.72	6638.04	0.00	-152.68
标准差	1336.46	1336.46	1437.16	0.00	267.24

资料来源：OECD（2015）。

附表 14　欧盟生物乙醇供求平衡表　　　　　　单位：百万升

年份	国内产量	国内需求量	国内消费需求	库存变化量	净进口量
2002	1966.26	1966.26	1966.26	0.00	22.26
2003	2112.39	2112.39	2112.39	0.00	143.00
2004	2696.50	2696.50	2617.90	0.00	279.64
2005	3359.61	3359.61	3301.20	0.00	539.04
2006	4387.58	4387.58	4322.60	0.00	878.93
2007	5338.15	5338.15	4945.40	0.00	1022.71
2008	6536.33	6536.33	6162.93	0.00	1822.93
2009	7288.00	7288.00	7143.00	0.00	1535.00
2010	7796.00	7796.00	7702.00	0.00	1412.00
2011	8428.30	8428.30	8311.90	0.00	1668.90
2012	7848.10	7848.10	7736.20	0.00	1104.00
均值	5250.66	5250.66	5120.16	0.00	948.04
标准差	2462.01	2462.01	2410.53	0.00	632.36

资料来源：OECD（2015）。

附表15 世界其他国家生物乙醇供求平衡表　　　　单位：百万升

年份	国内产量	国内需求量	国内消费需求	库存变化量	净进口量
2002	4028.62	4028.62	4700.21	340.78	1012.37
2003	4288.95	4288.95	4710.74	561.35	983.14
2004	4302.03	4302.03	6571.00	-811.54	1457.43
2005	4859.16	4859.16	7450.75	-1114.26	1477.33
2006	5451.09	5451.09	10005.68	-3511.21	1043.38
2007	6062.74	6062.74	9418.31	-1689.24	1666.33
2008	7002.01	7002.01	11661.26	-3044.45	1614.80
2009	7507.59	7507.59	10712.73	-1583.05	1622.10
2010	7900.61	7900.61	10412.95	1167.37	3679.71
2011	8566.91	8566.91	9515.65	1895.93	2844.67
2012	9787.16	9787.16	12801.06	-81.57	2932.33
均值	6341.53	6341.53	8905.49	-715.45	1848.51
标准差	1945.29	1945.29	2701.86	1691.80	897.01

资料来源：OECD（2015）。

附表16 印度生物乙醇供求平衡表　　　　单位：百万升

年份	国内产量	国内需求量	国内消费需求	库存变化量	净出口量
2002	1477.43	1477.43	1446.58	0.00	13.56
2003	1357.01	1357.01	1347.24	0.00	-12.33
2004	1471.78	1471.78	1467.89	0.00	-384.35
2005	1516.50	1516.50	1484.99	0.00	-359.35
2006	1624.92	1624.92	1583.74	0.00	-28.56
2007	1825.90	1825.90	1803.30	0.00	16.96
2008	1919.32	1919.32	1907.52	0.00	-123.62
2009	1638.65	1638.65	1624.88	0.00	-436.86
2010	1798.92	1798.92	1745.46	0.00	-137.91
2011	2056.00	2056.00	1940.00	0.00	62.00
2012	1962.00	1962.00	1850.00	0.00	78.10
均值	1695.31	1695.31	1654.69	0.00	-119.31
标准差	230.48	230.48	205.24	0.00	188.90

资料来源：OECD（2015）。

附表17　美国生物乙醇供求平衡表　　　　　　　　　单位：百万升

年份	国内产量	国内需求量	国内消费需求	库存变化量	净出口量
2002	8472.08	8472.08	8174.55	84.58	164.30
2003	11091.36	11091.36	10934.29	-59.94	170.59
2004	13940.15	13940.15	13878.63	-154.06	-347.55
2005	15864.87	15864.87	15083.70	593.82	-326.81
2006	21961.70	21961.70	21287.64	298.58	-2392.16
2007	27136.18	27136.18	25873.57	597.79	-997.70
2008	38320.99	38320.99	37944.78	-15.90	-1612.72
2009	43789.74	43789.74	42371.43	430.70	237.20
2010	52397.03	52397.03	49149.55	91.00	3097.17
2011	55469.20	55469.20	50899.49	45.42	3873.71
2012	54528.18	54528.18	50828.80	490.38	710.00
均值	31179.23	31179.23	29675.13	218.40	234.18
标准差	18296.34	18296.34	16933.76	273.04	1848.18

资料来源：OECD（2015）。

附表18　巴西生物乙醇供求平衡表　　　　　　　　　单位：百万升

年份	国内产量	国内需求量	国内消费需求	库存变化量	净出口量
2002	11490.00	11490.00	10700.85	0.00	789.15
2003	12140.00	12140.00	11388.83	0.00	751.17
2004	13544.00	13544.00	11136.11	0.00	2407.89
2005	15711.60	15711.60	13111.18	0.00	2600.42
2006	17920.60	17920.60	14504.15	0.00	3416.45
2007	22327.50	22327.50	18800.66	0.00	3526.84
2008	27853.00	27853.00	22735.20	0.00	5117.80
2009	25724.00	25724.00	22420.02	0.00	3303.98
2010	27571.00	27571.00	25564.60	0.00	2006.40
2011	22735.00	22735.00	22148.00	0.00	587.00
2012	23503.00	23503.00	20191.30	0.00	3311.70
均值	20047.25	20047.25	17518.26	0.00	2528.98
标准差	6127.74	6127.74	5472.64	0.00	1412.46

资料来源：OECD（2015）。

全球化背景下中国玉米的供求、贸易与预测

附录2 中位基本增长方案

附表19 各国人均GDP增长率的中位增长方案　　　　单位:%

年份	中国	日本	韩国	墨西哥	世界其他国家	欧盟	美国	阿根廷	巴西	乌克兰	印度	俄罗斯
2012	100	100	100	100	100	100	100	100	100	100	100	100
2013	7.20	1.63	2.77	-0.22	1.21	-0.17	1.50	1.94	1.63	2.52	3.66	1.33
2014	6.70	0.29	2.81	2.73	2.06	1.13	1.61	-2.01	-0.78	-5.40	4.10	0.27
2015	6.03	1.07	3.86	2.96	3.25	1.51	2.78	-1.13	-0.10	-1.37	4.90	-3.97
2016	6.32	1.42	3.62	2.89	3.76	1.75	2.19	1.69	1.22	1.66	5.47	-0.95
2017	6.39	0.97	3.42	2.92	3.07	1.80	1.89	2.29	2.12	2.67	6.01	2.07
2018	6.64	1.23	3.36	2.96	3.00	1.84	1.89	2.60	2.51	2.93	6.39	3.10
2019	6.58	1.00	3.10	2.99	2.86	1.79	1.90	2.87	2.78	3.20	6.60	3.33
2020	6.67	1.03	2.96	3.02	2.75	1.78	1.90	2.89	3.06	3.46	6.71	3.36
2021	6.56	1.05	2.86	3.06	2.61	1.77	1.90	2.91	3.33	3.73	6.78	3.39
2022	6.50	1.07	2.76	3.09	2.48	1.75	1.91	2.93	3.35	3.94	6.82	3.42
2023	6.44	1.10	2.66	3.13	2.42	1.78	1.91	2.95	3.37	3.96	6.80	3.44
2024	6.39	1.12	2.56	3.16	2.35	1.79	1.91	2.97	3.39	3.97	6.72	3.45
2025	6.33	1.14	2.68	3.20	2.28	1.80	1.91	2.99	3.41	3.98	6.60	3.46
2026	6.27	1.15	2.59	3.24	2.19	1.80	1.91	3.01	3.43	3.98	6.48	3.47
2027	6.21	1.17	2.51	3.27	2.10	1.82	1.91	3.03	3.45	3.99	6.36	3.48
2028	6.15	1.19	2.45	3.31	2.06	1.83	1.92	3.05	3.47	4.00	6.23	3.49
2029	6.09	1.20	2.38	3.35	2.01	1.83	1.93	3.06	3.49	4.00	6.11	3.49
2030	6.02	1.22	2.29	3.38	2.00	1.83	1.94	3.08	3.52	4.00	5.99	3.49

注:世界其他国家的人均GDP增长率为非洲数据。
资料来源:美国国家统计局(2015)。

附表20 美元兑各国货币汇率的中位增长方案 单位:%

年份	中国	日本	韩国	墨西哥	世界其他国家	欧盟	美国	阿根廷	巴西	乌克兰	印度	俄罗斯
2012	6.31	79.82	1126.16	13.15	1.00	0.78	1.00	4.54	1.95	7.99	53.44	30.84
2013	6.15	97.60	1094.67	12.76	1.00	1.33	1.00	5.48	2.16	7.99	58.51	31.91
2014	6.16	105.74	1052.29	13.30	1.00	1.33	1.00	8.12	2.35	11.94	61.00	38.60
2015	6.28	121.05	1130.96	15.87	1.00	1.11	1.00	9.27	3.34	21.93	64.11	61.32
2016	6.31	120.08	1145.33	16.04	1.00	1.10	1.00	9.34	3.46	22.59	65.91	61.53
2017	6.34	119.01	1158.63	16.17	1.00	1.10	1.00	9.37	3.58	23.26	67.53	61.81
2018	6.37	117.87	1171.31	16.29	1.00	1.10	1.00	9.39	3.71	23.98	70.08	62.15
2019	6.40	116.71	1183.68	16.40	1.00	1.10	1.00	9.40	3.84	24.73	72.74	62.55
2020	6.45	115.54	1195.93	16.52	1.00	1.10	1.00	9.42	3.96	25.51	75.49	62.98
2021	6.49	114.39	1208.18	16.58	1.00	1.10	1.00	9.45	4.09	26.30	78.35	63.47
2022	6.55	113.24	1220.47	16.65	1.00	1.10	1.00	9.48	4.23	27.13	81.32	63.99
2023	6.50	115.09	1221.95	17.05	1.00	1.10	1.00	9.53	4.24	27.71	80.91	63.97
2024	6.46	116.89	1223.09	17.46	1.00	1.10	1.00	9.58	4.26	28.38	80.58	63.94
2025	6.42	118.63	1224.15	17.88	1.00	1.10	1.00	9.64	4.27	29.13	80.33	63.92
2026	6.39	120.33	1224.83	18.31	1.00	1.10	1.00	9.69	4.28	29.91	80.07	63.89
2027	6.36	122.03	1225.11	18.74	1.00	1.10	1.00	9.74	4.30	30.73	79.74	63.87
2028	6.34	123.74	1225.00	19.19	1.00	1.11	1.00	9.79	4.31	31.58	79.33	63.85
2029	6.34	125.48	1224.57	19.66	1.00	1.11	1.00	9.84	4.33	32.47	78.93	63.82
2030	6.34	127.26	1223.63	20.13	1.00	1.11	1.00	9.90	4.34	33.39	78.52	63.80

注:假定世界其他国家使用美元,欧盟国家兑美元汇率为欧元兑美元汇率。
资料来源:美国联邦储备系统(2015)、USDA(2016)。

附表 21　各国猪肉产量增长率的中位增长方案　　　　　单位:%

年份	中国	日本	韩国	墨西哥	世界其他国家	欧盟	美国	阿根廷	巴西	乌克兰	印度	俄罗斯
2012	100	100	100	100	100	100	100	100	100	100	100	100
2013	3.01	0.96	15.36	4.12	0.41	-0.74	-0.01	22.54	-1.69	6.94	-0.31	10.87
2014	3.01	-2.21	-5.63	0.32	1.45	-0.51	-1.79	14.40	3.52	10.25	-0.30	4.99
2015	-0.15	-0.16	12.07	1.51	2.62	0.17	4.82	2.60	0.02	3.38	0.94	4.05
2016	1.31	0.31	1.65	1.41	1.93	0.35	2.90	3.66	3.58	4.17	1.21	3.01
2017	2.37	-0.09	0.58	1.25	1.80	-0.11	-1.57	3.90	0.28	-1.97	0.91	2.33
2018	1.10	0.53	0.21	1.65	1.61	0.20	1.06	2.75	2.91	0.67	0.77	3.52
2019	0.78	-0.08	1.40	1.40	1.36	-0.07	0.92	3.11	1.30	1.03	0.98	1.68
2020	0.75	-0.76	4.18	1.23	1.14	-0.07	0.69	2.74	2.63	1.60	0.76	1.34
2021	0.62	-0.76	5.02	1.40	1.52	-0.02	0.93	2.92	1.98	1.64	0.63	1.15
2022	0.30	-0.71	2.72	1.42	1.66	0.02	1.08	2.91	1.68	1.02	0.68	1.31
2023	0.56	-0.43	1.06	1.44	1.51	0.23	1.00	1.87	2.57	0.40	0.88	1.43
2024	0.37	0.05	2.88	1.46	1.13	0.46	1.15	2.71	2.95	0.12	0.89	1.21
2025	0.37	0.05	2.88	1.46	1.13	0.46	1.15	2.71	2.95	0.12	0.89	1.21
2026	0.37	0.05	2.88	1.46	1.13	0.46	1.15	2.71	2.95	0.12	0.89	1.21
2027	0.37	0.05	2.88	1.46	1.13	0.46	1.15	2.71	2.95	0.12	0.89	1.21
2028	0.37	0.05	2.88	1.46	1.13	0.46	1.15	2.71	2.95	0.12	0.89	1.21
2029	0.37	0.05	2.88	1.46	1.13	0.46	1.15	2.71	2.95	0.12	0.89	1.21
2030	0.37	0.05	2.88	1.46	1.13	0.46	1.15	2.71	2.95	0.12	0.89	1.21

注：假定 2025~2030 年的增长率等于 2024 年的增长率。

资料来源：OECD（2015）。

附表22 各国牛肉产量增长率的中位增长方案　　　　　　　　单位:%

年份	中国	日本	韩国	墨西哥	世界其他国家	欧盟	美国	阿根廷	巴西	乌克兰	印度	俄罗斯
2012	100	100	100	100	100	100	100	100	100	100	100	100
2013	2.56	-2.06	10.26	-0.75	2.32	-4.69	0.03	8.70	9.71	10.36	8.55	-1.87
2014	1.44	-0.09	-1.16	0.37	2.89	1.77	-6.02	-4.89	2.00	7.63	5.30	1.74
2015	1.86	0.07	1.59	1.69	0.36	-3.51	-1.48	1.42	1.75	-0.12	2.25	0.58
2016	0.09	1.74	0.45	0.74	1.49	-0.91	-4.20	3.36	1.38	0.63	0.77	-0.44
2017	2.06	-1.61	0.97	0.85	1.45	-0.55	-1.39	6.36	1.00	0.50	1.03	-3.10
2018	1.80	1.07	0.89	2.13	1.38	-0.50	2.42	2.76	1.75	0.51	1.25	2.43
2019	1.90	-2.57	0.85	1.52	1.95	-0.36	2.36	3.01	2.21	1.00	1.89	2.75
2020	1.48	-1.83	0.89	0.75	1.82	-0.40	2.58	-1.98	1.02	0.81	1.49	1.76
2021	0.84	-0.08	1.33	1.32	1.35	-0.60	3.24	2.38	0.55	0.77	1.67	1.18
2022	2.05	-0.84	1.05	0.96	1.43	-0.09	2.53	2.60	0.61	0.53	1.72	-1.87
2023	1.44	1.29	1.20	0.75	1.41	-0.16	1.19	0.99	0.33	0.34	2.27	-1.58
2024	1.50	0.62	1.01	1.42	1.43	-0.09	0.93	0.77	0.16	0.31	2.76	-1.62
2025	1.50	0.62	1.01	1.42	1.43	-0.09	0.93	0.77	0.16	0.31	2.76	-1.62
2026	1.50	0.62	1.01	1.42	1.43	-0.09	0.93	0.77	0.16	0.31	2.76	-1.62
2027	1.50	0.62	1.01	1.42	1.43	-0.09	0.93	0.77	0.16	0.31	2.76	-1.62
2028	1.50	0.62	1.01	1.42	1.43	-0.09	0.93	0.77	0.16	0.31	2.76	-1.62
2029	1.50	0.62	1.01	1.42	1.43	-0.09	0.93	0.77	0.16	0.31	2.76	-1.62
2030	1.50	0.62	1.01	1.42	1.43	-0.09	0.93	0.77	0.16	0.31	2.76	-1.62

注：假定2025~2030年的增长率等于2024年的增长率。

资料来源：OECD（2015）。

附表23 各国禽肉产量增长率中位增长方案　　　　　　　　单位:%

年份	中国	日本	韩国	墨西哥	世界其他国家	欧盟	美国	阿根廷	巴西	乌克兰	印度	俄罗斯
2012	100	100	100	100	100	100	100	100	100	100	100	100
2013	-1.33	-0.09	2.98	0.46	0.62	1.32	0.34	0.98	-3.38	12.34	8.69	6.38
2014	1.48	3.41	2.70	1.93	2.62	1.83	1.76	3.00	2.13	8.09	8.02	3.02
2015	0.78	0.41	2.85	3.76	2.40	0.42	2.58	3.47	4.13	2.66	5.11	5.22
2016	1.31	1.78	2.86	3.52	2.69	3.04	2.30	3.01	0.42	2.76	4.02	1.64
2017	4.08	1.06	3.01	4.33	2.45	1.82	2.26	3.01	2.79	2.59	2.83	2.28
2018	2.85	-0.01	3.42	2.60	2.04	1.20	2.38	2.37	1.57	2.45	2.54	2.04
2019	2.54	-1.67	3.43	2.77	1.83	-0.33	2.35	2.17	2.17	2.32	2.56	1.81
2020	2.74	-1.76	3.55	2.96	1.88	0.54	2.38	2.38	2.18	2.23	2.53	1.66
2021	2.40	-1.18	2.56	2.53	1.93	0.82	2.05	2.40	1.46	2.30	2.49	1.54
2022	2.50	-0.46	2.80	2.96	1.91	0.66	1.56	2.43	2.18	2.35	2.42	1.51
2023	2.57	0.44	1.51	2.65	1.91	0.76	1.50	2.45	1.20	2.41	2.24	1.40
2024	2.16	0.63	2.32	2.91	1.94	0.70	1.25	2.25	1.66	2.42	2.10	1.41
2025	2.16	0.63	2.32	2.91	1.94	0.70	1.25	2.25	1.66	2.42	2.10	1.41
2026	2.16	0.63	2.32	2.91	1.94	0.70	1.25	2.25	1.66	2.42	2.10	1.41
2027	2.16	0.63	2.32	2.91	1.94	0.70	1.25	2.25	1.66	2.42	2.10	1.41
2028	2.16	0.63	2.32	2.91	1.94	0.70	1.25	2.25	1.66	2.42	2.10	1.41
2029	2.16	0.63	2.32	2.91	1.94	0.70	1.25	2.25	1.66	2.42	2.10	1.41
2030	2.16	0.63	2.32	2.91	1.94	0.70	1.25	2.25	1.66	2.42	2.10	1.41

注：假定2025~2030年的增长率等于2024年的增长率。

资料来源：OECD（2015）。

附表24 各国奶类产量增长率的中位增长方案　　　　　单位:%

年份	中国	日本	韩国	墨西哥	世界其他国家	欧盟	美国	阿根廷	巴西	乌克兰	印度	俄罗斯
2012	100	100	100	100	100	100	100	100	100	100	100	100
2013	2.73	-0.98	-1.66	0.84	0.94	0.48	1.32	0.50	3.58	1.47	4.77	-1.71
2014	-3.13	-9.55	-2.26	0.84	2.61	3.90	2.43	-2.14	2.09	1.28	2.58	0.31
2015	4.81	5.62	1.33	0.32	2.94	2.63	1.85	1.60	2.11	3.42	1.44	-0.16
2016	6.88	-0.10	1.31	1.10	1.06	-0.09	2.32	3.19	2.57	0.08	3.19	0.11
2017	4.15	-0.44	1.29	1.49	1.56	1.73	2.04	1.33	2.28	0.42	3.58	1.11
2018	3.76	-1.12	1.28	0.88	2.18	1.39	2.46	2.63	1.55	1.11	3.78	0.69
2019	4.44	-1.15	1.26	1.11	2.03	1.50	2.10	1.75	1.46	0.94	3.42	0.35
2020	3.28	-1.84	1.24	0.96	1.70	1.37	2.43	1.64	2.30	2.32	3.33	0.10
2021	3.24	-1.13	1.23	1.36	1.71	1.18	1.81	2.33	2.21	1.50	3.20	0.51
2022	3.61	-1.19	1.21	1.25	1.79	1.17	1.86	1.98	1.95	1.08	3.36	0.29
2023	3.32	-1.01	1.20	1.27	1.95	1.16	1.71	2.73	2.05	1.14	3.38	0.23
2024	3.15	-0.93	1.19	1.15	1.91	1.22	1.91	2.10	2.19	1.23	3.14	0.12
2025	3.15	-0.93	1.19	1.15	1.91	1.22	1.91	2.10	2.19	1.23	3.14	0.12
2026	3.15	-0.93	1.19	1.15	1.91	1.22	1.91	2.10	2.19	1.23	3.14	0.12
2027	3.15	-0.93	1.19	1.15	1.91	1.22	1.91	2.10	2.19	1.23	3.14	0.12
2028	3.15	-0.93	1.19	1.15	1.91	1.22	1.91	2.10	2.19	1.23	3.14	0.12
2029	3.15	-0.93	1.19	1.15	1.91	1.22	1.91	2.10	2.19	1.23	3.14	0.12
2030	3.15	-0.93	1.19	1.15	1.91	1.22	1.91	2.10	2.19	1.23	3.14	0.12

注:假定2025~2030年的增长率等于2024年的增长率。

资料来源:OECD(2015)。

附表 25　世界主要商品价格增长率的中位增长方案　　　单位:%

年份	石油	大米	小麦	大豆	其他谷物
2012	100	100	100	100	100
2013	-2.8	-10.5	5.5	-13.8	-33.1
2014	-8.7	-19.8	-10.2	-15.9	-13.0
2015	-41.7	-16.4	-16.4	-9.3	-7.0
2016	-3.0	-0.5	-1.0	-1.0	-1.0
2017	-1.5	0.7	-2.2	-2.2	4.2
2018	0.0	1.8	-1.4	-1.4	0.2
2019	1.5	1.1	0.9	0.9	-0.8
2020	2.0	-1.0	-1.3	-1.3	-2.1
2021	2.0	1.4	-0.6	-0.6	-1.0
2022	2.0	0.0	-0.5	-0.5	-1.0
2023	2.0	-1.0	-0.5	-0.5	-1.3
2024	2.0	-0.7	-1.4	-1.4	-1.8
2025	2.0	-0.7	-1.4	-1.4	-1.8
2026	2.0	-0.7	-1.4	-1.4	-1.8
2027	2.0	-0.7	-1.4	-1.4	-1.8
2028	2.0	-0.7	-1.4	-1.4	-1.8
2029	2.0	-0.7	-1.4	-1.4	-1.8
2030	2.0	-0.7	-1.4	-1.4	-1.8

资料来源:OECD(2015)、IMF(2016)。

附表26　各国库存变化量的中位增长方案　　　　　　　　　　　　　　　　单位：万吨

年份	中国	日本	韩国	墨西哥	世界其他国家	欧盟	美国	阿根廷	巴西	乌克兰	印度	俄罗斯
2012	2338.83	-3.70	-15.10	-5.00	-1800.52	-500.00	-426.30	-111.54	644.29	-78.50	393.99	50.36
2013	1404.30	-31.90	78.30	85.00	146.59	455.87	1076.32	30.00	288.35	69.50	136.00	124.40
2014	1376.60	26.80	28.50	20.00	-240.14	1041.10	1515.05	224.60	436.12	67.90	-78.61	125.00
2015	303.70	109.90	-55.50	16.03	-115.03	-260.64	-598.38	-145.07	-181.90	-29.43	43.49	-60.45
2016	166.04	129.32	2.61	-33.77	-272.04	-122.65	-304.20	-47.05	-81.42	-7.81	42.71	7.04
2017	126.07	166.79	-2.09	2.92	-108.91	-104.99	375.74	64.43	17.71	6.88	23.69	13.20
2018	-101.38	142.22	-0.47	6.77	79.86	-70.14	390.46	-35.01	38.84	11.58	22.25	-9.63
2019	-37.44	166.71	-0.36	23.62	133.47	-33.71	255.75	-11.39	69.41	11.72	25.15	3.98
2020	-101.70	182.47	4.06	19.23	136.10	-15.20	128.79	-18.45	54.40	7.34	28.50	32.50
2021	-148.80	199.44	0.28	7.24	74.20	-19.30	-234.98	4.60	33.11	1.70	22.32	11.50
2022	-104.51	191.08	2.06	7.78	88.62	-19.43	-183.27	34.82	37.61	3.10	20.48	3.57
2023	-159.74	177.16	-3.70	4.36	97.34	-18.30	-153.67	4.52	57.92	5.37	20.11	9.48
2024	-58.90	161.50	4.80	8.54	127.89	-18.85	-11.51	5.08	82.24	7.36	22.97	6.45
2025	-58.76	161.75	4.72	8.53	127.51	-18.82	-11.42	5.10	82.22	7.34	22.89	6.46
2026	-58.63	162.01	4.63	8.52	127.12	-18.79	-11.33	5.12	82.21	7.33	22.82	6.47
2027	-58.49	162.27	4.55	8.50	126.74	-18.76	-11.24	5.14	82.19	7.31	22.74	6.49
2028	-58.36	162.52	4.47	8.49	126.37	-18.73	-11.16	5.16	82.18	7.29	22.67	6.50
2029	-58.22	162.78	4.39	8.48	125.99	-18.70	-11.07	5.19	82.16	7.28	22.60	6.51
2030	-58.09	163.03	4.31	8.47	125.61	-18.67	-10.98	5.21	82.15	7.26	22.52	6.53

注：假定2025~2030年的增长率等于2024年的增长率。

资料来源：OECD（2015）。

附表27 各国人口数量的中位增长方案　　　　　　　单位：千万人

年份	中国（城镇）	中国（农村）	日本	韩国	墨西哥	世界其他国家	欧盟	美国	阿根廷	巴西	乌克兰	印度	俄罗斯
2012	71.18	64.22	12.71	4.96	12.21	289.71	50.37	31.48	4.21	20.24	4.53	126.36	14.33
2013	73.11	62.96	12.73	5.02	12.37	297.42	50.66	31.65	4.25	20.43	4.55	127.95	14.35
2014	74.92	61.87	12.71	5.04	12.54	302.92	50.83	31.89	4.30	20.61	4.54	129.53	14.38
2015	76.53	61.08	12.66	5.03	12.70	359.72	50.59	32.18	4.34	20.78	4.48	131.11	14.35
2016	78.37	59.86	12.63	5.05	12.86	365.25	50.66	32.41	4.38	20.96	4.46	132.68	14.34
2017	80.21	58.61	12.60	5.07	13.02	370.78	50.73	32.65	4.43	21.12	4.44	134.25	14.34
2018	82.03	57.33	12.57	5.09	13.18	376.31	50.81	32.88	4.47	21.29	4.42	135.81	14.33
2019	83.84	56.02	12.54	5.11	13.33	381.84	50.88	33.12	4.51	21.45	4.39	137.36	14.31
2020	85.61	54.67	12.50	5.13	13.48	387.37	50.94	33.35	4.55	21.60	4.37	138.89	14.29
2021	87.06	53.59	12.46	5.14	13.63	392.89	50.99	33.59	4.59	21.75	4.34	140.39	14.26
2022	88.47	52.47	12.42	5.16	13.78	398.41	51.04	33.82	4.63	21.89	4.32	141.87	14.24
2023	89.85	51.32	12.38	5.17	13.92	403.92	51.08	34.05	4.67	22.03	4.29	143.32	14.20
2024	91.20	50.15	12.33	5.19	14.06	409.43	51.12	34.28	4.71	22.17	4.26	144.76	14.16
2025	92.52	48.96	12.28	5.20	14.19	414.93	51.14	34.51	4.75	22.30	4.24	146.16	14.12
2026	93.53	48.05	12.23	5.21	14.32	420.42	51.17	34.73	4.79	22.42	4.21	147.54	14.08
2027	94.51	47.12	12.18	5.22	14.45	425.90	51.19	34.95	4.83	22.54	4.18	148.89	14.03
2028	95.46	46.18	12.13	5.23	14.58	431.38	51.20	35.16	4.86	22.65	4.15	150.22	13.98
2029	96.39	45.22	12.07	5.24	14.70	436.86	51.21	35.37	4.90	22.76	4.12	151.51	13.92
2030	97.30	44.26	12.01	5.25	14.81	442.34	51.21	35.58	4.94	22.87	4.09	152.77	13.87

资料来源：联合国（2014）、联合国（2015）和世界银行（2015）。

附录3 高位基本增长方案

附表28 各国人均GDP增长率的高位增长方案　　　　单位:%

年份	中国	日本	韩国	墨西哥	世界其他国家	欧盟	美国	阿根廷	巴西	乌克兰	印度	俄罗斯
2012	100	100	100	100	100	100	100	100	100	100	100	100
2013	7.20	1.63	2.77	-0.22	1.21	-0.17	1.50	1.94	1.63	2.52	3.66	1.33
2014	6.70	0.29	2.81	2.73	2.06	1.13	1.61	-2.01	-0.78	-5.40	4.10	0.27
2015	7.03	2.07	4.86	3.96	4.25	2.51	3.78	-0.13	0.90	-0.37	5.90	-2.97
2016	7.32	2.42	4.62	3.89	4.76	2.75	3.19	2.69	2.22	2.66	6.47	0.05
2017	7.39	1.97	4.42	3.92	4.07	2.80	2.89	3.29	3.12	3.67	7.01	3.07
2018	7.64	2.23	4.36	3.96	4.00	2.84	2.89	3.60	3.51	3.93	7.39	4.10
2019	7.58	2.00	4.10	3.99	3.86	2.79	2.90	3.87	3.78	4.20	7.60	4.33
2020	7.67	2.03	3.96	4.02	3.75	2.78	2.90	3.89	4.06	4.46	7.71	4.36
2021	7.56	2.05	3.86	4.06	3.61	2.77	2.90	3.91	4.33	4.73	7.78	4.39
2022	7.50	2.07	3.76	4.09	3.48	2.75	2.91	3.93	4.35	4.94	7.82	4.42
2023	7.44	2.10	3.66	4.13	3.42	2.78	2.91	3.95	4.37	4.96	7.80	4.44
2024	7.39	2.12	3.56	4.16	3.35	2.79	2.91	3.97	4.39	4.97	7.72	4.45
2025	7.33	2.14	3.68	4.20	3.28	2.80	2.91	3.99	4.41	4.98	7.60	4.46
2026	7.27	2.15	3.59	4.24	3.19	2.80	2.91	4.01	4.43	4.98	7.48	4.47
2027	7.21	2.17	3.51	4.27	3.10	2.82	2.91	4.03	4.45	4.99	7.36	4.48
2028	7.15	2.19	3.45	4.31	3.06	2.83	2.92	4.05	4.47	5.00	7.23	4.49
2029	7.09	2.20	3.38	4.35	3.01	2.83	2.93	4.06	4.49	5.00	7.11	4.49
2030	7.02	2.22	3.29	4.38	3.00	2.83	2.94	4.08	4.52	5.00	6.99	4.49

注：世界其他国家的人均GDP增长率为非洲数据。

资料来源：美国国家统计局（2015）。

附表29 各国猪肉产量增长率的高位增长方案 单位:%

年份	中国	日本	韩国	墨西哥	世界其他国家	欧盟	美国	阿根廷	巴西	乌克兰	印度	俄罗斯
2012	100	100	100	100	100	100	100	100	100	100	100	100
2013	4.01	1.96	16.36	5.12	1.41	0.26	0.99	23.54	-0.69	7.94	0.69	11.87
2014	4.01	-1.21	-4.63	1.32	2.45	0.49	-0.79	15.40	4.52	11.25	0.70	5.99
2015	0.85	0.84	13.07	2.51	3.62	1.17	5.82	3.60	1.02	4.38	1.94	5.05
2016	2.31	1.31	2.65	2.41	2.93	1.35	3.90	4.66	4.58	5.17	2.21	4.01
2017	3.37	0.91	1.58	2.25	2.80	0.89	-0.57	4.90	1.28	-0.97	1.91	3.33
2018	2.10	1.53	1.21	2.65	2.61	1.20	2.06	3.75	3.91	1.67	1.77	4.52
2019	1.78	0.92	2.40	2.40	2.36	0.93	1.92	4.11	2.30	2.03	1.98	2.68
2020	1.75	0.24	5.18	2.23	2.14	0.93	1.69	3.74	3.63	2.60	1.76	2.34
2021	1.62	0.24	6.02	2.40	2.52	0.98	1.93	3.92	2.98	2.64	1.63	2.15
2022	1.30	0.29	3.72	2.42	2.66	1.02	2.08	3.91	2.68	2.02	1.68	2.31
2023	1.56	0.57	2.06	2.44	2.51	1.23	2.00	2.87	3.57	1.40	1.88	2.43
2024	1.37	1.05	3.88	2.46	2.13	1.46	2.15	3.71	3.95	1.12	1.89	2.21
2025	1.37	1.05	3.88	2.46	2.13	1.46	2.15	3.71	3.95	1.12	1.89	2.21
2026	1.37	1.05	3.88	2.46	2.13	1.46	2.15	3.71	3.95	1.12	1.89	2.21
2027	1.37	1.05	3.88	2.46	2.13	1.46	2.15	3.71	3.95	1.12	1.89	2.21
2028	1.37	1.05	3.88	2.46	2.13	1.46	2.15	3.71	3.95	1.12	1.89	2.21
2029	1.37	1.05	3.88	2.46	2.13	1.46	2.15	3.71	3.95	1.12	1.89	2.21
2030	1.37	1.05	3.88	2.46	2.13	1.46	2.15	3.71	3.95	1.12	1.89	2.21

注:假定2025~2030年的增长率等于2024年的增长率。

资料来源:OECD(2015)。

附表30 各国牛肉产量增长率的高位增长方案　　　　　　　　　　单位:%

年份	中国	日本	韩国	墨西哥	世界其他国家	欧盟	美国	阿根廷	巴西	乌克兰	印度	俄罗斯
2012	100	100	100	100	100	100	100	100	100	100	100	100
2013	3.56	-1.06	11.26	0.25	3.32	-3.69	1.03	9.70	10.71	11.36	9.55	-0.87
2014	2.44	0.91	-0.16	1.37	3.89	2.77	-5.02	-3.89	3.00	8.63	6.30	2.74
2015	2.86	1.07	2.59	2.69	1.36	-2.51	-0.48	2.42	2.75	0.88	3.25	1.58
2016	1.09	2.74	1.45	1.74	2.49	0.09	-3.20	4.36	2.38	1.63	1.77	0.56
2017	3.06	-0.61	1.97	1.85	2.45	0.45	-0.39	7.36	2.00	1.50	2.03	-2.10
2018	2.80	2.07	1.89	3.13	2.38	0.50	3.42	3.76	2.75	1.51	2.25	3.43
2019	2.90	-1.57	1.85	2.52	2.95	0.64	3.36	4.01	3.21	2.00	2.89	3.75
2020	2.48	-0.83	1.89	1.75	2.82	0.60	3.58	-0.98	2.02	1.81	2.49	2.76
2021	1.84	0.92	2.33	2.32	2.35	0.40	4.24	3.38	1.55	1.77	2.67	2.18
2022	3.05	0.16	2.05	1.96	2.43	0.91	3.53	3.60	1.61	1.53	2.72	-0.87
2023	2.44	2.29	2.20	1.75	2.41	0.84	2.19	1.99	1.33	1.34	3.27	-0.58
2024	2.50	1.62	2.01	2.42	2.43	0.91	1.93	1.77	1.16	1.31	3.76	-0.62
2025	2.50	1.62	2.01	2.42	2.43	0.91	1.93	1.77	1.16	1.31	3.76	-0.62
2026	2.50	1.62	2.01	2.42	2.43	0.91	1.93	1.77	1.16	1.31	3.76	-0.62
2027	2.50	1.62	2.01	2.42	2.43	0.91	1.93	1.77	1.16	1.31	3.76	-0.62
2028	2.50	1.62	2.01	2.42	2.43	0.91	1.93	1.77	1.16	1.31	3.76	-0.62
2029	2.50	1.62	2.01	2.42	2.43	0.91	1.93	1.77	1.16	1.31	3.76	-0.62
2030	2.50	1.62	2.01	2.42	2.43	0.91	1.93	1.77	1.16	1.31	3.76	-0.62

注：假定2025~2030年的增长率等于2024年的增长率。

资料来源：OECD（2015）。

附表31 各国禽肉产量增长率的高位增长方案　　　　单位:%

年份	中国	日本	韩国	墨西哥	世界其他国家	欧盟	美国	阿根廷	巴西	乌克兰	印度	俄罗斯
2012	100	100	100	100	100	100	100	100	100	100	100	100
2013	-0.33	0.91	3.98	1.46	1.62	2.32	1.34	1.98	-2.38	13.34	9.69	7.38
2014	2.48	4.41	3.70	2.93	3.62	2.83	2.76	4.00	3.13	9.09	9.02	4.02
2015	1.78	1.41	3.85	4.76	3.40	1.42	3.58	4.47	5.13	3.66	6.11	6.22
2016	2.31	2.78	3.86	4.52	3.69	4.04	3.30	4.01	1.42	3.76	5.02	2.64
2017	5.08	2.06	4.01	5.33	3.45	2.82	3.26	4.01	3.79	3.59	3.83	3.28
2018	3.85	0.99	4.42	3.60	3.04	2.20	3.38	3.37	2.57	3.45	3.54	3.04
2019	3.54	-0.67	4.43	3.77	2.83	0.67	3.35	3.17	3.17	3.32	3.56	2.81
2020	3.74	-0.76	4.55	3.96	2.88	1.54	3.38	3.38	3.18	3.23	3.53	2.66
2021	3.40	-0.18	3.56	3.53	2.93	1.82	3.05	3.40	2.46	3.30	3.49	2.54
2022	3.50	0.54	3.80	3.96	2.91	1.66	2.56	3.43	3.18	3.35	3.42	2.51
2023	3.57	1.44	2.51	3.65	2.91	1.76	2.50	3.45	2.20	3.41	3.24	2.40
2024	3.16	1.63	3.32	3.91	2.94	1.70	2.25	3.25	2.66	3.42	3.10	2.41
2025	3.16	1.63	3.32	3.91	2.94	1.70	2.25	3.25	2.66	3.42	3.10	2.41
2026	3.16	1.63	3.32	3.91	2.94	1.70	2.25	3.25	2.66	3.42	3.10	2.41
2027	3.16	1.63	3.32	3.91	2.94	1.70	2.25	3.25	2.66	3.42	3.10	2.41
2028	3.16	1.63	3.32	3.91	2.94	1.70	2.25	3.25	2.66	3.42	3.10	2.41
2029	3.16	1.63	3.32	3.91	2.94	1.70	2.25	3.25	2.66	3.42	3.10	2.41
2030	3.16	1.63	3.32	3.91	2.94	1.70	2.25	3.25	2.66	3.42	3.10	2.41

注：假定2025~2030年的增长率等于2024年的增长率。

资料来源：OECD（2015）。

附表32 各国奶类产量增长率的高位增长方案　　　　　　　　　单位:%

年份	中国	日本	韩国	墨西哥	世界其他国家	欧盟	美国	阿根廷	巴西	乌克兰	印度	俄罗斯
2012	100	100	100	100	100	100	100	100	100	100	100	100
2013	3.73	0.02	-0.66	1.84	1.94	1.48	2.32	1.50	4.58	2.47	5.77	-0.71
2014	-2.13	-8.55	-1.26	1.84	3.61	4.90	3.43	-1.14	3.09	2.28	3.58	1.31
2015	5.81	6.62	2.33	1.32	3.94	3.63	2.85	2.60	3.11	4.42	2.44	0.84
2016	7.88	0.90	2.31	2.10	2.06	0.91	3.32	4.19	3.57	1.08	4.19	1.11
2017	5.15	0.56	2.29	2.49	2.56	2.73	3.04	2.33	3.28	1.42	4.58	2.11
2018	4.76	-0.12	2.28	1.88	3.18	2.39	3.46	3.63	2.55	2.11	4.78	1.69
2019	5.44	-0.15	2.26	2.11	3.03	2.50	3.10	2.75	2.46	1.94	4.42	1.35
2020	4.28	-0.84	2.24	1.96	2.70	2.37	3.43	2.64	3.30	3.32	4.33	1.10
2021	4.24	-0.13	2.23	2.36	2.71	2.18	2.81	3.33	3.21	2.50	4.20	1.51
2022	4.61	-0.19	2.21	2.25	2.79	2.17	2.86	2.98	2.95	2.08	4.36	1.29
2023	4.32	-0.01	2.20	2.27	2.95	2.16	2.71	3.73	3.05	2.14	4.38	1.23
2024	4.15	0.07	2.19	2.15	2.91	2.22	2.91	3.10	3.19	2.23	4.14	1.12
2025	4.15	0.07	2.19	2.15	2.91	2.22	2.91	3.10	3.19	2.23	4.14	1.12
2026	4.15	0.07	2.19	2.15	2.91	2.22	2.91	3.10	3.19	2.23	4.14	1.12
2027	4.15	0.07	2.19	2.15	2.91	2.22	2.91	3.10	3.19	2.23	4.14	1.12
2028	4.15	0.07	2.19	2.15	2.91	2.22	2.91	3.10	3.19	2.23	4.14	1.12
2029	4.15	0.07	2.19	2.15	2.91	2.22	2.91	3.10	3.19	2.23	4.14	1.12
2030	4.15	0.07	2.19	2.15	2.91	2.22	2.91	3.10	3.19	2.23	4.14	1.12

注:假定2025~2030年的增长率等于2024年的增长率。

资料来源:OECD(2015)。

附表33 世界主要商品价格增长率的高位增长方案　　单位:%

年份	石油	大米	小麦	大豆	其他谷物
2012	100	100	100	100	100
2013	-2.77	-10.55	5.53	-13.79	-33.14
2014	-8.73	-19.76	-10.25	-15.92	-12.96
2015	-41.67	-16.40	-16.45	-9.30	-6.99
2016	-2.00	0.45	0.03	0.03	0.01
2017	-0.50	1.74	-1.16	-1.16	5.19
2018	1.00	2.78	-0.42	-0.42	1.18
2019	2.50	2.09	1.88	1.88	0.19
2020	3.00	0.00	-0.31	-0.31	-1.07
2021	3.00	2.37	0.41	0.41	0.05
2022	3.00	0.96	0.54	0.54	0.00
2023	3.00	0.04	0.46	0.46	-0.26
2024	3.00	0.31	-0.41	-0.41	-0.84
2025	3.00	0.31	-0.41	-0.41	-0.84
2026	3.00	0.31	-0.41	-0.41	-0.84
2027	3.00	0.31	-0.41	-0.41	-0.84
2028	3.00	0.31	-0.41	-0.41	-0.84
2029	3.00	0.31	-0.41	-0.41	-0.84
2030	3.00	0.31	-0.41	-0.41	-0.84

资料来源:OECD（2015）、IMF（2016）。

附表34 各国库存变化量的高位增长方案　　　　　　　　　　　　　　　单位：万吨

年份	中国	日本	韩国	墨西哥	世界其他国家	欧盟	美国	阿根廷	巴西	乌克兰	印度	俄罗斯
2012	2338.83	-1.93	49.99	337.95	-4572.11	-466.84	-1980.73	-111.54	644.29	-78.50	393.99	50.36
2013	1263.87	-35.09	70.47	76.50	131.93	410.29	968.69	27.00	259.52	62.55	122.40	111.96
2014	1238.94	24.12	25.65	18.00	-264.15	936.99	1363.54	202.14	392.51	61.11	-86.47	112.50
2015	273.33	98.91	-61.05	14.42	-126.54	-286.71	-658.22	-159.58	-200.09	-32.37	39.14	-66.49
2016	149.44	116.39	2.35	-37.14	-299.25	-134.92	-334.62	-51.76	-89.57	-8.59	38.44	6.33
2017	113.46	150.11	-2.30	2.63	-119.81	-115.49	338.16	57.98	15.94	6.20	21.32	11.88
2018	-111.51	127.99	-0.51	6.09	71.87	-77.16	351.41	-38.52	34.96	10.42	20.02	-10.60
2019	-41.18	150.04	-0.39	21.26	120.13	-37.08	230.18	-12.53	62.47	10.55	22.64	3.58
2020	-111.87	164.22	3.65	17.31	122.49	-16.72	115.91	-20.30	48.96	6.60	25.65	29.25
2021	-163.68	179.50	0.26	6.51	66.78	-21.23	-258.47	4.14	29.80	1.53	20.09	10.35
2022	-114.96	171.97	1.85	7.00	79.76	-21.37	-201.60	31.34	33.85	2.79	18.43	3.22
2023	-175.72	159.45	-4.07	3.92	87.61	-20.13	-169.03	4.07	52.12	4.83	18.10	8.54
2024	-64.79	145.35	4.32	7.69	115.10	-20.74	-12.67	4.57	74.02	6.63	20.67	5.80
2025	-64.79	145.35	4.32	7.69	115.10	-20.74	-12.67	4.57	74.02	6.63	20.67	5.80
2026	-64.79	145.35	4.32	7.69	115.10	-20.74	-12.67	4.57	74.02	6.63	20.67	5.80
2027	-64.79	145.35	4.32	7.69	115.10	-20.74	-12.67	4.57	74.02	6.63	20.67	5.80
2028	-64.79	145.35	4.32	7.69	115.10	-20.74	-12.67	4.57	74.02	6.63	20.67	5.80
2029	-64.79	145.35	4.32	7.69	115.10	-20.74	-12.67	4.57	74.02	6.63	20.67	5.80
2030	-64.79	145.35	4.32	7.69	115.10	-20.74	-12.67	4.57	74.02	6.63	20.67	5.80

注：假定2025~2030年的增长率等于2024年的增长率。

资料来源：OECD（2015）。

附表35　各国人口数量的高位增长方案　　　　单位：千万人

年份	中国（城镇）	中国（农村）	日本	韩国	墨西哥	世界其他国家	欧盟	美国	阿根廷	巴西	乌克兰	印度	俄罗斯
2012	71.18	64.22	12.71	4.96	12.21	289.71	50.37	31.48	4.21	20.24	4.53	126.36	14.33
2013	73.11	62.96	12.73	5.02	12.37	297.42	50.66	31.65	4.25	20.43	4.55	127.95	14.35
2014	74.92	61.87	12.71	5.04	12.54	302.92	50.83	31.89	4.30	20.61	4.54	129.53	14.38
2015	76.53	61.08	12.66	5.03	12.70	375.23	50.73	32.18	4.34	20.78	4.48	131.11	14.35
2016	78.46	59.93	12.64	5.06	12.88	378.43	50.84	32.44	4.39	20.98	4.47	132.83	14.36
2017	80.42	58.77	12.63	5.08	13.06	381.76	50.99	32.72	4.44	21.18	4.45	134.62	14.38
2018	82.41	57.60	12.62	5.11	13.24	385.16	51.14	33.02	4.49	21.39	4.44	136.47	14.39
2019	84.39	56.39	12.60	5.14	13.43	388.58	51.31	33.32	4.54	21.60	4.42	138.33	14.41
2020	86.37	55.16	12.59	5.17	13.62	391.95	51.47	33.62	4.59	21.81	4.41	140.21	14.42
2021	88.02	54.18	12.57	5.20	13.80	395.27	51.64	33.94	4.64	22.02	4.39	142.09	14.43
2022	89.65	53.17	12.56	5.22	13.99	398.54	51.80	34.25	4.70	22.22	4.38	143.98	14.43
2023	91.26	52.13	12.54	5.25	14.17	401.77	51.96	34.57	4.75	22.43	4.36	145.87	14.43
2024	92.86	51.06	12.52	5.28	14.36	404.96	52.12	34.90	4.80	22.63	4.34	147.77	14.43
2025	94.44	49.98	12.50	5.31	14.54	408.12	52.28	35.22	4.86	22.84	4.33	149.68	14.43
2026	95.71	49.17	12.48	5.33	14.73	411.24	52.44	35.55	4.91	23.04	4.31	151.59	14.42
2027	96.97	48.35	12.45	5.36	14.91	414.32	52.60	35.88	4.97	23.24	4.29	153.50	14.41
2028	98.20	47.50	12.43	5.39	15.09	417.34	52.76	36.20	5.02	23.43	4.28	155.39	14.40
2029	99.42	46.64	12.40	5.42	15.27	420.28	52.92	36.53	5.08	23.62	4.26	157.26	14.39
2030	100.61	45.77	12.38	5.44	15.44	423.12	53.07	36.85	5.13	23.81	4.24	159.09	14.37

资料来源：联合国（2014）、联合国（2015）和世界银行（2015）。

附录4 低位基本增长方案

附表36 各国人均GDP增长率的低位增长方案　　　　单位:%

年份	中国	日本	韩国	墨西哥	世界其他国家	欧盟	美国	阿根廷	巴西	乌克兰	印度	俄罗斯
2012	100	100	100	100	100	100	100	100	100	100	100	100
2013	7.20	1.63	2.77	-0.22	1.21	-0.17	1.50	1.94	1.63	2.52	3.66	1.33
2014	6.70	0.29	2.81	2.73	2.06	1.13	1.61	-2.01	-0.78	-5.40	4.10	0.27
2015	5.03	0.07	2.86	1.96	2.25	0.51	1.78	-2.13	-1.10	-2.37	3.90	-4.97
2016	5.32	0.42	2.62	1.89	2.76	0.75	1.19	0.69	0.22	0.66	4.47	-1.95
2017	5.39	-0.03	2.42	1.92	2.07	0.80	0.89	1.29	1.12	1.67	5.01	1.07
2018	5.64	0.23	2.36	1.96	2.00	0.84	0.89	1.60	1.51	1.93	5.39	2.10
2019	5.58	0.00	2.10	1.99	1.86	0.79	0.90	1.87	1.78	2.20	5.60	2.33
2020	5.67	0.03	1.96	2.02	1.75	0.78	0.90	1.89	2.06	2.46	5.71	2.36
2021	5.56	0.05	1.86	2.06	1.61	0.77	0.90	1.91	2.33	2.73	5.78	2.39
2022	5.50	0.07	1.76	2.09	1.48	0.75	0.91	1.93	2.35	2.94	5.82	2.42
2023	5.44	0.10	1.66	2.13	1.42	0.78	0.91	1.95	2.37	2.96	5.80	2.44
2024	5.39	0.12	1.56	2.16	1.35	0.79	0.91	1.97	2.39	2.97	5.72	2.45
2025	5.33	0.14	1.68	2.20	1.28	0.80	0.91	1.99	2.41	2.98	5.60	2.46
2026	5.27	0.15	1.59	2.24	1.19	0.80	0.91	2.01	2.43	2.98	5.48	2.47
2027	5.21	0.17	1.51	2.27	1.10	0.82	0.91	2.03	2.45	2.99	5.36	2.48
2028	5.15	0.19	1.45	2.31	1.06	0.83	0.92	2.05	2.47	3.00	5.23	2.49
2029	5.09	0.20	1.38	2.35	1.01	0.83	0.93	2.06	2.49	3.00	5.11	2.49
2030	5.02	0.22	1.29	2.38	1.00	0.83	0.94	2.08	2.52	3.00	4.99	2.49

注:世界其他国家的人均GDP增长率为非洲数据。

资料来源:美国国家统计局(2015)。

附表37　各国猪肉产量增长率的低位增长率　　　　　　　　单位:%

年份	中国	日本	韩国	墨西哥	世界其他国家	欧盟	美国	阿根廷	巴西	乌克兰	印度	俄罗斯
2012	100	100	100	100	100	100	100	100	100	100	100	100
2013	2.01	-0.04	14.36	3.12	-0.59	-1.74	-1.01	21.54	-2.69	5.94	-1.31	9.87
2014	2.01	-3.21	-6.63	-0.68	0.45	-1.51	-2.79	13.40	2.52	9.25	-1.30	3.99
2015	-1.15	-1.16	11.07	0.51	1.62	-0.83	3.82	1.60	-0.98	2.38	-0.06	3.05
2016	0.31	-0.69	0.65	0.41	0.93	-0.65	1.90	2.66	2.58	3.17	0.21	2.01
2017	1.37	-1.09	-0.42	0.25	0.80	-1.11	-2.57	2.90	-0.72	-2.97	-0.09	1.33
2018	0.10	-0.47	-0.79	0.65	0.61	-0.80	0.06	1.75	1.91	-0.33	-0.23	2.52
2019	-0.22	-1.08	0.40	0.40	0.36	-1.07	-0.08	2.11	0.30	0.03	-0.02	0.68
2020	-0.25	-1.76	3.18	0.23	0.14	-1.07	-0.31	1.74	1.63	0.60	-0.24	0.34
2021	-0.38	-1.76	4.02	0.40	0.52	-1.02	-0.07	1.92	0.98	0.64	-0.37	0.15
2022	-0.70	-1.71	1.72	0.42	0.66	-0.98	0.08	1.91	0.68	0.02	-0.32	0.31
2023	-0.44	-1.43	0.06	0.44	0.51	-0.77	0.00	0.87	1.57	-0.60	-0.12	0.43
2024	-0.63	-0.95	1.88	0.46	0.13	-0.54	0.15	1.71	1.95	-0.88	-0.11	0.21
2025	-0.63	-0.95	1.88	0.46	0.13	-0.54	0.15	1.71	1.95	-0.88	-0.11	0.21
2026	-0.63	-0.95	1.88	0.46	0.13	-0.54	0.15	1.71	1.95	-0.88	-0.11	0.21
2027	-0.63	-0.95	1.88	0.46	0.13	-0.54	0.15	1.71	1.95	-0.88	-0.11	0.21
2028	-0.63	-0.95	1.88	0.46	0.13	-0.54	0.15	1.71	1.95	-0.88	-0.11	0.21
2029	-0.63	-0.95	1.88	0.46	0.13	-0.54	0.15	1.71	1.95	-0.88	-0.11	0.21
2030	-0.63	-0.95	1.88	0.46	0.13	-0.54	0.15	1.71	1.95	-0.88	-0.11	0.21

注：假定2025~2030年的增长率等于2024年的增长率。

资料来源：OECD（2015）。

附表38 各国牛肉产量增长率的低位增长方案　　　单位:%

年份	中国	日本	韩国	墨西哥	世界其他国家	欧盟	美国	阿根廷	巴西	乌克兰	印度	俄罗斯
2012	100	100	100	100	100	100	100	100	100	100	100	100
2013	1.56	-3.06	9.26	-1.75	1.32	-5.69	-0.97	7.70	8.71	9.36	7.55	-2.87
2014	0.44	-1.09	-2.16	-0.63	1.89	0.77	-7.02	-5.89	1.00	6.63	4.30	0.74
2015	0.86	-0.93	0.59	0.69	-0.64	-4.51	-2.48	0.42	0.75	-1.12	1.25	-0.42
2016	-0.91	0.74	-0.55	-0.26	0.49	-1.91	-5.20	2.36	0.38	-0.37	-0.23	-1.44
2017	1.06	-2.61	-0.03	-0.15	0.45	-1.55	-2.39	5.36	0.00	-0.50	0.03	-4.10
2018	0.80	0.07	-0.11	1.13	0.38	-1.50	1.42	1.76	0.75	-0.49	0.25	1.43
2019	0.90	-3.57	-0.15	0.52	0.95	-1.36	1.36	2.01	1.21	0.00	0.89	1.75
2020	0.48	-2.83	-0.11	-0.25	0.82	-1.40	1.58	-2.98	0.02	-0.19	0.49	0.76
2021	-0.16	-1.08	0.33	0.32	0.35	-1.60	2.24	1.38	-0.45	-0.23	0.67	0.18
2022	1.05	-1.84	0.05	-0.04	0.43	-1.09	1.53	1.60	-0.39	-0.47	0.72	-2.87
2023	0.44	0.29	0.20	-0.25	0.41	-1.16	0.19	-0.01	-0.67	-0.66	1.27	-2.58
2024	0.50	-0.38	0.01	0.42	0.43	-1.09	-0.07	-0.23	-0.84	-0.69	1.76	-2.62
2025	0.50	-0.38	0.01	0.42	0.43	-1.09	-0.07	-0.23	-0.84	-0.69	1.76	-2.62
2026	0.50	-0.38	0.01	0.42	0.43	-1.09	-0.07	-0.23	-0.84	-0.69	1.76	-2.62
2027	0.50	-0.38	0.01	0.42	0.43	-1.09	-0.07	-0.23	-0.84	-0.69	1.76	-2.62
2028	0.50	-0.38	0.01	0.42	0.43	-1.09	-0.07	-0.23	-0.84	-0.69	1.76	-2.62
2029	0.50	-0.38	0.01	0.42	0.43	-1.09	-0.07	-0.23	-0.84	-0.69	1.76	-2.62
2030	0.50	-0.38	0.01	0.42	0.43	-1.09	-0.07	-0.23	-0.84	-0.69	1.76	-2.62

注:假定2025~2030年的增长率等于2024年的增长率。

资料来源:OECD(2015)。

附表39　各国禽肉产量增长率的低位增长方案　　　　　　　　单位:%

年份	中国	日本	韩国	墨西哥	世界其他国家	欧盟	美国	阿根廷	巴西	乌克兰	印度	俄罗斯
2012	100	100	100	100	100	100	100	100	100	100	100	100
2013	-2.33	-1.09	1.98	-0.54	-0.38	0.32	-0.66	-0.02	-4.38	11.34	7.69	5.38
2014	0.48	2.41	1.70	0.93	1.62	0.83	0.76	2.00	1.13	7.09	7.02	2.02
2015	-0.22	-0.59	1.85	2.76	1.40	-0.58	1.58	2.47	3.13	1.66	4.11	4.22
2016	0.31	0.78	1.86	2.52	1.69	2.04	1.30	2.01	-0.58	1.76	3.02	0.64
2017	3.08	0.06	2.01	3.33	1.45	0.82	1.26	2.01	1.79	1.59	1.83	1.28
2018	1.85	-1.01	2.42	1.60	1.04	0.20	1.38	1.37	0.57	1.45	1.54	1.04
2019	1.54	-2.67	2.43	1.77	0.83	-1.33	1.35	1.17	1.17	1.32	1.56	0.81
2020	1.74	-2.76	2.55	1.96	0.88	-0.46	1.38	1.38	1.18	1.23	1.53	0.66
2021	1.40	-2.18	1.56	1.53	0.93	-0.18	1.05	1.40	0.46	1.30	1.49	0.54
2022	1.50	-1.46	1.80	1.96	0.91	-0.34	0.56	1.43	1.18	1.35	1.42	0.51
2023	1.57	-0.56	0.51	1.65	0.91	-0.24	0.50	1.45	0.20	1.41	1.24	0.40
2024	1.16	-0.37	1.32	1.91	0.94	-0.30	0.25	1.25	0.66	1.42	1.10	0.41
2025	1.16	-0.37	1.32	1.91	0.94	-0.30	0.25	1.25	0.66	1.42	1.10	0.41
2026	1.16	-0.37	1.32	1.91	0.94	-0.30	0.25	1.25	0.66	1.42	1.10	0.41
2027	1.16	-0.37	1.32	1.91	0.94	-0.30	0.25	1.25	0.66	1.42	1.10	0.41
2028	1.16	-0.37	1.32	1.91	0.94	-0.30	0.25	1.25	0.66	1.42	1.10	0.41
2029	1.16	-0.37	1.32	1.91	0.94	-0.30	0.25	1.25	0.66	1.42	1.10	0.41
2030	1.16	-0.37	1.32	1.91	0.94	-0.30	0.25	1.25	0.66	1.42	1.10	0.41

注：假定2025~2030年的增长率等于2024年的增长率。

资料来源：OECD（2015）。

附表40　各国奶类产量增长率的低位增长方案　　　　　　单位:%

年份	中国	日本	韩国	墨西哥	世界其他国家	欧盟	美国	阿根廷	巴西	乌克兰	印度	俄罗斯
2012	100	100	100	100	100	100	100	100	100	100	100	100
2013	1.73	-1.98	-2.66	-0.16	-0.06	-0.52	0.32	-0.50	2.58	0.47	3.77	-2.71
2014	-4.13	-10.55	-3.26	-0.16	1.61	2.90	1.43	-3.14	1.09	0.28	1.58	-0.69
2015	3.81	4.62	0.33	-0.68	1.94	1.63	0.85	0.60	1.11	2.42	0.44	-1.16
2016	5.88	-1.10	0.31	0.10	0.06	-1.09	1.32	2.19	1.57	-0.92	2.19	-0.89
2017	3.15	-1.44	0.29	0.49	0.56	0.73	1.04	0.33	1.28	-0.58	2.58	0.11
2018	2.76	-2.12	0.28	-0.12	1.18	0.39	1.46	1.63	0.55	0.11	2.78	-0.31
2019	3.44	-2.15	0.26	0.11	1.03	0.50	1.10	0.75	0.46	-0.06	2.42	-0.65
2020	2.28	-2.84	0.24	-0.04	0.70	0.37	1.43	0.64	1.30	1.32	2.33	-0.90
2021	2.24	-2.13	0.23	0.36	0.71	0.18	0.81	1.33	1.21	0.50	2.20	-0.49
2022	2.61	-2.19	0.21	0.25	0.79	0.17	0.86	0.98	0.95	0.08	2.36	-0.71
2023	2.32	-2.01	0.20	0.27	0.95	0.16	0.71	1.73	1.05	0.14	2.38	-0.77
2024	2.15	-1.93	0.19	0.15	0.91	0.22	0.91	1.10	1.19	0.23	2.14	-0.88
2025	2.15	-1.93	0.19	0.15	0.91	0.22	0.91	1.10	1.19	0.23	2.14	-0.88
2026	2.15	-1.93	0.19	0.15	0.91	0.22	0.91	1.10	1.19	0.23	2.14	-0.88
2027	2.15	-1.93	0.19	0.15	0.91	0.22	0.91	1.10	1.19	0.23	2.14	-0.88
2028	2.15	-1.93	0.19	0.15	0.91	0.22	0.91	1.10	1.19	0.23	2.14	-0.88
2029	2.15	-1.93	0.19	0.15	0.91	0.22	0.91	1.10	1.19	0.23	2.14	-0.88
2030	2.15	-1.93	0.19	0.15	0.91	0.22	0.91	1.10	1.19	0.23	2.14	-0.88

注：假定2025~2030年的增长率等于2024年的增长率。

资料来源：OECD（2015）。

附表 41　世界主要商品价格增长率的低位增长方案　　单位:%

年份	石油	大米	小麦	大豆	其他谷物
2012	100	100	100	100	100
2013	-2.77	-10.55	5.53	-13.79	-33.14
2014	-8.73	-19.76	-10.25	-15.92	-12.96
2015	-41.67	-16.40	-16.45	-9.30	-6.99
2016	-4.00	-1.55	-1.97	-1.97	-1.99
2017	-2.50	-0.26	-3.16	-3.16	3.19
2018	-1.00	0.78	-2.42	-2.42	-0.82
2019	0.50	0.09	-0.12	-0.12	-1.81
2020	1.00	-2.00	-2.31	-2.31	-3.07
2021	1.00	0.37	-1.59	-1.59	-1.95
2022	1.00	-1.04	-1.46	-1.46	-2.00
2023	1.00	-1.96	-1.54	-1.54	-2.26
2024	1.00	-1.69	-2.41	-2.41	-2.84
2025	1.00	-1.69	-2.41	-2.41	-2.84
2026	1.00	-1.69	-2.41	-2.41	-2.84
2027	1.00	-1.69	-2.41	-2.41	-2.84
2028	1.00	-1.69	-2.41	-2.41	-2.84
2029	1.00	-1.69	-2.41	-2.41	-2.84
2030	1.00	-1.69	-2.41	-2.41	-2.84

资料来源:OECD(2015)、IMF(2016)。

附表42 各国库存变化量的低位增长方案　　　　　　　　　　　　　　　单位：万吨

年份	中国	日本	韩国	墨西哥	世界其他国家	欧盟	美国	阿根廷	巴西	乌克兰	印度	俄罗斯
2012	2338.83	-3.70	-15.10	-5.00	-1800.52	-500.00	-426.30	-111.54	644.29	-78.50	393.99	50.36
2013	1544.73	-28.71	86.13	93.50	161.25	501.46	1183.95	33.00	317.19	76.45	149.60	136.84
2014	1514.26	29.48	31.35	22.00	-216.13	1145.21	1666.55	247.06	479.73	74.69	-70.75	137.50
2015	334.07	120.89	-49.95	17.63	-103.53	-234.58	-538.54	-130.57	-163.71	-26.48	47.84	-54.40
2016	182.65	142.26	2.87	-30.39	-244.84	-110.39	-273.78	-42.35	-73.28	-7.03	46.98	7.74
2017	138.68	183.47	-1.88	3.22	-98.02	-94.49	413.31	70.87	19.48	7.57	26.06	14.52
2018	-91.24	156.44	-0.42	7.45	87.85	-63.13	429.51	-31.51	42.73	12.74	24.47	-8.67
2019	-33.69	183.38	-0.32	25.98	146.82	-30.34	281.33	-10.26	76.36	12.89	27.67	4.38
2020	-91.53	200.72	4.46	21.15	149.71	-13.68	141.66	-16.61	59.84	8.07	31.35	35.75
2021	-133.92	219.39	0.31	7.96	81.62	-17.37	-211.48	5.06	36.42	1.86	24.56	12.65
2022	-94.06	210.18	2.27	8.56	97.49	-17.48	-164.95	38.30	41.37	3.41	22.53	3.93
2023	-143.77	194.88	-3.33	4.79	107.08	-16.47	-138.30	4.97	63.71	5.90	22.12	10.43
2024	-53.01	177.65	5.28	9.39	140.68	-16.97	-10.36	5.58	90.46	8.10	25.26	7.09
2025	-53.01	177.65	5.28	9.39	140.68	-16.97	-10.36	5.58	90.46	8.10	25.26	7.09
2026	-53.01	177.65	5.28	9.39	140.68	-16.97	-10.36	5.58	90.46	8.10	25.26	7.09
2027	-53.01	177.65	5.28	9.39	140.68	-16.97	-10.36	5.58	90.46	8.10	25.26	7.09
2028	-53.01	177.65	5.28	9.39	140.68	-16.97	-10.36	5.58	90.46	8.10	25.26	7.09
2029	-53.01	177.65	5.28	9.39	140.68	-16.97	-10.36	5.58	90.46	8.10	25.26	7.09
2030	-53.01	177.65	5.28	9.39	140.68	-16.97	-10.36	5.58	90.46	8.10	25.26	7.09

注：假定2025~2030年的增长率等于2024年的增长率。

资料来源：OECD（2015）。

附表43 各国人口数量的低位增长方案　　　　　　　　　单位：千万人

年份	中国(城镇)	中国(农村)	日本	韩国	墨西哥	世界其他国家	欧盟	美国	阿根廷	巴西	乌克兰	印度	俄罗斯
2012	71.18	64.22	12.71	4.96	12.21	289.71	50.37	31.48	4.21	20.24	4.53	126.36	14.33
2013	73.11	62.96	12.73	5.02	12.37	297.42	50.66	31.65	4.25	20.43	4.55	127.95	14.35
2014	74.92	61.87	12.71	5.04	12.54	302.92	50.83	31.89	4.30	20.61	4.54	129.53	14.38
2015	76.53	61.08	12.66	5.03	12.70	359.72	50.45	32.18	4.34	20.78	4.48	131.11	14.35
2016	78.29	59.79	12.62	5.05	12.85	365.66	50.47	32.38	4.38	20.93	4.46	132.53	14.33
2017	80.00	58.46	12.58	5.06	12.98	371.79	50.48	32.57	4.42	21.06	4.43	133.88	14.30
2018	81.66	57.07	12.53	5.07	13.11	378.07	50.47	32.75	4.45	21.18	4.40	135.16	14.26
2019	83.28	55.65	12.48	5.08	13.24	384.44	50.45	32.92	4.48	21.29	4.36	136.39	14.21
2020	84.86	54.19	12.42	5.08	13.35	390.88	50.41	33.08	4.51	21.39	4.33	137.56	14.16
2021	86.10	52.99	12.36	5.09	13.46	397.36	50.35	33.24	4.54	21.48	4.30	138.69	14.10
2022	87.29	51.77	12.29	5.09	13.57	403.89	50.29	33.39	4.57	21.56	4.26	139.76	14.04
2023	88.44	50.51	12.22	5.09	13.66	410.48	50.21	33.54	4.59	21.64	4.22	140.78	13.97
2024	89.54	49.24	12.15	5.09	13.76	417.12	50.12	33.67	4.62	21.70	4.19	141.74	13.89
2025	90.61	47.95	12.07	5.09	13.84	423.81	50.01	33.80	4.64	21.76	4.15	142.65	13.81
2026	91.35	46.93	11.99	5.09	13.92	430.55	49.90	33.91	4.66	21.81	4.11	143.50	13.73
2027	92.05	45.90	11.91	5.08	13.99	437.33	49.77	34.02	4.69	21.85	4.07	144.29	13.64
2028	92.72	44.85	11.82	5.08	14.06	444.13	49.64	34.12	4.71	21.88	4.03	145.04	13.55
2029	93.36	43.80	11.74	5.07	14.13	450.94	49.51	34.22	4.73	21.90	3.98	145.76	13.45
2030	93.98	42.75	11.65	5.06	14.19	457.73	49.37	34.31	4.74	21.93	3.94	146.44	13.36

资料来源：联合国（2014）、联合国（2015）和世界银行（2015）。

附录 5 气候变化模拟方案

附表 44　RCP 2.6 方案下各国气温变化值　　　　　单位：摄氏度

年份	中国	日本	韩国	墨西哥	世界其他国家	欧盟	美国	阿根廷	巴西	乌克兰	印度	俄罗斯
2012	100	100	100	100	100	100	100	100	100	100	100	100
2013	0.05	0.05	0.05	0.04	0.05	0.05	0.05	0.03	0.03	0.05	0.04	0.06
2014	0.05	0.05	0.05	0.04	0.05	0.05	0.05	0.03	0.03	0.05	0.04	0.06
2015	0.05	0.05	0.05	0.04	0.05	0.05	0.05	0.03	0.03	0.05	0.04	0.06
2016	0.05	0.05	0.05	0.04	0.05	0.05	0.05	0.03	0.03	0.05	0.04	0.06
2017	0.05	0.05	0.05	0.04	0.05	0.05	0.05	0.03	0.03	0.05	0.04	0.06
2018	0.05	0.05	0.05	0.04	0.05	0.05	0.05	0.03	0.03	0.05	0.04	0.06
2019	0.05	0.05	0.05	0.04	0.05	0.05	0.05	0.03	0.03	0.05	0.04	0.06
2020	0.05	0.05	0.05	0.04	0.05	0.05	0.05	0.03	0.03	0.05	0.04	0.06
2021	0.05	0.05	0.05	0.04	0.05	0.05	0.05	0.03	0.03	0.05	0.04	0.06
2022	0.05	0.05	0.05	0.04	0.05	0.05	0.05	0.03	0.03	0.05	0.04	0.06
2023	0.05	0.05	0.05	0.04	0.05	0.05	0.05	0.03	0.03	0.05	0.04	0.06
2024	0.05	0.05	0.05	0.04	0.05	0.05	0.05	0.03	0.03	0.05	0.04	0.06
2025	0.05	0.05	0.05	0.04	0.05	0.05	0.05	0.03	0.03	0.05	0.04	0.06
2026	0.05	0.05	0.05	0.04	0.05	0.05	0.05	0.03	0.03	0.05	0.04	0.06
2027	0.05	0.05	0.05	0.04	0.05	0.05	0.05	0.03	0.03	0.05	0.04	0.06
2028	0.05	0.05	0.05	0.04	0.05	0.05	0.05	0.03	0.03	0.05	0.04	0.06
2029	0.05	0.05	0.05	0.04	0.05	0.05	0.05	0.03	0.03	0.05	0.04	0.06
2030	0.05	0.05	0.05	0.04	0.05	0.05	0.05	0.03	0.03	0.05	0.04	0.06

资料来源：Stocker（2014）。

全球化背景下中国玉米的供求、贸易与预测

附表45 RCP 2.6方案下各国降水量变化率　　　单位:%

年份	中国	日本	韩国	墨西哥	世界其他国家	欧盟	美国	阿根廷	巴西	乌克兰	印度	俄罗斯
2012	100	100	100	100	100	100	100	100	100	100	100	100
2013	0.10	0.10	0.10	0.00	0.08	0.05	0.10	0.00	0.00	0.05	0.15	0.20
2014	0.10	0.10	0.10	0.00	0.08	0.05	0.10	0.00	0.00	0.05	0.15	0.20
2015	0.10	0.10	0.10	0.00	0.08	0.05	0.10	0.00	0.00	0.05	0.15	0.20
2016	0.10	0.10	0.10	0.00	0.08	0.05	0.10	0.00	0.00	0.05	0.15	0.20
2017	0.10	0.10	0.10	0.00	0.08	0.05	0.10	0.00	0.00	0.05	0.15	0.20
2018	0.10	0.10	0.10	0.00	0.08	0.05	0.10	0.00	0.00	0.05	0.15	0.20
2019	0.10	0.10	0.10	0.00	0.08	0.05	0.10	0.00	0.00	0.05	0.15	0.20
2020	0.10	0.10	0.10	0.00	0.08	0.05	0.10	0.00	0.00	0.05	0.15	0.20
2021	0.10	0.10	0.10	0.00	0.08	0.05	0.10	0.00	0.00	0.05	0.15	0.20
2022	0.10	0.10	0.10	0.00	0.08	0.05	0.10	0.00	0.00	0.05	0.15	0.20
2023	0.10	0.10	0.10	0.00	0.08	0.05	0.10	0.00	0.00	0.05	0.15	0.20
2024	0.10	0.10	0.10	0.00	0.08	0.05	0.10	0.00	0.00	0.05	0.15	0.20
2025	0.10	0.10	0.10	0.00	0.08	0.05	0.10	0.00	0.00	0.05	0.15	0.20
2026	0.10	0.10	0.10	0.00	0.08	0.05	0.10	0.00	0.00	0.05	0.15	0.20
2027	0.10	0.10	0.10	0.00	0.08	0.05	0.10	0.00	0.00	0.05	0.15	0.20
2028	0.10	0.10	0.10	0.00	0.08	0.05	0.10	0.00	0.00	0.05	0.15	0.20
2029	0.10	0.10	0.10	0.00	0.08	0.05	0.10	0.00	0.00	0.05	0.15	0.20
2030	0.10	0.10	0.10	0.00	0.08	0.05	0.10	0.00	0.00	0.05	0.15	0.20

资料来源:Stocker(2014)。

附表46 RCP 8.5方案下各国气温变化值　　　　　　　　　　　单位：摄氏度

年份	中国	日本	韩国	墨西哥	世界其他国家	欧盟	美国	阿根廷	巴西	乌克兰	印度	俄罗斯
2012	100	100	100	100	100	100	100	100	100	100	100	100
2013	0.06	0.06	0.06	0.05	0.06	0.06	0.06	0.04	0.04	0.06	0.05	0.06
2014	0.06	0.06	0.06	0.05	0.06	0.06	0.06	0.04	0.04	0.06	0.05	0.06
2015	0.06	0.06	0.06	0.05	0.06	0.06	0.06	0.04	0.04	0.06	0.05	0.06
2016	0.06	0.06	0.06	0.05	0.06	0.06	0.06	0.04	0.04	0.06	0.05	0.06
2017	0.06	0.06	0.06	0.05	0.06	0.06	0.06	0.04	0.04	0.06	0.05	0.06
2018	0.06	0.06	0.06	0.05	0.06	0.06	0.06	0.04	0.04	0.06	0.05	0.06
2019	0.06	0.06	0.06	0.05	0.06	0.06	0.06	0.04	0.04	0.06	0.05	0.06
2020	0.06	0.06	0.06	0.05	0.06	0.06	0.06	0.04	0.04	0.06	0.05	0.06
2021	0.06	0.06	0.06	0.05	0.06	0.06	0.06	0.04	0.04	0.06	0.05	0.06
2022	0.06	0.06	0.06	0.05	0.06	0.06	0.06	0.04	0.04	0.06	0.05	0.06
2023	0.06	0.06	0.06	0.05	0.06	0.06	0.06	0.04	0.04	0.06	0.05	0.06
2024	0.06	0.06	0.06	0.05	0.06	0.06	0.06	0.04	0.04	0.06	0.05	0.06
2025	0.06	0.06	0.06	0.05	0.06	0.06	0.06	0.04	0.04	0.06	0.05	0.06
2026	0.06	0.06	0.06	0.05	0.06	0.06	0.06	0.04	0.04	0.06	0.05	0.06
2027	0.06	0.06	0.06	0.05	0.06	0.06	0.06	0.04	0.04	0.06	0.05	0.06
2028	0.06	0.06	0.06	0.05	0.06	0.06	0.06	0.04	0.04	0.06	0.05	0.06
2029	0.06	0.06	0.06	0.05	0.06	0.06	0.06	0.04	0.04	0.06	0.05	0.06
2030	0.06	0.06	0.06	0.05	0.06	0.06	0.06	0.04	0.04	0.06	0.05	0.06

资料来源：Stocker（2014）。

全球化背景下中国玉米的供求、贸易与预测

附表 47　RCP 8.5 方案下各国降水量变化率　　　　单位:%

年份	中国	日本	韩国	墨西哥	世界其他国家	欧盟	美国	阿根廷	巴西	乌克兰	印度	俄罗斯
2012	100	100	100	100	100	100	100	100	100	100	100	100
2013	0.05	0.05	0.05	-0.05	0.08	0.15	0.10	0.05	0.05	0.15	0.15	0.20
2014	0.05	0.05	0.05	-0.05	0.08	0.15	0.10	0.05	0.05	0.15	0.15	0.20
2015	0.05	0.05	0.05	-0.05	0.08	0.15	0.10	0.05	0.05	0.15	0.15	0.20
2016	0.05	0.05	0.05	-0.05	0.08	0.15	0.10	0.05	0.05	0.15	0.15	0.20
2017	0.05	0.05	0.05	-0.05	0.08	0.15	0.10	0.05	0.05	0.15	0.15	0.20
2018	0.05	0.05	0.05	-0.05	0.08	0.15	0.10	0.05	0.05	0.15	0.15	0.20
2019	0.05	0.05	0.05	-0.05	0.08	0.15	0.10	0.05	0.05	0.15	0.15	0.20
2020	0.05	0.05	0.05	-0.05	0.08	0.15	0.10	0.05	0.05	0.15	0.15	0.20
2021	0.05	0.05	0.05	-0.05	0.08	0.15	0.10	0.05	0.05	0.15	0.15	0.20
2022	0.05	0.05	0.05	-0.05	0.08	0.15	0.10	0.05	0.05	0.15	0.15	0.20
2023	0.05	0.05	0.05	-0.05	0.08	0.15	0.10	0.05	0.05	0.15	0.15	0.20
2024	0.05	0.05	0.05	-0.05	0.08	0.15	0.10	0.05	0.05	0.15	0.15	0.20
2025	0.05	0.05	0.05	-0.05	0.08	0.15	0.10	0.05	0.05	0.15	0.15	0.20
2026	0.05	0.05	0.05	-0.05	0.08	0.15	0.10	0.05	0.05	0.15	0.15	0.20
2027	0.05	0.05	0.05	-0.05	0.08	0.15	0.10	0.05	0.05	0.15	0.15	0.20
2028	0.05	0.05	0.05	-0.05	0.08	0.15	0.10	0.05	0.05	0.15	0.15	0.20
2029	0.05	0.05	0.05	-0.05	0.08	0.15	0.10	0.05	0.05	0.15	0.15	0.20
2030	0.05	0.05	0.05	-0.05	0.08	0.15	0.10	0.05	0.05	0.15	0.15	0.20

资料来源:Stocker(2014)。

附录 6　世界玉米供求模型模拟结果的精确度检验结果

附表 48　世界玉米供求模型模拟结果的精确度检验结果（1）

单位：万吨，万公顷，千克/公顷

	世界玉米价格	中国玉米产量	中国玉米单产	中国玉米播种面积	中国玉米净进口量	日本玉米产量	日本玉米单产	日本玉米播种面积	日本玉米净进口量	韩国玉米产量	韩国玉米单产	韩国玉米播种面积	韩国玉米净进口量
						实际值							
2013年	86.78	21848.90	6015.93	3631.84	327.00	0.02	2727.00	0.01	1441.00	8.05	5059.00	1.59	817.00
2014年	64.64	21564.63	5808.91	3712.34	260.00	0.02	2714.00	0.01	1512.00	8.20	5178.00	1.58	1040.00
						模拟值							
2013年	77.88	22191.39	5928.38	3743.24	217.37	0.02	2641.54	0.01	1461.42	7.19	4992.31	1.44	955.42
2014年	65.73	23652.62	5987.67	3950.22	141.40	0.02	2667.95	0.01	1518.34	7.53	5092.15	1.48	908.33
MAPE	5.98	5.62	2.27	4.74	39.57	6.22	2.42	8.86	1.42	9.39	1.49	8.02	14.80
Theil IC	0.08	0.07	0.02	0.05	0.39	0.06	0.03	0.09	0.01	0.09	0.02	0.08	0.14

资料来源：笔者模拟结果。

全球化背景下中国玉米的供求、贸易与预测

附表49 世界玉米供求模型模拟结果的精确度检验结果（2） 单位：万吨，万公顷，千克/公顷

	墨西哥玉米产量	墨西哥玉米单产	墨西哥玉米播种面积	墨西哥玉米净进口量	欧盟玉米产量	欧盟玉米单产	欧盟玉米播种面积	欧盟玉米净进口量	美国玉米产量	美国玉米单产	美国玉米播种面积	美国玉米净出口量	阿根廷玉米产量
2013年（实际值）	2266.40	3194.00	709.56	524.40	5889.00	6060.00	971.80	916.90	35369.90	9965.90	3535.90	1439.20	2379.98
2014年（实际值）	2327.30	3296.00	706.04	1045.30	6463.00	6690.00	966.40	1354.70	36109.10	10732.60	3547.80	3969.30	3211.92
2013年（模拟值）	2228.65	3184.21	699.91	1087.56	6697.44	6167.00	1086.01	687.51	34652.15	9976.22	3473.48	5409.18	2759.36
2014年（模拟值）	2247.58	3181.03	706.56	1090.86	6792.57	6253.34	1086.23	1358.06	35778.68	10215.51	3502.39	4654.40	3676.71
MAPE	2.55	1.90	0.72	55.88	9.41	4.15	12.08	12.63	1.47	2.46	1.52	146.55	15.21
Theil IC	0.03	0.03	0.01	0.48	0.10	0.05	0.12	0.14	0.02	0.04	0.02	0.95	0.15

资料来源：笔者模拟结果。

附表50 世界玉米供求模型模拟结果的精确度检验结果（3） 单位：万吨，万公顷，千克/公顷

	阿根廷玉米单产	阿根廷玉米播种面积	阿根廷玉米净出口量	巴西玉米产量	巴西玉米单产	巴西玉米播种面积	巴西玉米净出口量	乌克兰玉米产量	乌克兰玉米单产	乌克兰玉米播种面积	乌克兰玉米净出口量	印度玉米产量	印度玉米单产
2013年（实际值）	6350.00	375.00	1869.00	7107.28	5005.70	1419.80	2406.20	2096.10	4794.60	437.20	1272.60	2226.00	2555.70
2014年（实际值）	6604.00	486.00	1710.00	8027.32	5253.60	1527.97	2017.80	3094.96	6411.90	482.70	2000.00	2329.00	2469.80
2013年（模拟值）	6388.38	431.93	1974.11	7772.24	5035.69	1543.43	2854.91	2039.68	4808.94	431.93	1974.11	7772.24	8341.01
2014年（模拟值）	6426.71	572.10	2667.67	8341.01	5065.91	1646.50	3131.31	2270.67	4823.36	572.10	2667.67	8341.01	6.63
MAPE	1.64	16.45	30.81	6.63	2.09	8.23	36.92	14.66	12.54	16.45	30.81	6.63	0.07
Theil IC	0.02	0.17	0.38	0.07	0.03	0.08	0.38	0.22	0.20	0.17	0.38	0.07	

资料来源：笔者模拟结果。

附录

附表 51 世界玉米供求模型模拟结果的精确度检验结果（4）

单位：万吨，万公顷，千克/公顷，百万升

	印度玉米播种面积	印度玉米净出口量	俄罗斯玉米产量	俄罗斯玉米单产	俄罗斯玉米播种面积	俄罗斯玉米净出口量	世界其他国家玉米产量	世界其他国家玉米单产	世界其他国家玉米播种面积	中国生物乙醇产量	中国生物乙醇需求量	欧盟生物乙醇产量	欧盟生物乙醇需求量
	实际值												
2013年	871.00	469.00	821.29	4238.90	193.75	186.60	14339.08	2559.38	5602.55	7759.00	7826.00	7005.65	7050.00
2014年	943.00	387.00	1163.49	5011.10	232.19	414.00	16350.91	2965.90	5512.97	7657.00	7801.00	7978.65	7635.00
	模拟值												
2013年	816.48	275.94	829.72	4323.71	191.90	137.62	16309.19	2842.24	5738.15	8431.33	11862.39	6308.14	1861.24
2014年	822.81	547.39	860.17	4410.18	195.04	158.98	16640.49	2870.66	5796.74	8072.50	12783.98	6815.64	2343.84
MAPE	9.50	41.30	13.55	7.00	8.48	43.92	7.76	7.13	3.78	7.05	57.73	12.27	71.45
Theil IC	0.10	0.41	0.21	0.09	0.12	0.57	0.09	0.08	0.04	0.07	0.58	0.13	0.71

资料来源：笔者模拟结果。

附表 52 世界玉米供求模型模拟结果的精确度检验结果（5）

单位：百万升

	印度生物乙醇产量	印度生物乙醇需求量	美国生物乙醇产量	美国生物乙醇需求量	巴西生物乙醇产量	巴西生物乙醇需求量	世界其他国家生物乙醇产量	世界其他国家生物乙醇需求量
	实际值							
2013年	2040.00	2274.00	52718.00	56790.00	27964.00	28230.00	10515.78	6604.91
2014年	1840.00	2140.00	52688.00	53998.00	25464.00	27445.00	18154.83	14038.17
	模拟值							
2013年	2249.10	1875.33	73824.77	74020.09	25872.23	20736.68	10897.51	16818.54
2014年	2364.03	1863.24	83855.21	82445.77	26239.80	19446.23	11335.24	19390.56
MAPE	19.37	15.23	49.60	41.51	5.26	27.84	20.60	96.38
Theil IC	0.21	0.16	0.51	0.42	0.06	0.28	0.33	0.74

资料来源：笔者模拟结果。

附录7 基本模拟方案的完整模拟结果

附表53 中位基本模拟方案下世界玉米价格与中国玉米供求变化趋势

年份	世界玉米价格(%)	国内产量(万吨)	单产(千克/公顷)	种植面积(万公顷)	国内需求量(万吨)	食用需求(万吨)	饲料需求(万吨)	工业加工需求(万吨)	库存变化量(万吨)	种用需求(万吨)	损耗(万吨)	净进口(万吨)
2012	100.00	20561.41	5869.69	3502.98	21076.68	754.60	11061.38	5981.73	2338.83	117.70	822.46	515.27
2013	77.88	22191.39	5928.38	3743.24	22408.75	814.37	11171.58	6112.31	3304.30	128.22	877.99	217.37
2014	65.73	23652.62	5987.67	3950.22	23794.02	814.06	11274.63	6255.72	4376.60	137.28	935.73	141.40
2015	42.66	24273.29	6047.55	4013.74	24740.10	813.32	11355.43	6152.42	5303.70	140.06	975.17	466.81
2016	41.59	19571.01	6108.02	3204.15	20418.65	1003.19	11413.05	6936.72	166.04	104.62	795.02	847.64
2017	42.04	19760.45	6169.10	3203.13	20721.77	981.93	11583.00	7118.54	126.07	104.58	807.66	961.32
2018	41.38	19911.51	6230.79	3195.66	20861.42	991.55	11705.93	7347.59	-101.38	104.25	813.48	949.91
2019	41.55	20139.26	6293.10	3200.21	21300.78	997.03	11823.49	7581.44	-37.44	104.45	831.80	1161.52
2020	40.78	20414.64	6356.03	3211.85	21618.88	1003.78	11927.07	7839.71	-101.70	104.96	845.06	1204.24
2021	40.17	20608.32	6419.59	3210.22	21922.23	1015.71	12003.07	8089.66	-148.80	104.89	857.70	1313.91
2022	40.00	20896.74	6483.79	3222.92	22334.74	1017.68	12113.57	8327.66	-104.51	105.44	874.90	1438.00
2023	39.75	21120.78	6548.62	3225.22	22633.92	1021.18	12208.25	8571.32	-159.74	105.54	887.37	1513.15
2024	39.41	21401.22	6614.11	3235.69	23089.69	1027.78	12295.47	8812.95	-58.90	106.00	906.37	1688.47
2025	38.84	21660.15	6680.25	3242.42	23441.22	1035.11	12382.05	9055.50	-58.76	106.30	921.03	1781.07
2026	38.25	21925.68	6747.05	3249.67	23792.48	1045.37	12468.01	9295.44	-58.63	106.61	935.67	1866.80
2027	37.64	22198.54	6814.53	3257.53	24140.19	1055.33	12553.36	9532.87	-58.49	106.96	950.17	1941.65
2028	37.01	22488.33	6882.67	3267.38	24483.30	1064.59	12638.12	9767.09	-58.36	107.39	964.47	1994.97
2029	36.36	22795.42	6951.50	3279.21	24821.99	1073.25	12722.30	9998.16	-58.22	107.91	978.59	2026.56
2030	35.70	23112.63	7021.01	3291.92	25157.45	1081.85	12805.91	10226.75	-58.09	108.46	992.57	2044.83

资料来源：笔者模拟结果。

附录

附表 54 高位基本模拟方案下世界玉米价格与中国玉米供求变化趋势

年份	世界玉米价格（%）	国内产量（万吨）	单产（千克/公顷）	种植面积（万公顷）	国内需求量（万吨）	食用需求（万吨）	饲料需求（万吨）	工业加工需求（万吨）	库存变化量（万吨）	种用需求（万吨）	损耗（万吨）	净进口（万吨）
2012	100.00	20561.41	5869.69	3502.98	21076.68	754.60	11061.38	5981.73	2338.83	117.70	822.46	515.27
2013	77.43	22191.39	5928.38	3743.24	22130.01	814.37	11235.67	6111.52	2973.87	128.22	866.37	-61.38
2014	65.51	23652.62	5987.67	3950.22	23469.49	814.06	11401.74	6255.27	3938.94	137.28	922.21	-183.12
2015	43.58	24273.29	6047.55	4013.74	24423.94	814.94	11544.77	6188.84	4773.33	140.06	961.99	150.65
2016	43.96	19788.22	6108.02	3239.71	20699.59	993.08	11664.12	6980.03	149.44	106.18	806.74	911.37
2017	45.56	20033.11	6169.10	3247.33	21097.97	968.78	11893.02	7192.85	113.46	106.51	823.34	1064.86
2018	45.92	20230.95	6230.79	3246.93	21329.83	974.95	12074.56	7452.33	-111.51	106.49	833.01	1098.88
2019	47.12	20498.58	6293.10	3257.31	21863.48	977.26	12249.87	7715.33	-41.18	106.95	855.26	1364.90
2020	47.22	20800.80	6356.03	3272.61	22259.84	980.83	12410.62	8000.86	-111.87	107.62	871.78	1459.04
2021	47.43	21018.63	6419.59	3274.14	22642.67	989.26	12543.82	8277.84	-163.68	107.68	887.74	1624.03
2022	48.13	21327.65	6483.79	3289.38	23142.06	988.35	12709.73	8542.03	-114.96	108.35	908.56	1814.40
2023	48.72	21563.16	6548.62	3292.78	23516.69	989.20	12859.58	8810.96	-175.72	108.50	924.17	1953.53
2024	49.23	21849.65	6614.11	3303.49	24061.01	992.16	13001.56	9076.24	-64.79	108.97	946.86	2211.35
2025	49.42	22105.15	6680.25	3309.03	24489.12	995.78	13142.27	9341.93	-64.79	109.21	964.71	2383.98
2026	49.55	22360.26	6747.05	3314.08	24915.17	1002.00	13281.78	9604.28	-64.79	109.43	982.47	2554.91
2027	49.64	22615.32	6814.53	3318.69	25335.97	1007.62	13420.10	9863.38	-64.79	109.63	1000.01	2720.66
2028	49.68	22879.45	6882.67	3324.21	25750.50	1012.20	13557.29	10118.62	-64.79	109.88	1017.29	2871.05
2029	49.66	23152.34	6951.50	3330.56	26158.88	1015.76	13693.37	10370.06	-64.79	110.15	1034.32	3006.54
2030	49.61	23425.93	7021.01	3336.55	26562.19	1018.71	13828.37	10618.34	-64.79	110.42	1051.13	3136.26

资料来源：笔者模拟结果。

附表 55 低位基本模拟方案下世界玉米价格与中国玉米供求变化趋势

年份	世界玉米价格（％）	国内产量（万吨）	单产（千克/公顷）	种植面积（万公顷）	国内需求量（万吨）	食用需求（万吨）	饲料需求（万吨）	工业加工需求（万吨）	库存变化量（万吨）	种用需求（万吨）	损耗（万吨）	净进口（万吨）
2012	100.00	20561.41	5869.69	3502.98	21076.68	754.60	11061.38	5981.73	2338.83	117.70	822.46	515.27
2013	78.33	22191.39	5928.38	3743.24	22687.23	814.37	11107.22	6113.10	3634.73	128.22	889.60	495.84
2014	65.95	23652.62	5987.67	3950.22	24117.46	814.06	11146.49	6256.16	4814.26	137.28	949.22	464.84
2015	42.28	24273.29	6047.55	4013.74	25071.05	826.76	11163.82	6117.37	5834.07	140.06	988.97	797.76
2016	39.73	19410.39	6108.02	3177.85	20159.12	1044.59	11157.98	6886.22	182.65	103.47	784.21	748.73
2017	39.07	19536.43	6169.10	3166.82	20365.93	1026.97	11266.96	7037.51	138.68	102.99	792.83	829.50
2018	37.46	19631.21	6230.79	3150.68	20414.22	1043.19	11328.85	7236.31	-91.24	102.28	794.84	783.01
2019	36.68	19809.48	6293.10	3147.81	20761.00	1056.22	11385.89	7441.13	-33.69	102.15	809.30	951.52
2020	35.10	20049.39	6356.03	3154.39	21003.80	1071.81	11429.16	7672.51	-91.53	102.44	819.42	954.40
2021	33.76	20210.35	6419.59	3148.23	21228.42	1091.12	11444.39	7895.88	-133.92	102.17	828.78	1018.08
2022	32.82	20471.62	6483.79	3157.36	21555.42	1100.34	11495.74	8108.42	-94.06	102.57	842.41	1083.79
2023	31.84	20680.57	6548.62	3158.00	21781.73	1112.00	11531.15	8327.90	-143.77	102.60	851.85	1101.16
2024	30.77	20956.24	6614.11	3168.41	22154.23	1129.91	11559.19	8547.70	-53.01	103.06	867.38	1197.99
2025	29.56	21225.38	6680.25	3177.33	22436.71	1150.61	11586.92	8769.59	-53.01	103.45	879.15	1211.34
2026	28.35	21515.30	6747.05	3188.84	22720.21	1173.39	11614.34	8990.56	-53.01	103.95	890.97	1204.91
2027	27.15	21830.01	6814.53	3203.45	23005.76	1198.95	11641.46	9210.89	-53.01	104.59	902.87	1175.76
2028	25.95	22182.96	6882.67	3223.02	23293.59	1227.83	11668.28	9430.17	-53.01	105.45	914.87	1110.63
2029	24.73	22580.29	6951.50	3248.26	23585.93	1261.59	11694.80	9648.94	-53.01	106.55	927.06	1005.65
2030	23.50	23023.17	7021.01	3279.18	23887.30	1303.18	11721.03	9868.57	-53.01	107.90	939.62	864.12

资料来源：笔者模拟结果。